Exit

Spekulation gehört schon immer zur kapitalistischen Wirtschaftsordnung. Aber erst mit der Entstehung einer eigenen Risikobranche bildet sich eine Exit-Logik heraus, in der Unternehmensgründer, Aktionäre und Risikokapitalgeber jede Investition unter dem Gesichtspunkt planen, wie sie aus der Investition profitabel aussteigen können. Stefan Kühl zeigt, wie stark Risikokapital die Logik wirtschaftlichen Handelns beeinflusst und die Wirtschaft damit immer mehr zu einem *Exit-Kapitalismus* mutiert.

Dr. Stefan Kühl lehrt Arbeits- und Industriesoziologie sowie Organisationstheorie an der *Universität München*. Dort leitet er Forschungsprojekte über Veränderungen des Risikokapitalgeschäfts und über die Probleme schnell wachsender Unternehmen. Kühl arbeitet darüber hinaus als Organisationsberater. E-Mail-Adresse des Autors: stefan.kuehl@soziologie.uni-muenchen.de

Stefan Kühl

EXIT

Wie Risikokapital
die Regeln der Wirtschaft
verändert

Campus Verlag
Frankfurt/New York

Bibliografische Information der Deutschen Bibliothek

Die Deutsche Bibliothek verzeichnet diese Publikation in der
Deutschen Nationalbibliografie. Detaillierte bibliografische Daten sind
im Internet über http://dnb.ddb.de abrufbar.

ISBN 3-593-337226-6

Besuchen Sie uns im Internet: www.campus.de

Inhalt

Die Konturen des Exit-Kapitalismus

>»Es gibt zwei Zeiten im menschlichen Leben,
in denen man nicht spekulieren sollte:
Wenn man es sich nicht leisten kann,
und wenn man es kann.«
>
> *Mark Twain*

Die Euphorie des Börsenbooms ist restlos verflogen. Bei den Aufräumarbeiten macht sich Ernüchterung breit. Risikokapitalgeber hätten »offensichtlich sinnlose Unternehmenskonzepte« finanziert, beklagt Gordon Moore, langjähriger Vorstandschef des Chipherstellers Intel. Alles, was »ein bisschen wackelte«, habe entweder Risikokapital bekommen oder sei gleich an die Börse gegangen, kritisiert Benjamin M. Rosen von der Risikokapitalgesellschaft Sevin Rosen Management. Mit Blick auf die Boomphase resümiert er: Genau genommen war es eine »schreckliche Zeit«. Das Risikokapitalgeschäft habe sich mit der Vielzahl der Start-ups grundlegend gewandelt, stellt Don Valentine, einer der Grandseigneurs der US-amerikanischen Risikokapitalszene, fest. Früher hätten die Risikokapitalgeber zusammen ein oder zwei Unternehmen in einem Segment finanziert. Deren einzige Konkurrenz waren die größeren, etablierten Konzerne, die aufgrund ihrer Behäbigkeit eine Marktnische nicht sofort erkannten. In der Boomzeit habe dagegen jeder Risikokapitalgeber allein ein oder zwei Investments in einem Nischenmarkt unterhalten. Diese Start-ups, so Valentine, machten sich nun gegenseitig so viel Konkurrenz, dass selbst die besten von ihnen Schwierigkeiten bekamen, Geld zu verdienen.

Die Folgen dieser »Überfinanzierung« wurden deutlich, als sich die Stimmung an den Börsen drehte, die Kurse nach unten schossen und die Unternehmen sich immer schwerer taten, frisches Geld für ihre Aktivitäten einzusammeln. Ein Unternehmen nach dem anderen verpasste sein Planziel. Top-Führungskräfte etablierter und profitabler Firmen, die während der Boomzeit in junge defizitäre Startups wechselten, konnten wenige Monate später nur noch den Konkurs ihrer Firma vermelden. Eine Industrie, so der Journalist John W. Wilson, die vor ein, zwei Jahren noch Unmengen »Geld verbrannt« hatte, kämpfte plötzlich mit Liquiditätsproblemen. Erregte Aktionäre begannen, die Unternehmen und die für den Börsengang verantwortlichen Banken in der Hoffnung zu verklagen, auf diesem Weg wenigstens einen Teil ihrer Verluste an der Börse wieder gutzumachen.

Die Risikokapitalgeber nutzten die Reste ihrer Fonds, um die vor sich hin vegetierenden Unternehmen in ihrem Portfolio vor dem Konkurs zu retten. Neue Unternehmen hatten kaum noch Aussicht auf Finanzierung. Wer dennoch die Gunst der Kapitalgeber erlangen wollte, musste nach Ansicht des Präsidenten der Beratungsfirma InfoCorp, Richard J. Matlack, schon einen »wirklich großartigen Deal« versprechen.

Die Rückblicke auf das berauschende Auf und das erschütternde Ab der Börse lassen sich endlos fortsetzen. Ein Aspekt aber ist wichtig: Die zitierten Kommentare stammen *nicht* aus der Zeit nach dem Internetboom Anfang des 21. Jahrhunderts, sondern aus der Mitte der achtziger Jahre. In der Risikokapitalszene setzte sich damals die Einschätzung durch, dass der PC-Boom am Anfang des Jahrzehnts zu einem unkontrollierten Hype geführt hatte.[1] In diesem Zeitraum wurden mehrere hundert Personalcomputerfirmen von Risikokapitalgebern finanziert, von denen nur einige wenige überlebten. Allein in dem relativ kleinen Markt von Festplatten engagierten sich mehrere Dutzend risikokapitalfinanzierte Firmen. Im Softwaregeschäft zählten Branchenexperten vor dem Sinneswandel der Finanziers sogar über 3000 Firmen.

Die Ähnlichkeit der Analysen damals und derer nach dem Ende des Internet-Hypes legen es nahe, dass es eine bemerkenswerte Regelmäßigkeit im Risikokapitalgeschäft gibt. Das Ziel dieses Buches ist es, jenseits der Aufgeregtheiten in Auf- und Abschwungphasen Gesetzmäßigkeiten dieses Segments herauszuarbeiten. Erst das Wissen um die Zyklenhaftigkeit erlaubt eine entscheidende Einsicht: Das Geschäft mit Risikokapital basiert auf »Kettenbrief-Mechanismen«, wobei diejenigen risikokapitalfinanzierten Unternehmen samt ihrer Financiers das Rennen machen, die den entstehenden Höhenflug auf dem Kapitalmarkt optimal zu nutzen wissen.

Unter dem Begriff *Exit-Kapitalismus* wird in diesem Buch eine Funktionsweise der Wirtschaft dargestellt, die sich mit der schrittweisen Institutionalisierung des Risikokapitalgewerbes seit dem Zweiten Weltkrieg herausgebildet hat. Zwar gehörte die Spekulation auf kurzfristige Gewinne schon immer zur kapitalistischen Wirtschaft, aber erst mit der Auflage von Risikokapitalfonds, der Herausbildung von Risikokapitalgesellschaften und der Entstehung des Berufsbildes »Risikokapitalgeber« entwickelte sich eine Dynamik, die es erfordert, die Exit-Orientierung als ein wesentliches Element des Wirtschaftens zu betrachten.

Von Exit-Kapitalismus kann deswegen gesprochen werden, weil es dem Gründer eines Wachstumsunternehmens, seinem Risikokapitalgeber oder dem Kleinaktionär an einer Börse für Wachstumsunternehmen nicht vorrangig um eine regelmäßige Dividende für seinen Kapitaleinsatz geht. Deren Hauptziel ist es, ihren Unternehmensanteil mit einem hohen *Exit-Profit* zu verkaufen. Es zählt die Logik von Risikokapitalinvestoren, die an der Differenz zwischen Einkaufs- und Verkaufspreis von Unternehmensanteilen verdienen, nicht die eines auf lange Frist angelegten Engagements. Das Interesse konzentriert sich mithin auf ein Produkt hinter den eigentlichen

Produkten, bietet ein Unternehmen doch immer auch sich selbst in Form von Aktien an.

Ob das Softwarepaket, das aufwändig entwickelte Medikament zur Potenzsteigerung oder die Auslieferung von Paketen in der New Yorker Innenstadt verkauft werden oder Teile des Unternehmens, hat zwar kurzfristig den gleichen Effekt: Beides bringt Geld in die Kasse. Die Verkaufsstrategien unterliegen aber ganz unterschiedlichen Gesetzmäßigkeiten. Um die Konturen des Exit-Kapitalismus klar zu ziehen, werden die auf den Kapitalmarkt ausgerichteten Gesetzmäßigkeiten herausgearbeitet und Zusammenhänge zwischen Kapital- und Produktmarktorientierung verdeutlicht.

Exit-Kapitalismus beschreibt nicht nur das Geschäft von Unternehmensgründern, Risikokapitalgesellschaften und Anlegern an Börsen für Wachstumsunternehmen. Gezeigt wird zudem, wie die Risikokapitallogik breite Teile der Wirtschaft erfassen kann. Risikokapitalfinanzierte Unternehmen erscheinen in Hype-Phasen in allen Bereichen als Vorbilder, angefangen bei der strategischen Ausrichtung über die Innovationsfähigkeit bis hin zu Managementtechniken. Der Aufstieg und Fall von Großkonzernen, die mit risikokapitalfinanzierten Unternehmen konkurrieren, resultieren nicht selten aus der Übernahme der Kapitalmarktorientierung ihrer risikokapitalfinanzierten Wettbewerber.

In diesem Buch, das sowohl auf Interviews mit Risikokapitalgebern, Unternehmern, Managern und Mitarbeitern risikokapitalfinanzierter Firmen als auch auf Literaturrecherchen beruht, werden die Thesen zum Exit-Kapitalismus bewusst zugespitzt. Zentrales Anliegen ist dabei, mit der Exit-Orientierung von Risikokapitalgebern, der Diffusion dieser Logik auf Unternehmer, Manager und Mitarbeiter, der Kapitalmarktorientierung risikokapitalfinanzierter Unternehmen und ihrer vermeintlichen Vorbildhaftigkeit, den kreativen Buchführungspraxen sowie dem Scheitern und Überleben der

Start-ups neue Entwicklungslinien in der Wirtschaft zu beschreiben, die sich seit dem Zweiten Weltkrieg herausgebildet haben.

Mancher Leser mag bei der Lektüre im Detail fehlende Differenzierungen ausfindig machen. So könnten gewiss verschiedene Typen von Risikokapitalgebern noch genauer unterschieden oder die am Aufbau eines nachhaltigen Unternehmens interessierten Gründer deutlicher von an einem schnellen Exit orientierten Gründern abgegrenzt werden. Das Buch bemüht sich aber bewusst nicht um weitere Differenzierungen. Vielmehr konzentriert es sich darauf, mithilfe von Zuspitzungen einen ungewohnten Blickwinkel auf den Einfluss des Kapitalmarkts auf die Wirtschaft im Allgemeinen und die Strukturen von kapitalmarktorientierten Unternehmen im Besonderen zu etablieren. Zu diesem Zweck wird die sowohl in Auf- als auch in Abschwungphasen eher kurzatmige Debatte über Risikokapital jenseits der fast religiösen Verklärung der »Risikokapitalkultur« einerseits und der »Nieten-in-Nadelstreifen«- und »Börsenschwindel«-Verdammung andererseits neu fokussiert.

I

Der Exit-Gedanke:
Die Logik der Risikokapitalfinanzierung

>»Mein Vorschuss ist nicht einem Schiff vertraut,
noch einem Ort, noch hängt mein ganz Vermögen
am Glücke dieses gegenwärtigen Jahrs;
deswegen macht mein Handel mich nicht traurig.«
>
> *Antonio, der Kaufmann von Venedig,*
> *im gleichnamigen Bühnenstück von*
> *William Shakespeare*

Risikokapital umgibt eine fast mystische Aura. In den USA werden Analogien zur Besiedlung (oder besser Besetzung) Amerikas durch weiße Siedler gezogen. Die Unternehmer aus dem Silicon Valley in Kalifornien oder von der Route 128 in Massachusetts erscheinen als moderne Cowboys, die gegen alle Widerstände neue industrielle Grenzen überschreiten. Frühe US-amerikanische Risikokapitalgeber wie Arthur Rock, Tom Perkins oder Thomas Davis erscheinen, so der Beobachter der US-amerikanischen Risikokapitalszene Bob Zider, als reiche Blutsbrüder der Unternehmer, die ihnen mit Rat, Tat und besonders Geld zur Seite stehen und ihren Teil zur Erfüllung des amerikanischen Traumes beitragen. Der amerikanische Begriff für Risikokapital – *Venture Capital* – weckt nicht ohne Grund Assoziationen mit den *Adventures* des Wilden Westens.[1]

Nur durch die frühen Risikokapitalgeber und ihre Nachahmer, so der immer wieder gepflegte Mythos, hätten sich das Silicon Valley und dessen Klone, wie beispielsweise Silicon Alley in New York, die

Silicon Prairie um Dallas, die Silicon Fen in England oder Silicon Glen in Schottland zu dem entwickelt, was sie heute sind. So wie der Mut, die Risikobereitschaft und die Tüchtigkeit der weißen Siedler dazu geführt haben, dass die USA für die »Zivilisation« erschlossen wurden, so mache der professionelle Wagemut der Risikokapitalgeber es möglich, in neue technische »Gebiete« vorzustoßen. Ohne Risikokapital gäbe es diese Hightechgegenden nicht und – so die manchmal pathetische Fortsetzung – vielleicht auch »keine Computer und Mikroelektronik«. Auch genetisch hergestellte Medikamente, Computer-Workstations, Internetbrowser und Internetportale, so die immer wieder zu findende Vermutung, wären ohne den tatkräftigen und besonders den finanziellen Einsatz von Risikokapitalgebern nie entstanden.[2]

An dieser Wildwest-Mythologie mag etwas dran sein. Risikokapital ermöglicht Unternehmensfinanzierungen in Bereichen, in denen keine anderen Finanzierungsquellen zur Verfügung stehen. Eine Unternehmerin oder ein Unternehmer mit einer Produkt- oder Dienstleistungsidee, einer neuen Technologie oder einer originellen Anwendungsvariante für eine bereits existierende Technik verfügt häufig nicht über ausreichend Kapital für eine Unternehmensgründung. Aufgrund der fehlenden Sicherheit, des hohen Ausfallrisikos und des großen Prüfaufwands gerade bei neuen Technologien sind diese Unternehmensgründer für Banken uninteressant. Wenn sie überhaupt Chancen auf einen Kredit haben, dann nur, wenn sie bereit sind, ihr Auto, ihre Bausparverträge oder ihr Eigenheim (oder das ihrer Eltern oder Kinder) zu beleihen. Ein Risiko, das viele Unternehmensgründer nicht eingehen wollen (oder können). Ökonomen sprechen angesichts dieser Situation umständlich von einer »Eigenkapitalmangelhypothese«[3].

Die »klassische« Unternehmensgründung ist durch diesen Mangel an Eigenkapital geprägt. Ein Unternehmen wird durch die Aufnahme eines Hypothekenkredits auf ein Eigenheim oder durch die

Investition von Erspartem ins Leben gerufen und nach Anfangsverlusten möglichst schnell in die profitable Zone geführt. Erst dann kann das Unternehmen in andere regionale Märkte oder andere Marktsegmente expandieren. Der »klassische« Familienbetrieb entsteht im Einzelhandel, im Handwerk oder in sonstigen Dienstleistungsbereichen des täglichen Lebens, expandiert, wenn überhaupt, nur sehr langsam und gibt sich mit einem verhältnismäßig geringen Gewinnpotenzial zufrieden. Aber auch Dienstleistungsunternehmen und Unternehmen des verarbeitenden Gewerbes, die häufig von Gründern mit Führungserfahrung ins Leben gerufen werden und sich auf eine starke Wettbewerbsposition in einem Nischenmarkt konzentrieren, wachsen weitgehend durch die Reinvestition ihrer Gewinne aus dem laufenden Geschäft.

Auf diesem Weg eine technische Innovation marktfähig zu machen ist ein langwieriger Prozess. Häufig kann ein Unternehmer sein Produkt nicht so schnell marktreif machen, dass er den in den Markt drängenden etablierten Konkurrenten Paroli bieten könnte. Bei aufwändigen Produktentwicklungen, wie im Falle komplexer Software, technisch anspruchsvoller Maschinen oder von Medikamenten, sind die Vorlaufzeiten bis zu den ersten Einnahmen so lang, dass ein Unternehmensgründer das Vorhaben nur mit einem starken Partner im Hintergrund wagen kann.

Der einzige Ausweg aus dieser Begrenzung: Risikokapital. Mit der Entstehung und kontinuierlichen Ausweitung des Marktes für Risikokapital seit dem Zweiten Weltkrieg bildet sich immer stärker ein Gründungspfad aus, der auf Wachstumsmärkte und auf schnelles Erreichen von Wettbewerbsvorteilen ausgerichtet ist. Diese so genannten »Wachstumsunternehmen« werden durch Business Angels, Venture-Capital-Gesellschaften oder durch Anleger an Hightechbörsen mit Risikokapital ausgestattet. Das Kapital wird von den Gründern genutzt, um das Unternehmen – auch durch Verzicht auf kurzfristige Profitabilität – schnell wachsen zu lassen und dann eine

dominierende Position in einem sich ausbildenden Wachstums-
markt einzunehmen.

In diesem Kapitel wird gezeigt, wie das Risikokapitalgeschäft
funktioniert, welche Rolle dabei die Exit-Orientierung der Risikokapitalgeber spielt und weswegen durch die Entstehung von Risikokapitalgesellschaften, das Auflegen großer Risikokapitalfonds und
die Ausbildung des Berufs des Risikokapitalgebers aus einem
»Risiko-Kapitalismus« ein »Exit-Kapitalismus« wurde.

I.
Das Denken einer Investition »vom Ende her«

Wenn eine reiche Einzelperson, eine Bank oder die Mafia für einen
Kredit Zinsen von 50, 100 oder mehr Prozent pro Jahr verlangten,
würde sehr schnell das Wort vom Kredithai die Runde machen. In
Industriestaaten würden Verbraucherschutzorganisationen den
Kreditgeber wegen Wucher gar vor Gericht zerren. Mit guter Aussicht auf Erfolg: Ein Vertrag, der einen Kreditnehmer zu solchen
Zinszahlungen verpflichtet, verstieße in vielen Ländern gegen die
guten Sitten und würde von den Gerichten für nichtig erklärt werden – ein Grund, weswegen die Kreditvergabe mit solchen Zinsen
sich in der Regel in Rotlichtviertel verlagert, die sich klassischerweise der Bankenaufsicht entziehen, und Kredithaie bei der Durch-
setzung von Rückzahlungspflichten eher auf die Schlagkraft ihrer
Geldeintreiber als auf die Staatsgewalt vertrauen.

Bei der Vergabe von Risikokapital geht es aber genau um »Ver-
zinsungen« in diesen Größenordnungen. Ein Risikokapitalgeber
setzt darauf, dass sich seine Investitionen in ein Unternehmen in
wenigen Jahren vervielfachen. Wie kann dieses Geschäftsmodell
funktionieren, ohne dass Risikokapitalgeber einen Großteil ihrer
Zeit wegen Wucherklagen vor Gericht verbringen?

Was unterscheidet Risikokapitalfinanzierung von Wucher?

Risikokapital wird vorrangig über drei Institutionen an innovative Wachstumsunternehmen weitergegeben. In der Frühphase einer Gründung beteiligen sich häufig vermögende Einzelpersonen, so genannte Business Angels, direkt mit ihrem eigenen Kapital an einem Unternehmen. In der Wachstumsphase erwerben Risikokapitalgesellschaften, die ihr Kapital wiederum von reichen Privatpersonen, Rentenversicherungen, Banken, Großunternehmen und anderen Investorengemeinschaften erhalten, Anteile am Unternehmen. Ihre Unterstützung umfasst nicht nur finanzielle Zuwendungen, sondern auch die Beratung des Managements, die Herstellung von Kontakten zu Zulieferern und Kunden und die Organisation weiterer Finanzierungsrunden. In späteren Phasen bieten die Börsen für Wachstumsunternehmen risikokapitalfinanzierten Unternehmen eine weitere Möglichkeit, sich mit neuem Kapital einzudecken.

Es ist das Besondere an der Finanzierung durch Risikokapitalgeber und durch die Ausgabe von Anteilen an Börsen für Wachstumsmärkte, dass die Financiers Beteiligungskapital zur Verfügung stellen. Anders als bei der Aufnahme von Krediten besteht bei Beteiligungskapital für das Unternehmen keine Rückzahlungspflicht. Das finanzierte Unternehmen muss für das Kapital keine Zinsen aufbringen und haftet im Konkursfall nicht für das durch Business Angels, Risikokapitalgesellschaften oder Privatanleger zur Verfügung gestellte Kapital. Das ist der Grund, weswegen trotz der sehr hohen »Verzinsungserwartungen« der Financiers der Vorwurf der Wucherei ins Leere zielt.

Das Risiko des Risikokapitalanlegers besteht darin, dass er bei einer Pleite des Unternehmens seine gesamte Investition abschreiben muss. Im Gegensatz zu einem Kreditgeber, der beim Konkurs eines Unternehmens hoffen kann, zumindest noch Teile seiner Ansprüche erfüllt zu bekommen, werden die Ansprüche des Risikokapitalgebers zuletzt befriedigt. Der Reiz wiederum besteht darin, dass die Investition nur einmal verloren gehen kann, gleichzeitig jedoch die Möglichkeit besteht, die Investition zu verzehn-, zu verhundertfachen oder in äußerst seltenen Ausnahmefällen wie dem eBay-Deal der Risikokapitalfirma Benchmark auch zu vertausendfachen. Im Gegensatz zu Banken, die ihren Profit aus den Zinsen für die Kredite ziehen, verdienen die Risikokapitalgeber an der Differenz zwischen dem Einkaufs- und dem Verkaufspreis ihrer Unternehmensanteile. Auch wenn nicht jedes Unternehmen im Portfolio eines Risikokapitalgebers ein großer Erfolg ist, können sich durchaus ansehnliche Durchschnittsrenditen ergeben.

Im Idealfall lassen sich durch die Investition von Risikokapital Renditen erzielen, die auch über einen längeren Zeitraum bei 40, 50 oder mehr Prozent pro Jahr liegen und damit weit über den Profiten, die Banken mit Zinseinnahmen erzielen. Es kursieren Erfolgsgeschichten von Risikokapitalgebern, die durch einen frühen Einstieg ihre Gesamtinvestitionen in wenigen Jahren mehr als verzehnfacht haben. Die Risikokapitalgeber Thomas Davis und Arthur Rock sammelten in den sechziger Jahren für ihren ersten Fonds 5 Millionen US-Dollar von wohlhabenden Privatanlegern ein. Sie investierten unter anderem 300 000 US-Dollar in Scientific Data Systems, ein junges Unternehmen, das Mini-Computer herstellte. Als dieses Unternehmen 1968 für knapp 1 Milliarde US-Dollar an Xerox verkauft wurde, gingen allein 60 Millionen an den Fonds von Davis & Rock. Nicht zuletzt aufgrund dieses Erfolgs konnte den Anlegern aus dem Risikokapitalfonds ein Gewinn ausgezahlt werden, der mehr als zwanzigmal höher als ihre ursprüngliche Einlage war. Der erste von Gene Kleiner und Tom Perkins verwaltete Fonds bestand aus 8 Millionen US-Dollar. Sieben der 17 Unternehmen, in die Kleiner und Perkins investierten, waren Verlustgeschäfte, aber besonders durch die frühe Investition in zwei Unternehmen, den Computerhersteller Tandem und das Biotechnologie-Unternehmen Genentech, war der Fonds nach zehn Jahren 400 Millionen US-Dollar wert. Selbst nach Abzug der Kosten und Gewinne für die Risikokapitalgeber erhielten die Anleger eine Jahresrendite von 47 Prozent.[4]

Eines darf jedoch nicht übersehen werden: Jahresrenditen von 40, 50 oder mehr Prozent gehören zu den Ausnahmen des Risikokapitalgeschäfts. Die Risikokapitalspezialisten William D. Bygrave und Jeffry A. Timmons weisen darauf hin, dass die Erfolgsgeschichten von Renditegeschäften à la Davis & Rock und Kleiner & Perkins einen eher folkloristischen und anekdotischen Charakter haben und dass Risikokapitalgesellschaften nur in Hype-Phasen am Kapitalmarkt eine Jahresrendite in dieser Größenordnung erreichen. Risikokapitalgeber streben an, dass die Investoren in einem Fonds jährlich eine mindestens zwanzigprozentige Verzinsung ihres Kapitals erreichen. Häufig liegen die effektiven Jahresverzinsungen aber lediglich zwischen 10 und 20 Prozent, was jedoch immer noch deutlich mehr ist, als ein langfristiger Investor bei Postsparbüchern, festverzinslichen Wertpapieren oder bei Anlagen in Aktienfonds erhält.[5]

Die Exit-Orientierung

Risikokapital ist kein zeitlich unbegrenzt angelegtes Geld. Die Idee eines Business Angels, einer Risikokapitalgesellschaft oder eines Anlegers an Börsen für Wachstumsunternehmen besteht darin, in das Wachstum eines jungen Unternehmens zu investieren und die Anteile zu verkaufen, wenn das Unternehmen eine ausreichende Größe und Glaubwürdigkeit erreicht hat. Der »Exit« eines Risikokapitalgebers geschieht entweder durch den Börsengang des Unternehmens oder durch den Verkauf der Anteile an ein anderes Unternehmen oder – ganz selten – durch den Rückverkauf der Anteile an die Unternehmensgründer. Kurz: Risikokapitalgeber kaufen Anteile an einem jungen Unternehmen oder auch nur an einer

Unternehmensidee, nähren das Unternehmen für einige Jahre mit Geld, Rat und Tat und verkaufen ihre Anteile dann mit einem möglichst hohen Exit-Profit.

Folglich planen Risikokapitalgeber ihr Engagement in Wachstumsunternehmen »vom Ende her«. Der »Harvest-Gedanke« spielt bei der Planung eines Investments von Anfang an eine zentrale Rolle, weil der Risikokapitalgeber nur auf seine Kosten kommen kann, wenn für ihn eine lukrative Ausstiegsoption besteht. Da der Gewinn eines Risikokapitalgebers nicht die Dividende ist, die aus dem operativen Profit der Firma gezahlt wird, sondern die Differenz zwischen dem Preis, zu dem ein Risikokapitalgeber in eine Firma eingestiegen ist, und dem Preis, den spätere Käufer für die Anteile an der Firma zahlen, gibt es zu dieser sehr frühen Exit-Orientierung keine Alternative.[6]

Aus ihrem an einem Exit ausgerichteten Kalkül machen Risikokapitalgesellschaften kein Geheimnis. Im Silicon Valley erklären Risikokapitalgeber, dass ihre Beziehungen zu den finanzierten Unternehmen in der Regel länger dauern als die durchschnittliche Ehe in Kalifornien (und ähnlich intensiv und konfliktreich sind). Aber während Ehen – selbst in Kalifornien – die theoretische Möglichkeit haben, mehrere Jahrzehnte zu bestehen, ist dies bei Risikokapitalgebern ausgeschlossen. Sie präsentieren sich ihren Unternehmen als »Lebensabschnittsgefährten«, die zwar einige Jahre für »ihr« Unternehmen da sind, aber nicht daran denken, bis an das Lebensende am Partner festzuhalten. Den Unternehmen, die Anteile an Risikokapitalgesellschaften abgeben, wird mitgeteilt, dass die Anteile wieder abgestoßen werden, sobald sich eine lukrative Möglichkeit ergibt. Darum lassen sich Risikokapitalgeber in den Verträgen mit den Unternehmen häufig das Recht einräumen, auch gegen den Widerstand der Unternehmensgründer einen Börsengang zu versuchen oder das Unternehmen zum Verkauf anzubieten.[7]

Der Zeitraum, nach dem Risikokapitalgeber versuchen, sich aus

Unternehmen zurückziehen, variiert. Während bei Investitionen in Hightechunternehmen, Softwareentwickler und Biotechunternehmen Risikokapitalgeber mit Zeitspannen von drei bis sieben Jahren rechnen, bevor sie ihre Investition wieder verkaufen können, gelten (oder besser: galten) bei Internetfirmen Zeitspannen von zwei bis drei Jahren als realistisch. Trotz der durchschnittlichen Laufzeit von einigen Jahren gibt es gerade in Boomzeiten immer wieder vereinzelte »Königsbeispiele«, bei denen es Risikokapitalgebern gelingt, ihre Anteile nach sehr kurzer Zeit abzustoßen. Den viel zitierten Lichtgestalten der Risikokapitalszene gelingt schon mal ein Deal wie im Fall des Computerunternehmens Atari, des E-Mail-Serviceleisters Hotmail oder des Internet-Auktionshauses Alando. Die Risikokapitalgeber, die sich im Sommer 1975 an dem Computerunternehmen Atari mit 2 Millionen US-Dollar beteiligten, konnten bereits ein Jahr später die vierfache Summe vom Käufer Warner Communication einstecken. Die Risikokapitalgesellschaft Draper Fisher Jurvetson investierte 1996 300000 US-Dollar für 15 Prozent der gerade gegründeten Internetfirma Hotmail und vervielfachte nur knapp zwei Jahre später diese Summe, als Microsoft Hotmail für 425 Millionen US-Dollar in eigenen Unternehmensaktien erstand. Nur neun Monate nach der Gründung gelang es den Risikokapitalgebern und Gründern des Unternehmens Alando, dieses für 48 Millionen US-Dollar an den Konkurrenten eBay zu verkaufen. Für den beteiligten Risikokapitalgeber Wellington Partner bedeutete dies, so Robert Bauer von der Personalberatungsfirma Foodstep, eine »Neunmonatsrendite von etwas über 2000 Prozent«[8].

Fast ausgeschlossen ist es, dass eine Risikokapitalgesellschaft einem Unternehmen Kapital länger als sieben oder acht Jahre zur Verfügung stellt. Die Investoren, von denen das Geld des Risikokapitalgebers stammt, wollen spätestens nach zehn Jahren einen Schlussstrich gesetzt sehen, um die Leistung des Risikokapitalgebers zu messen und die Erträge einzusammeln. Unternehmen, für die in dieser Zeit keine Perspektive entwickelt wurde, erhalten also keine weitere Finanzierung. Die von Risikokapitalgebern als »Zombies« bezeichneten Unternehmen, die mehr schlecht als recht laufen, werden liquidiert und die Überreste von den Anteilseignern eingesammelt.[9] Dem Diktat des Exit entkommt letztlich kein Unternehmen.

Risikostreuung und Wachstumsdruck

Damit die Exit-orientierte Strategie von Risikokapitalgebern aufgeht, setzen sie auf Diversifikation. In der Regel geht eine Risikokapitalgesellschaft davon aus, dass lediglich bei 10 bis 20 Prozent aller Firmen, an denen man in einer Frühphase Anteile gekauft hat, der eingesetzte US-Dollar verzehn- oder verhundertfacht wird. In fast monotoner Weise wird von Risikokapitalgebern betont, dass von zehn Unternehmen nur eines oder zwei »High Flyer« werden und für viel Geld an die Börse gebracht oder sehr teuer an andere Unternehmen verkauft werden können. Bei drei, vier oder fünf Unternehmen sei zu hoffen, dass man die Anteile mit einer einigermaßen anständigen Rendite verkaufen könne oder wenigstens seine Ausgaben wieder hereinbekomme. Den Rest der Unternehmen müsse man abschreiben, weil diese entweder vor sich hin vegetierten oder Konkurs gingen. David Rosenstein von International Incubators stellt fest, dass zwar von zehn Unternehmen eines, zwei oder drei »auf alle Fälle kaputtgehen«, aber in der Regel »eines oder zwei die richtigen Reißer« würden. Die übrigen seien, so der Risikokapitalgeber, »lebende Tote«, die nicht schlecht liefen, aber nur schwer zu verkaufen seien. Die »10-Baggers« oder »100-Baggers«, also Firmen, bei denen ein Risikokapitalgeber die Verzehnfachung oder Verhundertfachung seiner Investition erreicht, finanzierten jedoch die Totalverluste mit.[10]

In der Geschichte der Risikokapitalfinanzierung gibt es eine Vielzahl von Beispielen, in denen diese Form der Risikokapitalstreuung aufgegangen ist. Eine Investition in der Frühphase der Firma Apple vermehrte den Einsatz des Risikokapitalgebers, in diesem Fall Venrock Associates, nach dem Börsengang um mehr als das Hundertfache und konnte allein alle Verlustbringer im Portfolio des Risikokapitalgebers mitfinanzieren. Der Börsengang des Biotechunternehmens Genentech brachte den Risikokapitalgebern von Kleiner Perkins Caufield & Byers eine Rendite von weit über hundert zu eins, wodurch aus dem Risikokapitalfonds auch nach der Pleite aller anderen Firmen immer noch lukrative Dividenden an die Investoren ausgezahlt werden konnten. Aber auch das bescheidene Investment der kalifornischen Risikokapitalgesellschaft Sequoia Capital in Höhe von 1 Million US-Dollar in der Frühphase der Firma Yahoo! (für 25 Prozent der Firma) erreichte auf dem Höhepunkt einen Wert von fast 10 Milliarden US-Dollar und hätte allein alle Flops im Portfolio des Unternehmens mehr als ausgleichen können.[11]

Die Kalkulation von Risikokapitalgebern ähnelt der Berechnung großer Hollywood-Produzenten, die dem Motto des Wirtschaftsnobelpreisträgers James Tobin folgen, nicht »alle Eier in einen Korb zu legen«, sondern zum Zweck der Risikostreuung die Eier auf mehrere Körbe zu verteilen. Viele Filme, wie beispielsweise das Kevin-Costner-Debakel Waterworld, der John-Travolta-Megaflop Battlefield Earth oder der Western-Flop Heaven's Gate, verschwinden nach nur wenigen Wochen aus den Kinos. Die Millionen von US-Dollar, die in den jeweiligen Film investiert wurden, kann der Produzent als Verlust verbuchen. Aber immer wieder hat ein Hollywood-Produzent einen Kassenschlager wie Titanic, Star Wars, Jurassic Park oder Harry Potter im Programm. Die Gewinne aus diesen Unternehmen entsprechen einem Vielfachen des eingesetzten Geldes und gleichen die Verluste durch die Flops aus.

Wie kann das Kalkül aufgehen, dass der Verkauf von Anteilen an einem oder zwei »Starunternehmen« ausreicht, um eine angestrebte

Verzinsungsrate von 25 bis 30 Prozent auf das eingesetzte Kapital zu erreichen? Risikokapitalgeber investieren nur in solche Unternehmen, von denen sie hoffen, sie für ein Vielfaches ihrer Einstiegssumme verkaufen zu können. Das Kalkül eines Risikokapitalgebers ähnelt auch hier dem eines Filmproduzenten, der angesichts der hohen Floprate von Kinofilmen darauf setzen muss, dass jeder Film, in den er investiert, zumindest die theoretische Möglichkeit hat, zehnmal so viel einzuspielen wie er gekostet hat.

Diese Kalkulation führt zu hohen Wachstumserwartungen an risikokapitalfinanzierte Unternehmen. Wenn ein Risikokapitalgeber die Investition in ein Unternehmen nicht verdoppeln, nicht verdreifachen, sondern wenn möglich verzehnfachen will, bedeutet dies, dass das Unternehmen so schnell und aggressiv wachsen muss, dass es nach einigen Jahren wenigstens die theoretische Chance hat, am Kapitalmarkt zehnmal so viel wert zu sein wie beim Einstieg des Risikokapitalgebers. Aus dessen Sicht ist es wichtiger, dass ein Unternehmen das Risiko eines solchen Wachstums eingeht, als dass es als profitables, aber nicht wachsendes Unternehmen vor sich hin dümpelt.[12]

2.
Vom Risiko- zum Exit-Kapitalismus

Die Logik der Risikokapitalfinanzierung ist nicht neu. Schon kurz nach der maßgeblich durch die spanische Krone finanzierten »Entdeckung« Amerikas durch Christof Kolumbus engagierten sich private Kaufleute in großem Umfang bei der Finanzierung von Expeditionen nach Amerika. Als 1504 Sebastian Cabote eine Amerika-Expedition organisierte, sprang nicht mehr wie bei Kolumbus vorrangig der Staat mit »Risikokapital« ein, sondern kam das Geld von den spanischen Kaufleuten de Haro und den deutschen Fuggern und Welsern, die sich eine Vervielfachung ihres Einsatzes versprachen. Auch in der Gründungsurkunde der ältesten Aktiengesellschaft der Welt, der Hudson Bay Company, werden die Aktionäre bereits als »Venturer« bezeichnet. Die jährliche Generalversammlung der 1670 ins Leben gerufenen anglokanadischen Aktiengesellschaft eröffnete der Präsident traditionellerweise mit der Anrede »Meine Herren Abenteurer«[13].

Das Kalkül eines britischen, holländischen oder venezianischen Investors, der im späten sechzehnten oder frühen siebzehnten Jahrhundert ein Schiff für eine Expedition in den Fernen Osten ausstattete, sah ganz ähnlich aus wie die Kalkulationen eines Risikokapitalgebers, der in Unternehmen aus der Computerindustrie, der Biotechnologie oder der optischen Technologie investiert. Die Kaufleute im sechzehnten oder siebzehnten Jahrhundert wurden zwar durch Innovationen bei den Segelschiffen und der Navigationstechnik dazu verleitet, in neue Gebiete vorzustoßen, sie gingen aber davon aus, dass trotz der technischen Innovationen nicht alle Schiffe, in die sie investierten, mit vollen Lagerräumen zurückkommen würden. In den Fällen, in denen die Schiffe nach erfolgreichen Käufen den Rückweg schafften, erwarteten sie jedoch, dass die in Asien eingekauften Muskatnüsse, Pfefferkörner und Gewürznelken einen mehr als zehnfachen Profit abwarfen. Erst durch die Investition in eine Vielzahl von Expeditionen konnte der Kapitalgeber sein Risiko ausreichend streuen. Im Zusammenhang mit der interkontinentalen Handelsschifffahrt tauchte dann auch erstmals der Begriff des »Risikos« auf. Der Verlust eines Schiffes wurde nicht mehr vorrangig als Gottesurteil oder unbeeinflussbares Unglück gesehen, sondern als bedauerliche Folge eigener (riskanter) Investitionsentscheidungen.[14]

Auch beim Aufbau des US-amerikanischen Eisenbahnnetzes im neunzehnten Jahrhundert spielte ein Netzwerk reicher Einzelpersonen eine wichtige Rolle. Sie beteiligten sich an den so hochriskanten

Unternehmungen wie dem Bau einer Eisenbahnstrecke zwischen zwei Städten, für die kaum eine Bank bereit war, Kredite zu vergeben. Die »Yankee Financiers« setzten ähnlich wie moderne Risikokapitalgeber darauf, dass sie ihre Anteile an den Unternehmungen mit hohen Exit-Profiten an Börsen verkaufen konnten.[15]

Diese »mythischen« Geschichten spielen in Vorträgen, Artikeln und Büchern von Risikokapitalgebern häufig eine wichtige Rolle; sie dürfen aber nicht davon ablenken, dass erst die Ausbildung der Risikokapitalfinanzierung als eigene »Branche« nach dem Zweiten Weltkrieg zu einem Exit-Kapitalismus führte.

Der folgenreiche Unterschied zwischen reichen Einzelinvestoren und Risikokapitalgesellschaften

Als »Vater der modernen Risikokapitalfinanzierung« wird der Professor der Harvard Business School General Georges F. Doriot gehandelt. Doriot gründete zusammen mit dem Präsidenten des Massachussets Institute of Technology Karl Copton und einigen Bostoner Geschäftsleuten nach dem Ende des Zweiten Weltkriegs die Firma American Research & Development. Das Ziel dieser Unternehmung war es, die im Krieg entwickelten Technologien kommerziell auszuwerten. Fast die Hälfte des Profits in der 26-jährigen Geschichte dieser frühen Risikokapitalgesellschaft kam von einer Investition von 70000 US-Dollar in die Firma Digital Equipment Corporation im Jahr 1957, deren Wert auf 355 Millionen US-Dollar im Jahr 1971 anstieg.[16]

Wenn Doriot der »Vater der modernen Risikokapitalfinanzierung« war, dann war der New Yorker Investmentbanker Arthur Rock vermutlich der »Ko-Zeuger«, der die Risikokapitalidee in den Westen der Vereinigten Staaten trug. Gerade 31 Jahre alt, besorgte Arthur Rock 1957 für eine Gruppe von acht Ingenieuren, welche die Firma Shockley Semiconductor Laboratory verlassen wollten, das

nötige Risikokapital für die Gründung einer eigenen Halbleiter-
firma. Die 1,5 Millionen US-Dollar Anschubfinanzierung kamen
von Shermann Fairchild, der sein Geld in der Foto- und Flugzeugin-
dustrie gemacht hatte. Die nach ihm benannte Firma Fairchild Semiconductor wurde nach kurzer Zeit Marktführer im Halbleiter-
geschäft und zum Prototyp einer risikokapitalfinanzierten Firma.
Rock nahm die frühen Erfolge mit seinen Investitionen zum Anlass,
nach Kalifornien zu ziehen und erste kleine Risikokapitalfonds auf-
zuziehen.[17]

Worin bestand der zentrale Unterschied zwischen den Investitionen durch die Firma American Research & Development oder durch
Arthur Rock und seine Partner und der »klassischen« Risikokapitalfinanzierung?

Bis weit in die fünfziger Jahre war die Risikokapitalfinanzierung
fast ausschließlich die Sache von Einzelpersonen oder von einem
losen Netzwerk von Einzelpersonen, die sich für die Investition in
ein Unternehmen zusammenfanden. Aber nicht zuletzt durch die
Aktivitäten der American Research & Development und von Arthur
Rock und seinen Partnern änderte sich diese »Ad-hoc-Finanzie-
rung« auf einer »Deal-by-Deal-Basis« schrittweise zu einer Finanzierung über langfristig aufgelegte Fonds. Die ab den sechziger Jahren im größeren Umfang entstehenden Risikokapitalgesellschaften
sammelten nicht mehr Kapital von Investoren für die Investition in
ein einzelnes Unternehmen ein, sondern legten Fonds auf, in die
Banken, Versicherungen, Pensionsfonds, Stiftungen und Privatleute
ihr Geld investieren konnten. Diese Fonds waren zeitlich auf bis zu
zehn Jahre begrenzt. Es entstanden befristete »Partnerschaften«
zwischen den Risikokapitalgesellschaften und den Investoren in
Risikokapitalfonds, in denen genau festgelegt wurde, wie viel Geld
die Investoren einbrachten, wie Profite aus den Investitionen verteilt
wurden und welchen Regeln das Investitionsverhalten der Risikoge-
sellschaften unterlag.[18]

Aus den Maklern des frühen Risikokapitalgeschäfts, die für konkrete Deals Investoren und Unternehmen zusammenbrachten und sich dabei teilweise mit eigenem Geld beteiligten, wurden Gesellschaften, die durch einen Fonds ein höheres Maß an Autonomie gegenüber ihren eigenen Investoren entwickelten. Die Risikokapitalgesellschaften konnten ihr Geld aus dem Fonds dazu nutzen, weitgehend unabhängig von ihren eigenen Investoren in junge Unternehmen zu investieren. Sie mussten lediglich den Banken, Versicherungen, Pensionsfonds, Stiftungen und Privatleuten, die Geld langfristig in ihre Fonds investiert hatten, auf jährlichen Konferenzen und in schriftlichen Zwischenberichten die Sicherheit vermitteln, dass sich ihr Geld in guten Händen befand und dabei war, sich reichlich zu mehren.

Erst diese Institutionalisierung der Risikokapitalbranche durch die Auflage von Fonds, die Ausbildung von Risikokapitalgesellschaften und die Entstehung eines »Berufes« des Risikokapitalgebers machte den »Risikokapitalismus« auch zu einem »Exit-Kapitalismus«.

Besonders das Verhältnis zwischen Risikokapitalgebern und Unternehmensgründern änderte sich durch das Auflegen von Risikokapitalfonds erheblich. Während bei der informellen Risikokapitalfinanzierung nicht selten Unternehmensgründer wie Bittsteller von einer reichen Einzelperson zur nächsten zogen, führte die Institutionalisierung von Risikokapitalgesellschaften und Risikokapitalfonds dazu, dass der Unternehmensgründer auf Financiers traf, die ihr Geld »loswerden« mussten.

Eine reiche Einzelperson kann ihre Investitionen in junge Unternehmen noch von sich bietenden Gelegenheiten abhängig machen. Wenn sich über mehrere Jahre keine Unternehmensgründung anbot, in die sie ihr Geld investieren konnte, legte sie dies eben in Aktien von etablierten Unternehmen wie Ford oder Bayer, in Rohstoffgeschäften oder Immobilien an. Diese Möglichkeit bietet sich Risikokapitalgesellschaften nicht mehr. Eine Risikokapitalgesellschaft kann ihr Geld nicht nach Belieben zwischen Investitionen in junge Unternehmen, Aktienpaketen, Staatsanleihen und Postsparbüchern hin und her schieben, sondern ist »gezwungen«, ihr Geld in junge Unternehmen zu stecken. Durch die Institutionalisierung der Risikokapitalfinanzierung standen den jungen Unternehmen plötzlich Investoren gegenüber, die Anlagemöglichkeiten bei ihnen »suchten« und nicht einfach andere Anlagemöglichkeiten wählen konnten.

Die wachsende Bedeutung der Risikokapitalfinanzierung

Nachdem die Investitionen durch Risikokapitalgeber bei der Entstehung neuer Technologieunternehmen in den sechziger und siebziger Jahren nur eine unerhebliche Rolle spielten, explodierten diese ab den späten siebziger Jahren zunächst in den USA; es folgten Israel und, etwas zeitversetzt, Europa und Asien. Die Charts mit den von Risikokapitalgebern bei Banken, Versicherungen, Pensionsfonds, Stiftungen und Privatleuten für ihre Fonds einsammelten Summen weisen alle ein exponentielles Wachstum auf. Allein in den letzten Jahren hat sich der Anteil der durch Risikokapital finanzierten Investitionen in den Industriestaaten mehr als verzehnfacht. Auf dem Höhepunkt des Internetbooms sammelten allein die US-amerikanischen Risikokapitalgesellschaften im Jahr 100 Milliarden US-Dollar von Investoren ein – mehr als im gesamten Zeitraum der institutionalisierten Risikokapitalfinanzierung von den späten sechziger Jahren bis Mitte der neunziger Jahre. Obwohl die Investitionen in Risikokapitalfonds in den Jahren nach dem Internetboom einbrachen, betrugen sie immer noch ein Vielfaches von dem, was zehn Jahre zuvor investiert wurde.[19]

Unternehmensnahe Forschung und Entwicklung wird mittlerweile zu einem erheblichen Anteil durch Risikokapital finanziert.

Während in den USA in den achtziger Jahren Unternehmen ihre Forschung und Entwicklung fast ausschließlich aus operativen Gewinnen oder Krediten finanzierten und lediglich zu 3 Prozent über Risikokapital, erhöhte sich der Anteil des Risikokapitals Ende der neunziger Jahren auf ein Drittel.[20]

Wie kam es zum explosionsartigen Anwachsen der Risikokapitalfinanzierung? Ein zentraler Grund für die Bedeutungszunahme
von Risikokapital war die dynamische Entwicklung der amerikanischen Nasdaq und die Gründung von Börsen für Wachstumsunternehmen in Europa und Asien. Die bereits Anfang der siebziger Jahre
gegründete Nasdaq hat sich im Laufe ihrer Existenz immer mehr
zu einer weltweiten Börse für Wachstums- und Technologieunternehmen entwickelt. Selbst Wachstumsunternehmen aus Israel,
Deutschland oder Japan streben an diese Börse, um dort Kapital für
ihre unternehmerischen Aktivitäten einzusammeln. An der Nasdaq
werden die Aktien von mehr als 5 000 Unternehmen gehandelt, von
denen weit über die Hälfte in ihrer Frühphase durch Risikokapital
finanziert wurde.[21]

Die Nasdaq diente als Vorbild für die europäischen und asiatischen Hightechbörsen, die sich mit mehr oder minder großem
Erfolg als Kapitalmarkt für Wachstumsunternehmen zu etablieren
suchten. Mit der Nasdaq Europe und der Nasdaq Japan entstanden
in den neunziger Jahren Ableger des US-amerikanischen Erfolgsmo-
dells. Bei der Initiierung der Nasdaq Europe (früher Easdaq) wirkte
die European Venture Capital Association aktiv mit. Risikokapitalgeber wie Ronald Cohen trugen zur Finanzierung der Börse bei. Der
Risikokapitalgeber Mosayoshi Son war maßgeblicher Initiator der
Nasdaq Japan, und seine Gesellschaft Softbank ist einer der einfluss-
reichsten Anteilseigner an dieser Börse für asiatische Wachstumsunternehmen. Zusätzlich wurden in Europa der deutsche Neue Markt,
der französische Nouveau Marché, der Brüsseler New Market, der
holländische Nieuwe Markt Amsterdam, der britische Alternative

Investment Market und der italienische Nuovo Mercato gegründet, die sich jedoch nur teilweise längerfristig halten konnten.[22]

Auf den ersten Blick sind Börsen deswegen wichtig, weil sie Unternehmen die Möglichkeit bieten, zu einem späteren Zeitpunkt noch einmal Risikokapital einzusammeln. Für viele Unternehmen ist es wichtig, nach einer Anschubfinanzierung aus Eigenmitteln, dem Einwerben von Geld durch Business Angels und der Ausgabe von Unternehmensanteilen an Risikokapitalgeber mit einem Börsengang zu einem späteren Zeitpunkt noch zusätzliches Geld zur Finanzierung ihrer Expansion erhalten zu können.

Auf den zweiten Blick sind die Börsen bei der Ausbildung des Exit-Kapitalismus deswegen von zentraler Bedeutung, weil sie frühen Anteilseignern eine ideale Möglichkeit bieten, ihre Unternehmensanteile zu versilbern. Neben den Risikokapitalgesellschaften, die früh Anteile an den Unternehmen erworben haben, bietet der Gang an die Börse auch den Gründern, Topmanagern und Mitarbeitern die Möglichkeit, ihre Anteile in einem offiziellen Rahmen zu handeln. Selbst Firmen wie Microsoft, die so schnell profitabel waren, dass sie kein Risikokapital an der Börse einsammeln mussten, sind aus diesem Grund an die Börse gegangen. Die Mitarbeiter, die sich für ihre 10 000 Firmenanteile bei einem kargen Lohn abrackern, wollen eine Perspektive sehen, diese Anteile zu Geld zu machen. Die Führungskraft möchte vielleicht lieber 1 Million US-Dollar in Cash haben anstatt 1 Prozent an einer seit bereits drei Jahren dynamisch aufstrebenden Firma. Für ein kleines Haus im Grünen erwartet der Vorbesitzer in der Regel schließlich Bares und nicht schwer handelbare Aktien.[23]

Ohne die Existenz dieser Börsen für Wachstums- und Technologieunternehmen gäbe es für Business Angels, Risikokapitalgesellschaften, Unternehmensgründer und Aktien haltende Mitarbeiter nur die Exit-Möglichkeit, ihre Anteile an andere Investoren weiterzugeben, an größere Unternehmen zu verkaufen oder dem Management zum Rückkauf anzubieten.[24] Erst durch die Nasdaq und die mehr oder minder erfolgreichen anderen Börsen für Wachstumsunternehmen entstand für Risikokapitalgeber eine äußerst lukrative Variante des Ausstiegs aus ihrem Unternehmen, die gleichzeitig auch die Preise bei den anderen Ausstiegsvarianten in die Höhe trieb.[25]

3.
»Demokratisierung« der Risikokapitalfinanzierung

Die Börsen für Wachstumsunternehmen stellen für viele Kleinanleger die erste Möglichkeit dar, sich überhaupt als Risikokapitalgeber zu versuchen. Wenn ein Wachstumsunternehmen erst einmal an einer Börse notiert ist, kann eine Taxifahrerin, eine Betriebswirtschaftsstudentin oder ein Pensionär mit wenigen Mausklicks oder durch einen Anruf bei der Bank Anteile an einem Unternehmen wie Amazon, eBay oder Intershop erwerben.

Gerade zu Zeiten eines Hypes an Wachstumsbörsen wird die Anlage in Unternehmen an den Börsen attraktiv. Es erscheinen Bücher, die den Weg zum Reichtum erklären und die Schritte zur »ersten Million« erleichtern sollen. Die Kollegen berichten, dass sie aufgrund der guten Kontakte ihres Bankers beim Börsengang des Softwareunternehmens Red Hat oder des Chipherstellers Infineon Aktien erhalten haben und sich der Wert dieser Aktien in wenigen Tagen mehr als verdoppelt hat. Freunde installieren an ihren Computern kleine Bildschirme, auf denen die Börsenkurse von Unternehmen wie Cisco, Lucent oder eBay permanent eingeblendet werden, und verkünden, dass sie in nur zehn Wochen 100 Prozent Profit mit ihrem Aktienportfolio gemacht haben. Die eigenen Mütter (oder Kinder) beklagen sich über die geringen Zinsen bei Staatsanleihen und plädieren dafür, dass die Familie Aktien an Wachstumsunternehmen oder wenigstens in Fonds für Wachstumsunternehmen kaufen solle. Was daraus entsteht, bezeichnen die »Profis« abschätzig als Dienstmädchenhausse, in der Kleinanlegerinnen und Kleinanleger sich in spekulativen Aktiengeschäften betätigen.

Aber auch die positive Entwicklung der Aktienkurse verdeckt nicht, dass diese Anleger ganz am Ende einer Fresskette von Risikokapitalgebern sitzen. Bevor sich Otto Normalverbraucher oder Erika Mustermann über die 30-prozentige Steigerung ihrer Intel-Aktien freuen können, haben vor ihnen etliche andere Kapitalanleger Kasse gemacht. Der Gründer – und diejenigen, die ihn während der Gründungsphase unterstützten – haben den Wert ihres Aktienpakets bei solchen Erfolgsunternehmen vervielfacht. Der Business Angel und die Risikokapitalgesellschaft, die sich mit 10 oder 20 Prozent an dem Unternehmen beteiligten, konnten ihre Anteile mit einem häufig mehr als zehnfachen Gewinn verkaufen. Die Fondsgesellschaften, die Banken und großen Versicherungen haben sich vor dem Börsengang ihren Anteil gesichert, und es gelingt ihnen in der Regel, diese Unternehmensanteile auch loszuwerden.

Der Blick auf die hohen Profite der Risikokapitalgeber, die in einer Frühphase investiert haben, macht verständlich, warum der Kleinanleger, der bisher lediglich mit Risikokapitalspekulationen an Börsen für Wachstumsunternehmen experimentiert hat, einen Reiz verspürt, in den verschiedenen Phasen eines Investitionszyklus einzusteigen. Auch wenn es verfehlt wäre, von einer breiten Konvertierung von konservativ orientierten Aktionären, Sparbuchbesitzern und Bundesschatzbriefeignern zu Risikokapitalgebern zu sprechen, lässt sich gerade in Boomzeiten in einzelnen Branchen eine Tendenz von Kleinaktionären zu riskanteren Geldanlagen und zur Übernahme von Risikokapitallogiken beobachten. Unter Kampfbegriffen wie »Demokratisierung der Risikokapitalfinanzierung« werden diesen Kleinaktionären Modelle angeboten, durch die sie sich in allen Phasen eines Unternehmens an der Risikokapitalfinanzierung beteiligen können.

Die Aussaat-Phase: Investitionen durch Friends,
Family and Fools

In der Frühphase einer Unternehmensgründung, der so genannten Aussaat-Phase, bringt der Gründer das Unternehmensgrundkapital (beispielsweise 100 000 US-Dollar) häufig durch eigene Ersparnisse, durch Verkäufe aus einem früheren Unternehmen oder durch Spekulationsgewinne auf. Nicht selten setzt hier aber bereits die erste, noch informelle Beteiligung von »Risikokapitalgebern« ein. Der Unternehmer in spe wendet sich an die in der Szene als »3 F« bezeichneten informellen Risikokapitalgeber: Friends, Family and Fools.

Für die Vergabe dieser ersten Risikokapitalmittel gibt es oft keine formalen Absprachen. Manchmal ist den Freunden und Verwandten, die dieses so genannte »Love Money« geben, gar nicht bewusst, ob sie jetzt für ihr Geld Anteile am Unternehmen erhalten, dem Unternehmer einen Kredit gegeben haben oder es sich um ein verkapptes Geldgeschenk unter dem Motto »Mach was draus« handelt.

In Zeiten, in denen die erfolgreichen Wachstumsgeschichten von Unternehmen in der Presse lanciert werden, ist es für Unternehmer häufig nicht so schwer, an diese erste Finanzspritze heranzukommen. Der Hinweis, dass man »etwas im Internet machen möchte«, eine Idee für eine »ganz neue Hardwarekomponente« hat oder ein Dienstleistungsunternehmen hochziehen möchte, das in ein ganz neues Marktsegment vordringt, reicht bei einem entsprechenden Umfeld aus, um Interessenten anzuziehen. Unternehmertum hat einen gewissen Sex-Appeal, und bei vielversprechenden Unternehmensgründern melden sich Personen, die sich gern als »Family«, »Friend« oder »Fool« in der Frühphase des Unternehmens beteiligen wollen.

Die Business Angels, »Brutkästen« und
kleinere Risikokapitalgeber

Wenn ein Unternehmensgründer selbst nicht über ausreichend Kapital verfügt, kann er sich nach Ausschöpfung des informellen Beteiligungskapitals in der zweite Phase einer Unternehmensgründung an Business Angels oder Unternehmens»brutkästen« wenden. Die Kapitalgeber stellen beispielsweise eine Summe von 500 000 US-Dollar zur Verfügung und erhalten dafür Anteile von 10 bis 20 Prozent am Unternehmen.

Business Angels sind häufig ehemalige Unternehmer oder Top-Führungskräfte aus Großunternehmen, die ihr Geld nicht auf der Bank, in Aktien oder Staatsanleihen anlegen, sondern sich als Risikokapitalgeber betätigen möchten. Sie stellen dem Unternehmer Kapital zur Verfügung, nutzen ihre alten Geschäftskontakte im Sinne des Unternehmens oder geben Ratschläge und Unterstützung.

Die Alternative zu den Business Angels sind so genannte Inkubatoren, »Brutkästen« für junge Unternehmer. Diese Brutkästen, wie Techfarm, Divine, Idealab und Garage.com in den USA, Ideas Hub und Jellyworks in Großbritannien, Elevator7 in der Schweiz oder BainLab, Speed Venture, VentureLab oder Webmedia in Deutschland, bieten »Rundum-Sorglos-Pakete« an. Sie stellen Unternehmern mit einer erfolgversprechenden Geschäftsidee Räume, Computer, Telefonleitungen sowie ein Kontaktnetzwerk und kleinere Anschubfinanzierungen zur Verfügung, verlangen dafür aber nicht selten erhebliche Anteile am Unternehmen.[26]

Die Marktlücke, in die Business Angels und Inkubatoren stoßen, ist eine Phase während einer Unternehmensgründung, in welcher der Unternehmer und seine Freunde und Verwandten zwar nicht mehr die notwendige Summe aufbringen können, das Unternehmen aber noch zu klein ist, als dass es sich für Risikokapitalgesellschaften lohnte, einen umfassenden Prüfprozess einzuleiten. Die Investition von »Smart Money« durch Business Angels und Inkubatoren soll Firmen in die Lage versetzten, sehr schnell ein Produkt zu entwickeln und die nächsten Finanzierungsrunden ohne größere Probleme einzuleiten. Der Einstieg eines Business Angels oder eines Inkubators ist wichtig, weil spätestens zu diesem Zeitpunkt der Unternehmensgründer nicht mehr alle Anteile an seinem Unternehmen besitzt und er den der Exit-Logik verpflichteten externen Kapitalgebern Mitsprachemöglichkeiten einräumt.

Gerade in Boomzeiten ist die Betätigung als Business Angel oder Inkubator für einen Privatanleger eine attraktive Möglichkeit, ins Risikokapitalgeschäft einzusteigen. Er benötigt keinen Risikokapitalfonds von mehreren 10 Millionen US-Dollar im Hintergrund, sondern kann, allein mit seinem kleinen Privatvermögen, seinen guten Ratschlägen und seinen Kontakten, Unternehmen in einer sehr frühen Phase für sein »Portfolio« gewinnen.

Die Wachstums- und Expansionsphase: Der Einstieg der Risikokapitalgesellschaften

Wenn die Geschäftsidee sich als erfolgversprechend herausstellt, steigen in der dritten Phase weitere Risikokapitalgesellschaften ein, beispielsweise mit 2 oder 3 Millionen US-Dollar, und erhalten dafür vom Gründer weitere 10 bis 20 Prozent des Unternehmens. Mit diesem Geld wird eine mehrjährige Expansionsphase finanziert, in der das Unternehmen sein Produkt zur Marktreife bringt und Marktanteile erschließt. Es geht darum, das Unternehmen so groß zu machen, dass es an einen großen Konkurrenten verkauft, ein Börsengang angestrebt oder ein Rückkauf der Anteile durch das Management anvisiert werden kann.[27]

Weil es in dieser Phase nicht mehr nur um einige zehn- oder hunderttausend, sondern um etliche Millionen US-Dollar geht, bleibt dieses Segment Privatanlegern in der Regel verschlossen. Die Risikokapitalgesellschaften sammeln ihr Geld von Pensionsfonds, Banken, Versicherungen und Stiftungen ein und machen sich nicht die Mühe, sich mit Kleinstbeträgen von Investoren abzugeben. Lange Zeit war es für Kleinanleger nur möglich, entweder Aktien von den wenigen börsennotierten Risikokapitalgesellschaften zu kaufen oder Anteile an von Banken aufgelegten Fonds für Privatanleger zu erwerben, die ihr Geld in verschiedene Risikokapitalfonds verteilen.

Aber nicht zuletzt aufgrund der Berichte über die enormen Renditen mancher Risikokapitalfonds wird die Bereitschaft von Kleinanlegern geweckt, sehr früh in Risikokapitalfinanzierungen zu investieren. Mehrere Unternehmen bieten in der Zwischenzeit Anlegern die Möglichkeit, sich als »kleiner Risikokapitalgeber« in der frühen Wachstumsphase eines Unternehmens zu beteiligen.

An risikobereite Kleinaktionäre, die es leid sind mit anzusehen, dass sie erst bei einem Börsengang eines Unternehmens Anteile erwerben können, richtet sich beispielsweise das Angebot von Firmen wie meVC in den USA, VCH Best-of-VC in Deutschland, der Private Equity Holding AG in der Schweiz oder der Private Equity Performance AG in Österreich. Diese Firmen treten mit dem Anspruch auf, die Risikokapitalszene zu »demokratisieren« und auch Personen mit geringem Einkommen Zugang zu Investitionen in junge Wachstumsunternehmen zu bieten. Dabei investieren sie das Geld der Kleinanleger entweder direkt in Wachstumsunternehmen oder indirekt über Beteiligungen an Fonds von anderen Risikokapitalgesellschaften. Bei meVC, der prominentesten – und sicherlich auch umstrittensten – Risikokapitalgesellschaft für Kleinanleger, erwirbt man als Anleger für mindestens 1 000 US-Dollar Anteile an einem Fonds, der gemeinsam von meVC mit der Risikokapitalgesellschaft Draper Fisher Jurvetson aufgelegt wird. Die auf diese Weise eingesammelten 300 Millionen US-Dollar investiert der Fonds in 30 bis 50 junge Unternehmen.[28]

Die Übertragung des Wortes »Demokratisierung« aus einem

politischen in einen wirtschaftlichen Kontext ist an dieser Stelle nicht viel mehr als ein Werbegag. Letztlich geht es nur um die Beteiligung von Kleinanlegern in einer Phase der Risikokapitalfinanzierung, die ihnen bisher verschlossen geblieben ist.

Die Exit-Logik von Aktionären

Beim Börsengang eines Unternehmens, der vierten Phase einer Risikokapitalfinanzierung, wird vom Unternehmen häufig die Abgabe von 20 bis 25 Prozent der Firmenanteile verlangt. Diese Anteile werden dann öffentlich gehandelt. Der Börsengang an der Wall Street, der Nasdaq oder vergleichbaren europäischen oder asiatischen Börsen gilt dabei als »Königsweg« und wird als »Hommage an erfolgreiche Ideen« gefeiert. Diesen Weg beschreitet durchschnittlich weniger als ein Drittel der Unternehmen in einem Risikokapitalfonds. Da diese aber überdurchschnittliche Profite einbringen, zeichnen sie für einen Großteil der Einnahmen eines Risikokapitalfonds verantwortlich.[29]

Auf den ersten Blick unterscheiden sich die Spielregeln für einen Aktionär eines börsennotierten Unternehmens deutlich von denen für Business Angels, Inkubatoren und Risikokapitalgesellschaften: Der Aktionär steigt in einer Phase ein, in der das Risiko häufig ungleich geringer ist als bei noch nicht börsennotierten Unternehmen. In der Regel besitzen börsennotierte Unternehmen bereits ein marktfähiges Produkt und die Bilanz verzeichnet, anders als bei vielen durch Business Angels, Inkubatoren und Risikokapitalgesellschaften geförderten Unternehmen, auf der Einnahmeseite eine Zahl größer als Null.

Im Gegensatz zu Business Angels, Inkubatoren oder einer Risikokapitalgesellschaft braucht ein Aktionär eines börsennotierten Unternehmens nicht »viel Geld« in die Hand zu nehmen. Im Prinzip ist es bereits einem Kleinstaktionär möglich, sein Sparschwein zu

schlachten und für 20 oder 30 Euro ein oder zwei Aktien eines
Unternehmens zu erwerben und so zu einem Mini-Risikokapitalge-
ber zu werden. Der Ein- und Verkauf seiner Anteile ist wesentlich
einfacher als bei Risikokapitalgebern, die bei noch nicht börsennotierten Unternehmen Anteile nur über aufwändige notarielle Beur-
kundungen erwerben und verkaufen können.

Auch greift der Kleinaktionär nicht direkt in das Management
des Unternehmens ein. Während Business Angels, Inkubatoren und
Risikokapitalgesellschaften mit dem Erwerb von Unternehmensanteilen auch das Recht erwerben, über den Aufsichtsrat an der strategischen Ausrichtung des Unternehmens aktiv mitzuwirken, das
Unternehmen bei dem Erschließen neuer Kundengruppen zu unterstützen, bei der strategischen Neuausrichtung des Unternehmens
mitzuwirken und am Personalkarussell des Unternehmens zu drehen, werden von den meisten Kleinaktionären börsennotierter Unternehmen solche Aktionen in der Regel nicht erwartet – und würden wohl auch eher als störend empfunden.

Auf den zweiten Blick gibt es jedoch einige Ähnlichkeiten zwischen frühen Risikokapitalgebern und Aktionären an Börsen für
Wachstumsunternehmen. Letztlich sind auch die Kleinanleger –
genauso wie institutionelle Fonds, die Anteile von Wachstumsunternehmen beim Börsengang erwerben – Risikokapitalanleger, die sich
als Gegenleistung für die Investition in ein riskantes Geschäft außer-
ordentliche Renditen versprechen. Frank Schon, Geschäftsführer
der Risikokapitalgesellschaft Goal Venture, macht klar, dass gerade
in Boomphasen Kleinaktionäre, institutionelle Fonds und Aktien
handelnde Unternehmen gern an der Börse »Risikokapitalgeber«
spielen.[30]

Auch der Aktionär an börsennotierten Wachstumsunternehmen
ist in der Regel nicht an der Dividendenzahlung des Unternehmens
interessiert. Wenn ein Aktionär Anteile eines Wachstumsunternehmens wie Amazon, eBay oder EM.TV, aber auch Cisco, Microsoft

oder Novell erwirbt, herrscht häufig nicht das Interesse vor, das Unternehmen über längere Zeit im Portfolio zu behalten und sich jährlich die Dividenden gutschreiben zu lassen. Aktien von Wachstumsunternehmen wie Amazon oder eBay werden im Schnitt nur wenige Tage gehalten, während Standardwerte wie General Motors oder Coca-Cola durchschnittlich mehr als zwei Jahre im Besitz der Aktionäre bleiben. Der Exit-orientierte Aktionär setzt ähnlich wie der Business Angel oder der Risikokapitalgeber darauf, dass sich der Wert seiner Unternehmensanteile vermehrt und er diese zu einem geeigneten Zeitpunkt an der Börse losschlagen kann.[31]

Auch hier gibt sich ein Aktionär nicht mit einer jährlichen Verzinsung von 2 oder 3 Prozent zufrieden, sondern erwartet angesichts des hohen Risikos seines Investments eine mögliche Verzinsung von 20 bis 30 Prozent. Ähnlich wie eine Risikokapitalgesellschaft setzt auch der Aktionär durch den Erwerb einer Anzahl von Anteilen an verschiedenen Unternehmen auf eine Streuung seines Risikos. Selbst wenn er Pleitefirmen wie die Multimedia-Agentur Kabel New Media oder den Online-Gemüsehändler Webvan im Portfolio hat, kann er immer noch seine angepeilte Rendite erzielen, wenn andere Unternehmen ihren Aktienwert verdrei- oder vervierfachen.

Wie beim Business Angel und der Risikokapitalgesellschaft besteht die Investitionslogik des Aktionärs an Börsen für Wachstumsunternehmen in einer geschickten Gestaltung des Ein- und Wiederausstiegs. Während der Exit aus einem Investment bei einem Risikokapitalgeber eine hochsensible Angelegenheit ist und intensive Verhandlungen mit Käufern des Unternehmens, Investmentbanken und Fondsgesellschaften verlangt, besteht er bei einem Aktionär an einem börsennotierten Unternehmen in der Regel nur aus ein paar Mausklicks auf der Website seiner Internetbank oder einem Anruf bei einem Angestellten seiner Bank.

Der Einstieg des einen ist der Exit des anderen

Bei jedem Einstieg eines neuen Risikokapitalgebers bietet sich – jedenfalls theoretisch – die lukrative Möglichkeit für den Exit eines früher eingestiegenen Risikokapitalgebers. Die Freunde und Familienangehörigen, die das Unternehmen anfangs finanziert haben, können ihre Unternehmensanteile an einen Business Angel oder einen Inkubator abgeben. Dieser wiederum kann, wenn eine Risikokapitalgesellschaft groß einsteigen will, Teile seiner Aktien verkaufen. Die frühen Risikokapitalinvestoren können bei einem Börsengang ihre Anteile direkt an der Börse anbieten oder ihre Unternehmensanteile an institutionelle Anleger weiterverkaufen.

Während der Frühphase einer Unternehmensfinanzierung sind jedoch die später einsteigenden Investoren skeptisch, wenn die frühen Risikokapitalgeber ihre Investitionsbereitschaft für einen lukrativen »Exit« nutzen. Sie fragen sich, weswegen die früheren Investoren ihre Anteile nicht halten und – wie sie selbst – auf weitere Steigerungen der Aktie warten. Deswegen wird in Frühphasen zwischen den alten und neuen Investoren vereinbart, dass die bereits involvierten Risikokapitalgeber an ihren Unternehmensanteilen festhalten oder sogar noch neue Unternehmensanteile erwerben. Bei einem Börsengang wird von den Altaktionären verlangt, dass sie ihre Anteile sechs oder zwölf Monate lang halten, damit sie sich nicht sofort auf Kosten der beim Börsengang einsteigenden institutionellen und privaten Anleger bereichern.

Ist ein Unternehmen erst einmal an der Börse notiert und sind die Haltefristen der frühen Risikokapitalgeber abgelaufen, sind die Unternehmensanteile frei handelbar. Der Risikokapitalgeber, der beim Börsengang Anteile eines Unternehmens erworben hat, kann sofort, nachdem die Aktie ein paar Minuten an der Börse gehandelt wurde, seine Anteile bereits wieder verkaufen. Der Käufer dieser Aktie hat wiederum die Möglichkeit, diese Anteile sofort wieder weiterzuverkaufen. Einstieg und Exit können dann in Extremfällen nur noch wenige Sekunden auseinander liegen.

Die »Demokratisierung« des Risikokapitalgeschäfts in Form von Frühinvestitionen von Privatanlegern in Unternehmen, die mit einigen 10000 US-Dollar gestartete Betätigung als Business Angel oder Inkubator, die Beteiligung von Otto Normalverbrauchern an Risikokapitalgesellschaften wie meVC und der Einstieg in riskante Investitionen nach einem Börsengang führen zu einer Beschleunigung von Ein- und Ausstiegen in Risikokapitalinvestitionen. Je mehr Anleger als Anbieter und Nachfrager am Risikokapitalmarkt auftreten, desto einfacher ist der Ausstieg aus einer Investition und desto schneller dreht sich die Spirale aus Einstieg und Exit.

II

Gründer, Manager und Mitarbeiter als Risikokapitalgeber

»Wir leben in einer Epoche der Gier, wo man sich um den Wert
einer Sache nicht kümmert, wenn man daran verdienen kann,
dass man sie einem Mitmenschen verkauft.
Und man verkauft sie an den Mitmenschen, weil die Habgier
des Aktionärs, der an einen Gewinn glaubt,
der Gier des Gründers ähnelt, der den Plan gemacht hat.«
Honoré de Balzac in seiner 1839 erschienenen Novelle
»Das Bankhaus Nucingen«

Ohne die Exit-Orientierung würde die Kalkulation eines Risikokapitalgebers – egal ob es sich um einen Business Angel, eine Risikokapitalgesellschaft oder einen Aktionär an einer Wachstumsbörse handelt – nicht aufgehen. Nur weil ein Risikokapitalgeber die sich bietenden Möglichkeiten zu einem lukrativen Ausstieg aus einem Investment nutzt, kann er genügend Profit erwirtschaften, um sein Geschäft am Laufen zu halten und schon nach drei, vier Jahren Rendite an seine Investoren auszuzahlen.

Es läge jetzt nahe, die Aussagen über die Kapitalmarkt-, Exit- und Risikoorientierung auf die Risikokapitalgeber zu beschränken und den Unternehmensgründern, Top-Führungskräften und Mitarbeitern in risikokapitalfinanzierten Unternehmen eine prinzipiell andere Logik zu unterstellen. Aber alle Akteure in einem Wachstumsunternehmen sind neben ihrer eigentlichen Funktion auch (zumindest potenzielle) Kapitalbesitzer: Die Unternehmensgründer halten in der Anfangszeit häufig mehr Anteile am Unternehmen als der Risikokapitalgeber und sind in der frühen Wachstumsphase diejenigen, die – wenigstens formal – das Sagen haben. Top-Führungskräfte lassen sich ihren Einstieg in ein Wachstumsunternehmen durch eine Kapitalbeteiligung am Unternehmen – nicht selten in Höhe von einigen Prozent – schmackhaft machen. Mitarbeiter in Wachstumsunternehmen bekommen als »Motivationsmittel« Unternehmensanteile in Aussicht gestellt oder werden für ihre Arbeit direkt mit Unternehmensaktien bezahlt.

In diesem Kapitel wird aufgezeigt, dass Unternehmensgründer, Führungskräfte und Mitarbeiter durch diesen Besitz an Unternehmensanteilen auf ihre Art »kleine« (oder »große«) Risikokapitalgeber für ein Unternehmen werden. Auch wenn sie ihre Unternehmensanteile im Gegensatz zu den Risikokapitalgebern in der Regel nicht durch Geldzahlungen erwerben, sondern durch ihre Arbeitskraft, so übernehmen sie doch – wenigstens teilweise – die Exit-Logik von Risikokapitalgebern.

I.
Die Verbreitung der Exit-Logik

Die »klassische« Vorstellung von Gründern sieht so aus, dass diese in ihrem Leben nur ein Unternehmen ins Leben rufen, dieses langsam aufbauen, sich über die Profite des Unternehmens finanzieren und dann, wenn sie ein gewisses Alter gerreicht haben, dieses an ihre Tochter oder ihren Sohn übergeben. Dabei wird davon ausgegangen, dass der Gründer eines Unternehmens gleichzeitig auch für die verschiedenen Wachstumsphasen der beste Unternehmensleiter ist. Dass dies nicht immer der Fall ist, wird in der Risikokapitalszene unter Verweis auf den Erfinder Thomas A. Edison ausgeführt.

Das Beispiel des Konstrukteurs des »Phonographen«, der »Kohlenfadenlampe« und des »Kinematographen« zeigt, dass das Streben eines Erfinders und Unternehmensgründers, auch noch ein »Industriemagnat« zu werden, nicht immer zum Erfolg führt. Edison leitete die von ihm gegründete Firma so schlecht, dass diese nach kurzer Zeit vor der Pleite stand und Edison aus dem Unternehmen entfernt werden musste.[1]

Als Opfer des Edison-Syndroms werden häufig Unternehmer wie der Compaq-Gründer Rod Canion, die Cisco-Gründer Leonard Bosak und Sandy Lerner und der Gründer des Softwareunternehmens Autodesk, John Walker, genannt. Diese hätten viel zu lange an ihren Firmen festgehalten und nicht erkannt, wann sie den Stab hätten übergeben müssen. Das Silicon Valley, so die britische Wirtschaftszeitschrift *The Economist*, sei voller »trauriger Geschichten« von Gründern, die »ihren Weg aus dem Unternehmen nicht gefunden« hätten.[2]

Durch die Risikokapitalfinanzierung hat sich ein neues Modell von Unternehmensgründern, aber auch von Führungskräften und Mitarbeitern ausgebildet, das einer anderen Logik unterliegt als das der »klassischen« Gründer, Führungskräfte und Mitarbeiter. Zwar gibt es noch immer jene, die beim Einstieg in risikokapitalfinanzierte Unternehmen von einer lebenslangen Verbundenheit mit dem Unternehmen träumen, die Tendenz verlagert sich jedoch immer mehr zu einer Reihe von Ein- und Ausstiegen in verschiedene »Investments«.

Der serielle Unternehmer – ein neues Modell von Existenzgründern

Sicherlich gibt es auch in risikokapitalfinanzierten Unternehmen Gründer, die vorhaben, in »ihrem« Unternehmen bis zum Lebensende tätig zu sein; das Leitbild des Exit-Kapitalismus ist jedoch ein anderes. Als Modell der neuen Gründerkultur in den USA, Europa und Asien wird der »serielle Unternehmer« gepriesen, der mehrmals hintereinander ins Unternehmertum ein- und wieder aussteigt. Peter Kirsch, Marketingleiter von Informationhighway und Berater risikokapitalfinanzierter Unternehmen, merkt an, dass in der Gründerszene der erfolgreiche Aufbau mehrerer Unternehmen als »Adelstitel« verstanden wird. Die Gründung von drei, vier Unternehmen in 15 Jahren gilt, so Kirsch, in kapitalmarktorientierten Unternehmen nicht als Ausweis von Unbeständigkeit, sondern vielmehr als Professionalitätsbeweis. In paradoxer Weise entwickelt sich »Gründer« zu einer eigenen kleinen Profession, in welcher der Erfolg nicht in der »nachhaltigen« Leitung eines einmal gegründeten Unternehmens, sondern in der Gründung möglichst vieler Unternehmen gesehen wird.

Um gar nicht erst mit dem »Edison-Syndrom« in Verbindung gebracht zu werden, signalisieren viele Gründer sehr früh, dass sie den eigenen Ausstieg aus dem Unternehmen mit in ihre Planung einbeziehen. Martin Andersen, Gründer des Internetunternehmens SuperWebOffice, bekennt, dass er »wie viele andere Gründer« der Internetszene immer seine »Exit-Strategie« im Blick gehabt habe. Sein Vorbild sei nicht Bill Gates gewesen, der »20 Jahre eine Firma aufbaut und mit dieser zusammen begraben wird«. Sein Motto sei gewesen: »fünf Jahre« – dann bringt man das »Unternehmen an die Börse«, »verkauft es« oder »holt andere Leute« herein. Rebecca Steinberg, Mitgründerin des Internetunternehmens Netdollar, hebt hervor, dass das Wort »Börsengang« schon bei der ersten Präsentation der Unternehmensidee gefallen sei. Die Idee eines Unternehmens für Zahlungssysteme im Internet habe »riesige Phantasie« geweckt und »wahnsinnig viele Bereiche« betroffen, sodass ein schneller Börsengang möglich erschien. Damit sei ihr klar gewesen, dass sie ihre Anteile am Unternehmen nicht für immer behalten, sondern irgendwann wieder aus dem Unternehmen aussteigen würde.[3]

Das Vorbild der US-amerikanischen, aber auch der europäischen Gründerszene ist der serielle Vorzeigeunternehmer Jim Clark. Clark wird dafür gepriesen, dass drei seiner vier Unternehmensgründungen an der Börse einen Wert von über einer Milliarde US-Dollar erreicht haben. Clark gründete zuerst den 3-D-Chipentwickler Silicon Graphics und baute dann den Browserhersteller Netscape auf. Nach dem Börsengang von Netscape und dem Verkauf der meisten Anteile an America Online wirkte Clark bei der Gründung von Healtheon mit, einer Internet-Plattform für den Handel mit Arzt- und Krankenhausbedarf. Dann startete er das Unternehmen myCFO, eine Internetfirma, die personalisiertes Finanzmanagement für vermögende Kunden anbietet.[4]

Nicht selten versuchen serielle Unternehmer mit jeder neuen Unternehmensgründung »ein größeres Rad zu drehen«. Der Schweizer Peter C. Rudin erzählte auf einer Gründerkonferenz, dass er seine erste, 1957 gegründete Firma, ein Vertrieb für Mini-Computer, nach 14 Jahren für einen einstelligen Millionenbetrag verkauft habe. Seine zweite, 1993 gegründete Firma MAC, eine Multimediafirma, die ihren Geschäftsschwerpunkt von der Produktion von CD-ROMs aufs Internet verlagerte, verkaufte er nach nur vier Jahren an den Schweizer Internetservice-Provider Swisscom für eine zweistellige Millionensumme. Weil er sich mit Swisscom überwarf und seine Firma nicht mehr als Angestellter weiterführen wollte (und durfte), gründete er 1999 das Internetunternehmen UPAQ, das er – auf dem Höhepunkt des Internetbooms – nur zwei Jahre nach der Gründung für einen dreistelligen Millionenbetrag an die Börse zu bringen plante. Der Rhythmus immer kürzerer Zeiten zwischen Einstieg und Exit sowie die immer höheren Profite beim Verkauf der Unternehmen galten als besonderes Qualitätsmerkmal und suggerierten, dass das vierte Unternehmen nach nur einem Jahr für einen vierstelligen Millionenbetrag verkauft werden könnte.[5]

Auch die Pleite eines eigenen Unternehmens gilt nicht als Hinderungsgrund für eine Karriere als serieller Unternehmer. Adam Osborne, dessen PC-Firma Osborne Computer 1984 mit großem Getöse Konkurs ging, erhielt nicht einmal ein Jahr nach dem Konkurs von seinen Risikokapitalgebern 2,2 Millionen US-Dollar, um eine neue Firma ins Leben zu rufen. Jerry Kaplan, dessen Handheld-Computerfirma GO spektakulär unterging, hatte keine nennenswerten Schwierigkeiten, für sein Internetauktionshaus Onsale.com Geld vom Risikokapitalgeber Kleiner Perkins zu erhalten – der gleichen Risikokapitalgesellschaft, die auch schon seinen ersten Ausflug ins Unternehmertum finanziert und dabei Millionen von US-Dollar in den Sand gesetzt hatte. Auch der Unternehmer Ernst Malmsten, der die erste aufsehenerregende Pleite eines Internetunternehmens zu verantworten hatte, galt bei Risikokapitalgebern weiterhin als förderungswürdig. Malmsten hatte zunächst gemeinsam mit dem Exmodell Kajsa Leander einen traditionellen Verlag und dann mit Bokus eines der ersten internetbasierten Buchhandelsunternehmen ins Leben gerufen, bevor er mit Boo.com versuchte, das erste Handelsunternehmen für Sport- und Modekleidung im Internet zu etablieren. Selbst nachdem Boo.com als erstes prominentes Internetunternehmen Konkurs anmelden musste, zeigten sich Risikokapitalgeber bereit, für neue unternehmerische Aktivitäten Geld zur Verfügung zu stellen. Ernst Malmsten erklärte, dass es »ironischerweise« für ihn heute einfacher sei, »Investorengeld einzuwerben, als es bei Boo.com der Fall war«[6].

Das Modell des seriellen Unternehmers verweist darauf, dass Unternehmensgründer ihre Profite nicht aus laufenden Dividendenzahlungen des Unternehmens ziehen, sondern Gewinn machen, wenn sie ihre Unternehmensanteile verkaufen. Olaf Schmitz, Inkubator bei der Risikokapitalgesellschaft startup-jungle, stellt fest, dass man als Risikokapitalgeber nicht an Unternehmensgründern interessiert sei, »die sich aus dem jährlichen Gewinn des Unternehmens ernähren möchten und damit eine langfristige Existenzperspektive verbinden«. Man suche vielmehr Leute, die »sich aus dem möglichst hohen Gewinn des Verkaufs des Unternehmens ernähren wollen«. Dadurch würden sich professionelle Gründer ausbilden, die es schaffen könnten, Unternehmen in kurzer Zeit »börsenreif« zu machen.[7]

Führungskräfte – der schnelle Ein- und Ausstieg

Eine zentrale Anforderung an schnell wachsende Unternehmen besteht darin, dass sie für jede Wachstumsphase die »richtige« Führungskraft haben. Die Ökonomen Thomas Hellmann und Manju Puri sehen die permanente Anpassung an die wechselnden Organisationserfordernisse eines Wachstumsunternehmens als Grund an, weswegen in risikokapitalfinanzierten Unternehmen im Silicon Valley die Vorstandsvorsitzenden doppelt so häufig wechseln wie in anderen Unternehmen. Christoph von Einem, Teilhaber der Wirtschaftskanzlei Haarmann, Hemmelrath & Partner und einer der »Advokaten der Gründerszene«, erklärt, dass »zu Recht« das Management eines risikokapitalfinanzierten Unternehmens »zwischen Gründung und Börsengang oft dreimal« wechselt.[8]

Der Wirtschaftsjournalist Michael Mandel bezeichnet die »qualifizierten, kreativen und mit unternehmerischen Qualitäten ausgestatteten Mitarbeiter« als »entscheidenden Bestandteil des Risikofinanzierungsprozesses«. Die Führungskräfte dürften nicht auf Dauer an ein etabliertes Unternehmen gebunden sein, sondern müssten vielmehr eine »mobile Angriffstruppe« darstellen, die sich in »Richtung der Unternehmen und Projekte« bewege, die am ehesten in der Lage seien, den »Durchbruch zu schaffen«.[9]

Wie erlangt man diese Wechselbereitschaft von Führungskräften? Eine wichtige Rolle bei diesen schnellen Ein- und Ausstiegen von Topmanagern spielen Aktienpakete und Aktienoptionen. Top-Führungskräfte verdienen zwar in den schnell wachsenden risikokapitalfinanzierten Firmen bis zu 80 Prozent weniger als in den gestandenen Firmen, erhalten aber eine erkleckliche Anzahl an Unternehmensanteilen. Nach einem Börsengang des Unternehmens kann eine Top-Führungskraft mithilfe dieser Unternehmensanteile schnell mehrfacher US-Dollar-Millionär werden. Die 2 bis 10 Prozent Unternehmensanteile, die ein Vorstandsmitglied für den Einstieg in ein junges Unternehmen schon mal erhält, können ihm auch bereits bei einem Verkauf an ein anderes Unternehmen mehrere Millionen einbringen.[10]

So gelang es dem Unternehmensgründer Adam Osborne Anfang der achtziger Jahre, mit Unternehmensanteilen den Topmanager Robert Jaunich vom Chicagoer Lebensmittelkonzern Consolidated Foods zu seiner hochdefizitären Firma Osborne Computer zu locken. Jaunich gab ein Jahresgehalt von 800 000 US-Dollar bei Consolidated Foods auf, um mit den von Osborne zugesagten Unternehmensanteilen beim geplanten Börsengang von Osborne Computer das Zehnfache dieser Summe zu kassieren. Zum Leidwesen von Jaunich musste Osborne Computer bereits vor dem Börsengang Konkurs anmelden. Mehr Glück hatte zwei Jahrzehnte später Meg Whitman, die mit einem lukrativen Aktienpaket von ihrem Old-Economy-Unternehmen auf den Posten als Vorstandsvorsitzende bei eBay gelockt wurde. Nach etwas mehr als einem Jahr war dieses Aktienpaket – zumindest auf dem Papier – eine Milliarde US-Dollar wert.[11]

Hier wird die Exit-Logik der Risikokapitalgeber von Top-Führungskräften übernommen. In Fällen, in denen sowohl Kapitalgeber als auch Unternehmensgründer versuchen, in kurzer Zeit eine lukrative Refinanzierung über den Kapitalmarkt zu erhalten, ist ein bestimmter Managementtyp gefragt: Der Manager muss kurzfristig einsetzbar sein, für eine kurze Zeit ein Maximum an Leistungsfähigkeit bringen und auch bereit sein, den Posten schnell wieder zu verlassen, wenn darüber ein Signal an den Kapitalmarkt ausgesendet werden kann.

Die »Söldner« des Exit-Kapitalismus:
Die Exit-Logik von Mitarbeitern

Wie groß die Wahrscheinlichkeit ist, dass »einfache« Mitarbeiter von
risikokapitalfinanzierten Unternehmen durch die ihnen zugewiese-
nen Unternehmensanteile oder durch Aktienoptionen zu mehrfachen Millionären werden, ist schwer zu sagen. Aber Geschichten
von Team-Assistentinnen bei Intel, Apple oder Cisco, deren Anteile
nach dem Börsengang des Unternehmens plötzlich mehrere Millionen US-Dollar wert waren, von der Pressereferentin des Telekom-
munikationsunternehmens Mobilcom, die es dank des explodierenden Aktienkurses mit 27 Jahren zur mehrfachen Millionärin schaffte
(bevor die Firma Insolvenz anmeldete), oder von Unternehmen wie
der Softwareschmiede Siebel, wo zeitweise ein Drittel der Beleg-
schaft aufgrund ihrer Aktienpakete Millionäre waren, spielen als
Fixpunkte für Mitarbeiter im Exit-Kapitalismus eine wichtige
Rolle.[12]

Dabei können Unternehmen ihre Mitarbeiter entweder nach
dem Motto »Tausend Aktien des Unternehmens gegen sechs
Monate vollsten Einsatz in der Marketingabteilung« direkt mit
Unternehmensanteilen bezahlen oder so genannte Aktienoptionen
vergeben. Die von jungen Unternehmen in Aussicht gestellten Aktienoptionen für Mitarbeiter sind letztlich das vage Versprechen, dass
die Mitarbeiter in absehbarer Zeit Anteile am Unternehmen zu sehr
günstigen Konditionen erhalten können. Ist das Unternehmen erst
einmal an der Börse notiert, kann es Mitarbeitern Aktienoptionen
zugestehen, die unter dem offiziell gehandelten Kurs liegen und dem
Mitarbeiter, wenn er nach zwei, drei Jahren die Option in Anspruch
nimmt, bei einem stark gestiegenen Aktienkurs entsprechende
Gewinne einbringen. Wenn beispielsweise einem Mitarbeiter bei
einem Börsengang Optionen über 1 000 Aktien zu einem Preis von
25 US-Dollar pro Aktie zugestanden werden und der Kurs sich nach

zwei Jahren auf 100 US-Dollar pro Aktie vervierfacht, bedeutet dies, dass der Mitarbeiter für seine Aktien, die ursprünglich 25 000 US-Dollar wert waren, 100 000 US-Dollar erhält.[13]

Die zunehmende Fokussierung auf den Erwerb von Unternehmensanteilen durch Arbeitskraft wird dadurch deutlich, dass neu gegründete Unternehmen immer größere Aktienanteile am Unternehmen für ihre Mitarbeiter »reservieren«. Während in der Anfangszeit der institutionalisierten Risikokapitalfinanzierung in der Regel weniger als 10 Prozent der Unternehmensanteile für Mitarbeiteraktien zur Verfügung standen, stieg dieser Prozentsatz in der Zwischenzeit kontinuierlich an. Ann Winblad von der Risikokapitalgesellschaft Hummer Winblad stellt fest, dass aufgrund der »Konkurrenz um die Talente« seit den frühen neunziger Jahre der für Mitarbeiter reservierte Prozentsatz von Unternehmensanteilen auf 20, manchmal gar 25 Prozent angestiegen ist.[14]

Diese Fokussierung auf Aktienanteile verursacht, ähnlich wie bei den Führungskräften, eine hohe Fluktuation des Personals. Die Mitarbeiter bleiben so lange im Unternehmen, wie ihre Chancen steigen, Aktien am Unternehmen zu bekommen, den eigenen Aktienbestand zu vermehren oder ihre Aktien im Wert wachsen zu sehen. Wenn sie attraktivere Angebote anderer Unternehmen erhalten, wechseln sie. Die britische Wirtschaftszeitschrift *The Economist* beobachtete, dass sich Angestellte im Silicon Valley zu Zeiten eines Technologiebooms wie »free agents« benehmen, die immer bereit sind, zu einem Job mit lukrativeren Aktienoptionen zu wechseln. Nach Schätzungen von Jeffrey Pfeffer, Professor an der Stanford University Business School, beträgt die jährliche Fluktuation im Silicon Valley ungefähr 20 bis 30 Prozent, deutlich mehr als in den meisten anderen Industriegegenden.[15]

Schon in den sechziger Jahren galt deswegen »mangelnde Betriebstreue der Mitarbeiter« als ein Erkennungszeichen des Silicon Valley. Die neu gegründeten risikokapitalfinanzierten Unternehmen lagen häufig so nah bei den früher entstandenen Firmen, dass der Gründer und Präsident von Advanced Micro Devices, Jerry Sanders, auf dem Höhepunkt des PC-Booms sarkastisch bemerkte, dass jeder Computerfreak seine Stellung wechseln könne, ohne sich einen neuen Parkplatz zu suchen.[16] Ein Programmierer der Softwareschmiede Electronic Arts erklärte auf dem Höhepunkt des Softwarebooms in den neunziger Jahren, dass die Beschäftigung in einer Firma ganz ähnlich sei wie das Einkaufen in einem Laden. Wenn ihm ein Laden, aus welchen Gründen auch immer, nicht zusage, würde er einfach zu einem anderen gehen, wo die Preise niedriger sind oder die Waren besser. Ähnlich wie beim Einkaufen sei es auch normal, den Job zu wechseln, wenn man unzufrieden ist. »Wenn du am Montag bei einer Firma als Programmierer anfängst, du diese Firma am Mittwoch wechselst, um am Freitag festzustellen, dass dir diese auch nicht zusagt, dann ist dir am darauffolgenden Montag oder Dienstag der neue Boss deswegen noch lange nicht böse.«[17]

Eine Exit-Strategie der Mitarbeiter besteht darin, sich entweder allein oder im Team anderen Unternehmen gegen eine entsprechende Verbesserung ihrer Bedingungen anzubieten. Während Boomzeiten ziehen Programmierteams auf Computermessen wie der Comdex in Las Vegas, der Internet World in Los Angeles oder der CeBIT in Hannover von Unternehmen zu Unternehmen und lassen sich Angebote für einen Wechsel des kompletten Teams machen.[18] Aber der Wechsel von Teams von einem Unternehmen zu einem anderen ist nur eine Möglichkeit des Exits von Mitarbeitern. Die Exit-Orientierung von Mitarbeitern erweist sich nicht selten als die Saat, aus der neue Unternehmen entstehen. Bob McSummit und Jo Martin, die eine der ersten Studien über das Silicon Valley erarbeitet haben, sehen die Basis junger Start-up-Firmen in der Inspiration einzelner Mitarbeiter eines Unternehmens, die beim Ausscheiden aus dem Unternehmen »mehrere Mitarbeiter mitreißen«. Nicht selten basteln Mitarbeiter oder Teams von Mitarbeitern während ihrer Tätigkeit bei einem Shooting Star der Risikokapitalszene schon an ihrem eigenen kleinen Start-up und nutzen die erstbeste Gelegenheit, um sich selbstständig zu machen.[19]

Die Risikokapitalfinanzierung hat nicht nur dazu geführt, dass für Mitarbeiter nicht nur die Möglichkeit besteht, allein oder im Team zu einem Konkurrenten zu wechseln. Sie hat zudem die eigene Unternehmensgründung als relativ risikolose, weil risikokapitalfinanzierte Alternative überhaupt erst zu einer entsprechenden Prominenz gebracht.

Zwischen Bindung und Exit: Die paradoxe Anforderung an Unternehmensgründer, Top-Führungskräfte und Mitarbeiter im Exit-Kapitalismus

Wie sieht die ideale Unternehmensgründerin, die ideale Führungskraft oder die optimale Mitarbeiterin in einem durch Risikokapital finanzierten Unternehmen aus? Besonders die Unternehmensgründerin und die zentralen Führungskräfte haben idealerweise Erfahrung mit der Gründung und dem Großmachen mehrerer Unternehmen, erbringen aber auch den Nachweis von Beständigkeit. Für einen Risikokapitalgeber stellt es einen Risikofaktor dar, wenn ein Unternehmensgründer oder eine Top-Führungskraft noch keine Erfahrung mit der Gründung und dem Wachstum eines Unternehmens hat. Aber es besteht ebenfalls ein Risiko, wenn ein Gründer oder eine Gründerin zu sehr schnellen Exits aus seinen oder ihren Unternehmen neigt.

Die beiden Anforderungen – Erfahrung in mehreren Unternehmen und Beständigkeit – stehen in einem Widerspruch zueinander. Risikokapitalgeber befinden sich bei der Suche nach dem »idealen« Mitarbeiter in einem ihrer Unternehmen in einem ähnlichen Dilemma wie die Personalabteilungen etablierter Unternehmen bei

ihrer Suche nach High Potentials. Auf der einen Seite sollen ihre
High Potentials durch ein Studium in verschiedenen Ländern und
ihre Tätigkeit für eine Vielzahl von verschiedenen Unternehmen ein
hohes Maß an Flexibilität nachweisen können, auf der anderen Seite
sollen sie aber auch dem Recruiter die Sicherheit geben, dass sie diese
Flexibilität gerade in seinem Unternehmen nicht an den Tag legen
und die nächstbeste Gelegenheit für einen Jobwechsel nutzen.

Es hat sich im Exit-Kapitalismus eine eigene Service-Industrie
aus Unternehmensberatern, Rechtsanwälten und Wissenschaftlern
ausgebildet, die gut daran verdient, Verträge zwischen Risikokapitalgebern, Unternehmensgründern, Topmanagern und Mitarbeitern
zu konzipieren, die sicherstellen, dass es einerseits für jeden Beteiligten lukrative Exit-Möglichkeiten gibt, dass andererseits aber nicht
das ganze Gebilde durch den vorzeitigen und allein egoistisch moti-
vierten Exit eines wichtigen Spielers zusammenbricht.[20]

2.
Arbeitskraftkapitalisten: Jenseits von Dividende,
Profit und Lohn

Als wichtigsten demografischen Wandel unserer Zeit bezeichnet
Richard Nadler, Vorsitzender der American Shareholder Association, den Aufstieg einer ersten breiten Schicht von »Arbeiterkapita-
listen«. So bezeichnet Nadler Arbeitnehmer, die selbst als Kleinaktionäre an der Börse spekulieren, ihre Alterssicherung über Pensionsfonds organisieren und über Aktienprogramme an dem Unternehmen beteiligt sind, für das sie arbeiten. Ganz im Sinne von Nadler bemerken viele Beobachter, dass sich die Trennung zwischen den
Kapitalisten als »Inhaber von Produktionsmitteln« und den besitz-
losen »Nur-Arbeitern« auflöst. Der Soziologe Ulrich Beck spricht
von einem »Kapitalismus ohne Klassen«, in dem die Grenzen zwi-

schen Kapitalgebern einerseits und Arbeitnehmern andererseits verschwimmen. Der Zukunftsforscher Matthias Horx beobachtet, dass aus der »Arbeitnehmerkultur« des zwanzigsten Jahrhunderts eine »Kleinkapitalistengesellschaft« wird, in der Gewerkschaften an Einfluss verlieren und zunehmend durch eine Versammlung von Shareholdern ersetzt werden. Es bildet sich eine Art Volkskapitalismus aus, in dem Arbeitnehmer immer stärker am Produktivvermögen beteiligt sind.[21]

Die Generalisierung von Erfahrungen aus Wachstumsunternehmen ist populär. Sie droht jedoch, eine segmentär beschränkte Auflösung der Konstellation »hier Inhaber von Produktionsmitteln, dort besitzlose Nur-Arbeiter« überzustrapazieren und als einen »Megatrend« der gesamten Wirtschaft oder gar der gesamten Gesellschaft darzustellen. Die US-amerikanische Callcenter-Angestellte, deren Rücklagen für die Rente in einem Pensionsfonds angelegt sind, hat vermutlich nicht das Gefühl, als Kapitalgeberin zu agieren. Der Kleinaktionär, der ein paar Aktien im Wert von 2 500 US-Dollar an Ford besitzt und zur Hauptversammlung nach Detroit fährt, interessiert sich vermutlich mehr dafür, den Vorstandsvorsitzenden einmal live zu sehen, sich als Aktionär ein bisschen umhätscheln zu lassen und ein paar Werbegeschenke mit nach Hause zu tragen, als Einfluss auf die Unternehmenspolitik des Automobilkonzerns zu nehmen. Der Ingenieur, der ein paar Aktien seines Arbeitgebers General Electric besitzt, wird wahrscheinlich nicht für seine eigene Entlassung plädieren, weil dadurch der Kurs seines Aktienpakets nach oben ginge.

Bei risikokapitalfinanzierten Unternehmen sieht die Sache jedoch anders aus: Bei ihnen ist das Zusammenfallen von Kapitalanlegerlogik und Arbeitnehmerlogik deutlich zu beobachten. Das Ziel des Mitarbeiters, des Gründers beziehungsweise der Führungskraft besteht darin, im Tausch gegen Arbeitskraft Unternehmensanteile zu erwerben, um sie am Kapitalmarkt für viel Geld zu verkaufen.

Die Gründer, Führungskräfte und Mitarbeiter sind dabei ähnlich wie die Risikokapitalgeber nicht vorrangig an Dividenden interessiert, die aus dem laufenden Geschäft bezahlt werden. Vielmehr ist das Hauptziel die Wertsteigerung des Unternehmens am Kapitalmarkt, die es ermöglicht, die eigenen Anteile mit einem hohen Exit-Profit zu verkaufen. Hier bildet sich ein neuer Typus von Arbeitnehmer aus, der Arbeitskraftkapitalist.

Von Intrapreneuren, Arbeitskraftunternehmern und Ich-AGs zu Arbeitskraftkapitalisten

Konzepte wie »Intrapreneur«, »Ein-Mann-Unternehmen«, »Arbeitskraftunternehmer« oder »Selbst-GmbH« beschreiben den Umstand, dass die Mitglieder eines Unternehmens sich nicht als Angestellte verstehen, sondern als »Unternehmer im Unternehmen« agieren. In der Managementliteratur wird mit diesen Begriffen proklamiert, dass man von jedem Mitarbeiter Unternehmertum erwarte. Das Motto ist jetzt: »Steuerung reduzieren! Freiräume schaffen! Selbstorganisation fordern!«[22] Schließlich, so die Logik, sei es der Sinn eines Unternehmens, etwas zu unternehmen, und nicht, etwas zu unterlassen. Viel zu lange hätten »Kontrolleure, Kronvasallen und Erbsenzähler« sich damit beschäftigt, dafür zu sorgen, dass die Mitarbeiter nur das machen, was ihnen ihre Stellenbeschreibung erlaubt. Es sei an der Zeit, so die Managementrhetorik, die »Feudalwirtschaft« aus dem Unternehmen zu verdammen und dafür zu sorgen, dass die Mitarbeiter nicht mehr als Vasallen für ihre Chefs arbeiten, sondern als selbstständige Unternehmer im Unternehmen wirken. Es sind »Ego-AGs« und »Ich-GmbHs«, die »bewegliche Kompetenzen« einem Unternehmen zur Verfügung stellen und zu einem Konkurrenten wechseln, wenn sie mit dem Preis, der für ihre Leistung bezahlt wird, nicht mehr einverstanden sind.[23]

Diese Entwicklung ist nicht so neu, wie es die modische Begrifflichkeit erscheinen lässt. Seit der Auflösung von Leibeigenschaft und Sklaverei mussten die Arbeitnehmer ihre Arbeitskraft als »Unternehmer« weiterentwickeln und vermarkten. Spätestens mit der Industrialisierung, zuerst in England, dann auf dem europäischen Kontinent und in den USA, wurde der »Besitz« der Feudalherren oder Sklavenhalter an Personen aufgelöst. Die ehemaligen Sklaven wurden »Unternehmer ihrer selbst«, die Arbeitskraft auf einem freien Markt anbieten konnten – oder besser mussten. Als Eigentümer ihrer Arbeitskraft waren sie gezwungen, ihr »Vermögen, zu arbeiten«, gezielt anzubieten und es dauerhaft in Bezug auf eine potenzielle wirtschaftliche Nutzung weiterzuentwickeln. In dem Moment, in dem der Sklave zum Arbeitnehmer wurde, war er gezwungen, seine Arbeitskraft als »veredeltes Halbfertigprodukt« anzubieten und dem Nachfrager zu versprechen, dass dieser durch diese Arbeitskraft Mehrwert produzieren könne.[24]

Dieses Anbieten der Arbeitskraft als »veredeltes Halbfertigprodukt« kann auch auf die Mehrung des »Unternehmensnutzens« zielende Komponenten beinhalten. Das selbstständige Anwerben neuer Kunden oder die Initiative zur Entwicklung eines neuen Produktionsverfahrens – auch wenn dies nicht in der eigentlichen Arbeitsplatzbeschreibung steht – können als eigenständige unternehmerische Aktivitäten betrachtet werden. Von daher besteht ein fließender Übergang von den Arbeitern als »Unternehmer ihrer Arbeitsleistung« zu dem vom Ökonomen Joseph Schumpeter beschriebenen Manager als »unselbstständigem Angestellten«, der auch ohne Besitz am Unternehmen unternehmerisch wirken kann.[25]

In Unternehmen des Exit-Kapitalismus haben wir es jedoch nicht mehr nur mit dem »Intrapreneur«, dem »Arbeitskraftunternehmer« oder der »Selbst-GmbH« im engeren Sinne zu tun. Es geht nicht mehr allein um das Anpreisen und Weiterentwickeln der eigenen Arbeitskraft und die Übernahme unternehmerischer Funktion,

sondern vielmehr kommt es (wenigstens tendenziell) zu einem
Zusammenfallen der Rolle des Verkäufers, der Rolle von Arbeitskraft *und* des Anteilsbesitzers am Unternehmen. Dadurch entstehen
nicht vorrangig »Intrapreneure«, »Arbeitskraftunternehmer« oder
»Selbst-GmbHs«, sondern »Arbeitskraftkapitalisten«.

Arbeitskraftkapitalisten erhalten für den Einsatz ihrer Arbeitskraft zwar auch ein Gehalt, aber sie werden maßgeblich dadurch
motiviert, dass sie durch den Einsatz von Arbeitskraft (und eben in
der Regel nicht durch Einsatz von Geld) Anteile an einem Unternehmen erwerben. Und genau diese Vergütung mit Aktien bedeutet
nichts anderes, als dass die Arbeitskraftkapitalisten Anteilseigner am
Unternehmen werden.

Zugespitzt lässt sich die Argumentation des Ökonomen Joseph
Schumpeter »von den Füßen wieder auf den Kopf« stellen. Schum-
peters Argument war, dass sich im Kapitalismus der Begriff des
Unternehmers aus der Einheit von Kapitalbesitz und Leitungsfunk-
tion herauslöst und auch der Manager als »unselbstständiger Angestellter« unternehmerisch tätig werden kann. Im Exit-Kapitalismus
fallen Leitungsfunktionen des Managements und Kapitalbesitz wieder punktuell zusammen, weitergehend lassen sich sogar Tendenzen
beobachten, dass Kapitalbesitz und wertschöpfende Tätigkeit in
einer Person kombiniert werden.

Das Einsickern der Kapitalanlegerlogik

Anfang der neunziger Jahre behaupteten die US-amerikanischen
Ökonomen Michael C. Jensen und Kevin J. Murphy in einem ein-
flussreichen Artikel in der Zeitschrift *Harvard Business Review*,
dass Führungskräfte und Mitarbeiter, die mit Fixgehältern wie
Bürokraten in großen Staatsverwaltungen bezahlt werden, sich auch
wie Bürokraten verhalten.[26] Auch wenn man eine Kausalverbindung
zwischen Bezahlungsform und Mitarbeiterverhalten nicht überstra-

pazieren darf, kann man für risikokapitalfinanzierte Unternehmen dieses Argument – zumindest für analytische Zwecke – umkehren. Wenn Führungskräfte und Mitarbeiter, die mit den für bürokratische Staatsunternehmen typischen Fixgehältern bezahlt werden, sich auch wie Bürokraten verhalten, könnte man auch erwarten, dass Führungskräfte und Mitarbeiter, die mit Aktien entlohnt werden, sich auch wie Aktionäre benehmen. Indizien dafür lassen sich im Exit-Kapitalismus finden.

In der Logik des Arbeitskraftkapitalisten interessiert es die Gründer, Manager und Mitarbeiter – besonders in Zeiten des Börsenbooms – nicht vorrangig, ob sie in einem Unternehmen jährlich ein paar tausend Dollar mehr verdienen können, sondern es steht für sie die Frage im Mittelpunkt, ob das Angebot an »Stock Options« attraktiv ist. Statt des Kalküls eines Managers »Ich erhalte ein monatliches Gehalt dafür, dass ich das Unternehmen voranbringe« und der Rationalität eines Mitarbeiters »Ich verkaufe meine Arbeitskraft gegen einen Gehaltsscheck«, bilden sich parallel zu den steigenden Aktienkursen von Wachstumsunternehmen die Logiken eines spekulativ ausgerichteten Kapitalanlegers aus. Man lässt sich für seine Arbeitskraft zu einem erheblichen Teil in Unternehmensanteilen bezahlen, die es einem ermöglichen, in kurzer Zeit reich zu werden, die aber auch schnell wertlos werden können.

Das Interesse eines »Kapitalanlegers« in einem rasch wachsenden Unternehmen zielt darauf, dass das Unternehmen sich in einer Form entwickelt, die seinen Wert am Kapitalmarkt steigen lässt. Es sind deshalb nicht nur externe Kapitalanleger (institutionelle Anleger, Risikokapitalgesellschaften, Kleinaktionäre), die darauf achten, dass das Unternehmen sich an den Launen des Kapitalmarkts orientiert, sondern die Organisationsmitglieder tun dies jetzt auch selbst. Sie treiben das Unternehmen in eine Richtung, die an kurz- oder mittelfristigen Exit-Profiten am Kapitalmarkt orientiert ist. Während der Boomzeiten am Kapitalmarkt fallen die Interessen des »Stakeholders« und des »Shareholders« in risikokapitalfinanzierten Unternehmen tendenziell zusammen.

Was unterscheidet Gründer, Manager und Mitarbeiter im Exit-Kapitalismus?

Weil im Exit-Kapitalismus die Kapitalfinanzierung von Unternehmen zu einem Großteil durch Risikokapital von Business Angels, Inkubatoren und Risikokapitalgesellschaften gedeckt werden kann, lösen sich einfache Grenzziehungen zwischen Gründern, Managern und Arbeitnehmern auf. Bei der Bestimmung der Unterschiede zwischen Gründern, Managern und Mitarbeitern kann die Frage, mit welchem eigenen Geldeinsatz die Personen in das »Venture« gegangen sind, zweitrangig werden. Zentraler erscheint die Frage, durch welche Arbeiten sie den Fortschritt des Unternehmens nähren und in welcher Form sie dafür mit Unternehmensanteilen vergütet werden. Überspitzt ausgedrückt sind die Gründung und die Leitung eines Unternehmens, die Produktentwicklung, die Herstellung und Vermarktung eines Produkts idealtypisch nur noch Leistungen, die mit unterschiedlichen Prozentsätzen von Unternehmensanteilen dotiert werden.

Die Funktionen der Gründer, Manager und Mitarbeiter laufen tendenziell in der Rolle eines Arbeitskraftkapitalisten ineinander. Was unterscheidet einen Unternehmensgründer, der das Geld für die Unternehmensgründung fast komplett von Risikokapitalgebern erhält, noch prinzipiell von der Führungskraft, die zwölf Monate nach der Gründung mit der Zusage, fünf Prozent der Unternehmensanteile zu erhalten, in das Unternehmen gelockt wird? Was differenziert grundsätzlich einen Ingenieur, der als »Mitarbeiter Nummer eins« 0,5 Prozent des Unternehmens erhält, von einem Marketingleiter, der für einen nicht wesentlich höheren Prozentsatz zwei Jahre später in das bereits gewachsene Unternehmen kommt?

Das Verschwimmen der Kalküle und Logiken von Unternehmensgründern, Führungskräften und Mitarbeitern bedeutet nicht, dass es keine Interessensgegensätze, Machtkämpfe oder Aushandlungsprozesse gibt – im Gegenteil. Gerade weil die Konflikte nicht mehr in die zwei Pole »hier Management, dort Mitarbeiter« oder »hier Kapitalist, dort gewerkschaftlich vertretene Arbeitnehmer« aufgelöst werden können, gibt es nur begrenzte Möglichkeiten für eine übergreifende institutionelle Konfliktregulierung. Wen sollte ein Tarifvertrag vor wem schützen? Wen kann ein Arbeitgeberverband vertreten, wenn ein Großteil der Mitarbeiter Anteilseigner am Unternehmen ist?

Das tendenzielle Zusammenfallen der Rolle als Verkäufer von Arbeitskraft *und* der Rolle als Anteilsbesitzer am Unternehmen führt zu permanenten Aushandlungsprozessen im Unternehmen. Wer hält die Zügel im Unternehmen in der Hand – der Gründer, der vielleicht noch 15 Prozent des Unternehmens besitzt, oder die neue Vorstandsvorsitzende, die 5 Prozent des Unternehmens erhält? Wer gibt wie viele Unternehmensanteile in der nächsten Finanzierungsrunde ab? Wie viele zusätzliche Aktienoptionen erhalte ich als »Mitarbeiter«, wenn ich zusätzliche Aufgaben im Marketing übernehme?[27]

3.
Die Zyklen des Ein- und Ausstiegs

Der Glaube an die Exit-Möglichkeit von Risikokapitalgebern, Gründern und Managern ist nicht primär vom operativen Gewinn des Unternehmens abhängig, sondern von der Vermittlung des Gefühls, dass das Unternehmen irgendwann einmal Profit machen kann. In der Hoch-Zeit einer Technik können auch Unternehmen an den Kapitalmarkt gebracht werden, die keine Gewinne aufweisen.

Bereits zur Zeit des Kapitalmarktbooms mit der PC- und Biotech-
industrie Anfang der achtziger Jahre wies jedes fünfte Unternehmen, das an die US-amerikanischen Börsen ging, im Jahr vor dem
Börsengang Verluste auf. Am Ende des zwanzigsten Jahrhunderts
wies an der Nasdaq und auch an den meisten neu gegründeten europäischen Wachstumsbörsen weit über die Hälfte aller Firmen im
Jahr vor dem Börsengang Verluste aus.[28] Während an der Wallstreet
oder an der Deutschen Börse hohe Ansprüche an Umsatz, Gewinn
und Unternehmensgröße gestellt werden, reichen bei den Börsen für
Wachstums- und Technologiewerte während der Boomzeit einer
Technologie häufig die Hoffnung auf ein zweistelliges Umsatzwachstum und der Hinweis auf innovative Produkte oder Dienstleistungen.

Für Risikokapitalgeber, Unternehmensgründer, Führungskräfte
und Mitarbeiter gibt es aufgrund dieser Entwicklung die Möglichkeit, aus einem Unternehmen auszusteigen, bevor es jemals einen
Dollar oder einen Euro Gewinn gemacht hat. Trotzdem handelt es
sich bei dem Exit nicht um eine einfache »Eincash-Strategie«, wie es
in den Medien nach dem Ende eines Hypes teilweise dargestellt
wird. Zwar mag es Gründer geben, die beim Börsengang Kasse
machen und sich dann bei der Pleite ihres Unternehmens mit ihren
Millionen auf einer Yacht im Mittelmeer, einem Bauernhof in Meck-
lenburg-Vorpommern oder in einer Villa in Kalifornien zur Ruhe
setzen. Aber dieser Totalausstieg aus dem Exit-Kapitalismus ist eher
die Ausnahme. Viel häufiger haben Risikokapitalgeber, Unternehmensgründer, Topmanager und Mitarbeiter von Wachstumsunternehmen ein Interesse daran, »im System zu bleiben«. Sie sind deswegen bei ihren Exits in Strukturen eingebunden, die auf Reputations-
wahrung und Netzwerkpflege ausgerichtet sind und jeden Ausstieg
zu einer heiklen Angelegenheit machen.

Der Ausstieg zum Wiedereinstieg

Im Exit-Kapitalismus durchlaufen Risikokapitalanleger, Gründer, Manager und Mitarbeiter Zyklen. Der typische Zyklus einer Risikokapitalgesellschaft beginnt mit dem Einsammeln von Geld bei Banken, Versicherungen, Stiftungen, Pensionsfonds oder Unternehmen für einen Risikokapitalfonds. Er führt von der Investition des Fondsgeldes in junge Unternehmen über die Begleitung, Beratung und Kontrolle dieser Firmen in ihrer Wachstumsphase bis zum Rückzug aus dem Unternehmen durch dessen Börsengang, den Verkauf an ein anderes Unternehmen oder die Liquidierung des Unternehmens. Der Zyklus endet mit der Auflösung des Fonds und der Auszahlung des erwirtschafteten Geldes an die investierenden Banken, Versicherungen, Stiftungen, Pensionsfonds oder Unternehmen. Wenn die Investoren dabei eine lukrative Rendite erzielen, haben die Risikokapitalgesellschaften wenig Schwierigkeiten, erneut Geld von diesen einzusammeln und den Zyklus von neuem zu beginnen.

Der Zyklus eines seriellen Unternehmers beginnt mit der Entwicklung einer Unternehmensidee, dem Gewinnen eines Gründungsteams und der Einwerbung von Geld von Risikokapitalgebern. Er führt über die Entwicklung eines ersten Prototyps des Produkts und die Positionierung des Unternehmens am Markt und kumuliert in einer internationalen Expansion des Unternehmens. Während dieser Phase kann sich der Unternehmensgründer bereits aus dem aktiven Management zurückzuziehen und die Leitung einem erfahreneren Management überlassen. Mit dem Verkauf von Anteilen an ein großes Unternehmen, an das neue Management oder an institutionelle Anleger und Kleinaktionäre (bei einem Börsengang) kann er seine gesamten eigenen Anteile an dem Unternehmen veräußern. Der Unternehmensgründer ist »frei« für die Gründung des nächsten Unternehmens.

Der Zyklus eines Mitarbeiters beginnt mit dem Einstieg als

Arbeitskraft in einem Unternehmen, der manchmal mit der Aussicht auf den Erwerb von Unternehmensanteilen schmackhaft gemacht wird. Er führt über das Engagement in der Wachstumsphase bis zum Exit aus dem Unternehmen aufgrund des attraktiven Angebots eines anderen Unternehmens, der Entscheidung, sich selbstständig zu machen, oder der Schließung des Unternehmens wegen Zahlungsunfähigkeit. Ein neuer Zyklus beginnt, in dem der Mitarbeiter – wenn er Glück hat – in eine aussichtsreichere Position einsteigt.

Über diese Zyklen entwickeln Risikokapitalgesellschaften, Unternehmensgründer und Mitarbeiter einen »Track Record«, also eine Art »Erfolgsbilanz«, der maßgeblich ihre Chancen in neuen »Investitions- und Exit-Spielen« beeinflusst. So haben Risikokapitalgeber mit einem erfolgreichen »Track Record« die besten Chancen, begehrte junge Unternehmen für ihr Portfolio zu gewinnen, Geld von anderen Risikokapitalgebern einzuwerben oder die von ihnen finanzierten Unternehmen mit Profit an andere Unternehmen zu verkaufen oder sie an die Börse zu bringen. Der Glaube, dass diese »gestandenen Risikokapitalgeber« das Spiel von Einstieg und Ausstieg beherrschen und die »richtige Nase« für einen Trend haben, spielt eine wichtige Rolle, wenn sich junge Unternehmen, Investmentbanken, andere Risikokapitalgeber und Anleger auf sie einlassen. Die Reputation als »Venture Capital Rockstar«, der Interviews in *Playboy*, *Vanity Fair* oder *GQ* gibt, erhöht, so die Journalistin Karen Southwick, die Anzahl an abgewickelten Deals, erleichtert die Rekrutierung von Mitarbeitern für die finanzierten Firmen und weckt das Interesse anderer Risikokapitalgeber an gemeinsamen Geschäften.[29]

Bei Gründern ist die Chance auf ein Investment durch Risikokapitalgeber besonders hoch, wenn sie bereits ein oder zwei erfolgreiche Unternehmensgründungen vorweisen können. Bob Zider, Präsident der Beta-Group, erklärt, dass aus der Sicht der Risikokapitalgeber der »ideale Unternehmensgründer« einen »Track Record«

und am besten schon einmal ein Unternehmen an die Börse geführt habe. »Risikokapitalgeber«, so Zidler, investieren in »geprüfte, erfolgreiche Leute«, die eine »gute Reputation haben«, »gegenüber Investoren vorzeigbar sind« und die »Kosten von Risikokapital« kennen. Peter Fritsch von der Risikokapitalgesellschaft Venture World erklärt, dass der optimale Gründer »über Kriegserfahrung« verfüge. Zwar gebe es Ausnahmen in Gestalt erfolgreicher junger Gründer, aber ein Dreißig- bis Vierzigjähriger, der mehr gesehen habe als eine Universität, sei aus der Sicht eines Risikokapitalgebers besser geeignet.[30]

Bei Top-Führungskräften, die häufig in der zweiten Phase einer Unternehmensgründung auf Anraten der Risikokapitalgeber hinzugezogen werden, spielt ebenfalls die bisherige Erfahrung eine wichtige Rolle. John Hoel von der Risikokapitalgesellschaft MACV erklärt, dass sein Unternehmen »jedem Manager Deals zuordne«, »seinen Mehrwert untersuche« und »feststelle, wie stark seine Performance« ist. Man könne anhand seines »Track Records« errechnen, was für eine »interne Rendite er über die Jahre erwirtschaftet hat«.[31]

Die Investition in »Personen«

Die Fokussierung auf »Track Records« findet eine Steigerung in der Idee, nicht mehr nur in Geschäftsideen, Start-ups und Unternehmen, sondern auch in »Top Business Performers« zu investieren. Genauso wie David Bowie Ende der neunziger Jahre für 50 Millionen US-Dollar Aktien auf seine Person ausgab (personal bonds), mit denen er neue Platten, Konzerte und so weiter finanzierte, könnte man, so die Idee, auch Anteile an erfolgreichen Unternehmensgründern, Risikokapitalgebern oder Topmanagern ausgeben und handeln.

Über erfolgreiche Risikokapitalgeber wie John Doerr kursiert der Witz, dass man allein bei einem Börsengang seiner Person (inklusive Adressbuch) mehr Geld einsammeln könnte als bei manchem gestandenen Unternehmen. Ein Risikokapitalgeber mit einem »Track Record«, der Investitionen in Unternehmen wie Compaq, Intuit, Sun Microsystems, Netscape und Amazon aufweist, sei eine sicherere Anlage als die Investition in eine vielversprechende Geschäftsidee, bei der man nicht weiß, wie sie exekutiert werden wird.[32]

Der Unternehmensgründer Dean Kamen löste allein durch die Ankündigung, dass er an einer neuen Erfindung namens »Ginger« arbeite, weltweites Interesse bei Kapitalanlegern aus. Obwohl niemand genau wusste, was »Ginger« eigentlich war, und die Spekulationen von einer Antischwerkraftmaschine, einem Gerät zur Produktion von Elektrizität aus Wasser, einem Rucksack-Hubschrauber bis zu einem Skateboard mit Transrapid-Antrieb reichten, war sofort die Bereitschaft vorhanden, ihm ohne nähere Prüfung Geld zur Verfügung zu stellen. Allein der »Track Record« von Dean Kamen als Erfinder eines mobilen Blutzuckermessgeräts, eines tragbaren Dialysegeräts und eines Treppen steigenden Rollstuhls sowie die Aussage von John Doerr, dass die Erfindung wichtiger sein könnte als das World Wide Web, reichten aus, um eine hohe Aufmerksamkeit und pauschale Angebote für Risikokapital zu erzielen. Als sich »Ginger« als ein elektrisch betriebener Roller herausstellte, der aussah wie ein mechanischer Rasenmäher, herrschte zwar eine gewisse Enttäuschung bei Investoren vor – aber die Gründerszene hatte ein weiteres Beispiel dafür, wie wichtig »Track Records« im Exit-Kapitalismus sind.[33]

Wie ist diese starke Fokussierung auf »Personen« im Exit-Kapitalismus zu erklären? Laut dem Soziologen Niklas Luhmann gibt es drei Möglichkeiten festzulegen, wie Entscheidungen gefällt werden: über Programme, über Kommunikationswege und durch Personen. Über Programme wird festgelegt, was in der Organisation als regelgerechtes und was als regelabweichendes Verhalten angesehen wird.

Über Kommunikationswege (zum Beispiel Hierarchien) wird festgelegt, wer wessen Befehle akzeptieren muss, wer über welche Maßnahme informiert werden muss und besonders, wessen Informationen man getrost als »Rauschen« überhören kann. Mit diesem Begriff der Personen macht Luhmann darauf aufmerksam, dass Entscheidungen davon abhängig sind, welche Ausbildung eine Person hat, welche berufliche Sozialisation sie durchlaufen hat, welche Gehirnwäsche sie über sich hat ergehen lassen und in welche Karrierestrukturen sie eingebunden ist.[34]

Der Clou des luhmannschen Konzepts ist, dass sich diese Strukturierungsmerkmale gegenseitig ersetzen können. Wenn beispielsweise ein oder zwei Strukturierungsmerkmale nur begrenzt zur Verfügung stehen, spielen die verbleibenden Strukturierungsmerkmale eine zentrale Rolle. Wenn sich eine Arbeit nur schwer programmieren lässt und man die Hierarchie nicht weiter ausbauen kann, gewinnt das Personal an Bedeutung. Wenn man sich auf sein Personal nicht verlassen kann, muss man genaue Programme festlegen oder die hierarchische Kontrolle verstärken. Wenn man schwieriges Personal hat und dieses Personal nicht in eine fließbandartige Produktion einfügen kann, gewinnt fast automatisch die Hierarchie an Bedeutung.

Die »Zelebrierung des Personals« ist immer dann wichtig, wenn sich Aufgaben nur begrenzt standardisieren lassen und die Möglichkeit zur hierarchischen Kontrolle nur begrenzt besteht. Bei der Auswahl einer Vorstandsvorsitzenden waltet deswegen so viel Sorgfalt, weil diese durch keine Vorgesetzten, keine engen Regeln oder Zweckvorgaben mehr eingeschränkt wird. Die Berufung eines Professors auf eine Lebenszeitstelle ist ein zentraler Entscheidungsprozess, in dem in Fakultäten alle Finessen mikropolitischer Ränkespiele mobilisiert werden, weil die Professoren keine Vorgesetzten haben und sich den Regelungsfantasien der Universitäts- und Ministerienbürokratien mit Verweis auf Wissenschaftsfreiheit (und ihre Lebenszeitstelle) entziehen können.

Das Risikokapitalgeschäft ist – auf ganz ähnliche Art – deswegen ein »Personen-Business«, weil andere Strukturierungsmöglichkeiten nur beschränkt existieren. Das Personal eines Unternehmens steigt ja häufig nicht in ein Unternehmen mit eingeschliffenen Programmen und Regeln, funktionierenden Hierarchien und genau definierten Oberzwecken ein. Im Gegenteil: Risikokapitalfinanzierte Unternehmen sind gerade dadurch gekennzeichnet, dass Geschäftsmodelle – je nach Laune am Kapital- und Produktmarkt – schnell geändert werden müssen und dass sich damit auch etablierte Zielvorgaben, Programme und Regeln permanent mitverändern.

Um überhaupt eine Sicherheit darin zu haben, wie Entscheidungen gefällt werden, spielt die Frage des Personals eine zentrale Rolle. Der New Yorker Risikokapitalgeber Raman Reyes hebt die Bedeutung des »Managements« hervor. Wenn man ein Unternehmen mit den »richtigen Pferden« finde, dann stünden Risikokapitalgeber voll und ganz hinter dem Unternehmen. Anderenfalls würde man sich eine Investition zweimal überlegen.[35] Der Grandseigneur der Risikokapitalszene, Arthur Rock, bekennt, sein Fehler sei nie gewesen, dass er auf eine »falsche Idee« gesetzt habe, sondern Fehler hätten immer damit zusammengehangen, dass er die »falschen Leute« unterstützt habe.[36] Jerry Goodwin von der Risikokapitalgesellschaft Goodwin Alexander bemerkt, dass ein »unbeholfener Manager« ein »gutes Geschäft« verpfuschen könne, ein guter Manager jedoch ein »miserables Unternehmen« herumreißen und in die Profitabilität führen könne.[37]

Bei den Risikokapitalgebern herrscht deswegen eine Obsession bezüglich der Zusammensetzung des »Managementteams«: Kennt sich der Unternehmensgründer in der Industrie aus und hat er Beziehungen zu Kunden und Zulieferern? Hat der Unternehmensgründer einen »Track Record«, mit dem er zeigen kann, wie er mit Stresssituationen umgeht? Ist die »Boy Group« aus jungen Unternehmensberatern so eingespielt, dass sie sich nicht allzu schnell bei der Diskussion über die Verteilung von Unternehmensanteilen zerfleischt? Hat das Führungsteam die Fähigkeit, ein Team aus loyalen Mitarbeitern aufzubauen und anzuleiten?

Das Perpetuum mobile des Erfolgs

Über »Track Records« wird das Netzwerk von Risikokapitalgebern, Gründern und Topmanagern strukturiert. John Hoel von der Risikokapitalgesellschaft MACV erklärt, dass besonders in den Vereinigten Staaten ein Netzwerk aus etablierten Akteuren mit »Track Records« besteht. »Alle Deals«, die ein erfahrener Risikokapitalgeber mache, kämen aus »ehemaligen, vorher von ihm finanzierten Unternehmen«. Alte Partner würden anrufen und sagen, dass sie »einen Spezl haben«, der »gerne etwas Neues machen« wolle. Die Risikokapitalgeber »finanzieren den dann durch«. Wenn das »Unternehmen dann reif ist«, wüssten »alle Analysten und Investmentbanken«, dass dies »ein guter Deal ist«. Dadurch gelinge einem mit einem »Track Record« ausgewiesenen Unternehmensgründer ein Börsengang viel einfacher als einem unbekannten.

Auf diese Weise entsteht ein »Perpetuum mobile« des Erfolgs. »Wenn man einen guten Ruf hat«, so Marc Hicken von der Risikokapitalgesellschaft Grquick.com, dann kämen auch »die guten Deals« zu einem. Als Unternehmer habe man »natürlich das Ziel«, bei einem »Top-Venture-Capitalist« zu sein. Dieser sei ein »super brand name«, über den man Industriekontakte herstellen könne und einen Börsengang leicht hinbekomme. Der Effekt sei, dass Unternehmer mit einem entsprechenden »Track Record«, die sich ihren Investor mehr oder weniger aussuchen können, zu etablierten Risikokapitalgebern gehen.[38]

Dieser Effekt verstärkt sich noch, wenn in Boomzeiten am Kapitalmarkt das Einwerben von Kapital für Unternehmer kein Problem darstellt und diese sich auf die »Zusatzleistungen« des Risikokapi-

talgebers konzentrieren. Die Finanzierung vorausgesetzt, kann sich
ein Unternehmen vorrangig der Frage zuwenden, über welche
Netzwerke der Risikokapitalgeber verfügt oder ob der Name des
Risikokapitalgebers bei der Rekrutierung neuer Mitarbeiter hilft, ob
er ein Plus beim Einwerben von weiteren Mitteln in zusätzlichen
Finanzierungsrunden ist und ob er bei einem Börsengang ein zusätzliches positives Argument darstellt. Durch dieses Perpetuum mobile
haben die führenden Risikokapitalgeber gute Chancen, auch langfristig die erfolgreichsten zu sein.

III

Die Ausrichtung am Kapitalmarkt

»Anfangs bestand der Effektenhandel aus der einfachen und
gelegentlichen Übertragung von Aktien, aber durch die Emsigkeit der
Börsenmakler, welche das Geschäft in die Hand bekamen,
wurde es ein Handel, und zwar einer, der vielleicht mit den größten
Intrigen und Listen betrieben wurde, die nur je unter der
Maske der Ehrlichkeit zu erscheinen wagten.«

Daniel Defoe, der Autor des Romans Robinson Crusoe,
Anfang des achtzehnten Jahrhunderts

Mit einer Behauptung und einigen leicht nachzuvollziehenden
Berechnungen gewannen die beiden Ökonomen Franco Modigliani
und Merton H. Miller den Wirtschaftsnobelpreis. Die gewinnbrin-
gende These, die maßgeblich dazu beitrug, dass Modigliani im Jahr
1985 und Miller im Jahr 1990 den hoch dotierten Preis erhielten,
war, dass es für den Wert eines Unternehmens unerheblich sei,
ob es über Eigenkapital oder über Fremdkapital finanziert werde.
Ob ein Unternehmen sich aus den Rücklagen des Unternehmensgründers (Eigenkapital), Geschenken von Freunden, Verwandten
und Bekannten (Eigenkapital), Zuschüssen von Risikokapitalgebern
(Eigenkapital), Krediten von Banken (Fremdkapital), an Börsen
handelbaren Schuldverschreibungen (Fremdkapital) oder Stundun-
gen von Zulieferern (Fremdkapital) finanziere, sei für die Frage, für
wie viel das Unternehmen am Kapitalmarkt gehandelt wird, irrelevant.

Für ihr Theorem setzen Modigliani und Miller voraus, dass die

Marktteilnehmer über vollständige Informationen verfügen, sodass Banken, Aktionäre und Unternehmer zu einem gleichen Kalkulationszinssatz Geld anlegen, Kredite aufnehmen und vergeben können. Die beiden Ökonomen vergleichen eine Firma, die sich zu 100 Prozent aus Eigenkapital (also zum Beispiel Rücklagen des Gründers oder Investitionen von Risikokapitalgebern) finanziert, mit einer Firma, die für ihre Gründung über einen Kredit 100 Prozent Fremdkapital aufnimmt. Sie kommen zu der Schlussfolgerung, dass unter den Bedingungen vollständiger Information ein Kreditgeber jährlich die gleiche Summe als Zinsen ausgezahlt bekommt wie der Aktionär, der sich mit eigenem Kapital an dem Unternehmen beteiligt hat. Kurz: Die Zinszahlungen, die der Kreditgeber erhält, und die Dividende, die ein Kapitalanleger erhält, seien gleich groß.

Für einen Anleger sei es deswegen letztlich egal, ob er dem Unternehmen einen Kredit über 100 000 US-Dollar einräumt und dafür jährliche Zinsen in Höhe von 5 000 US-Dollar kassiert oder mit den 100 000 US-Dollar Anteile an dem Unternehmen erwirbt und sich eine jährliche Dividende von 5 000 US-Dollar auszahlen lässt. Da Unternehmen, die ihren Financiers die gleichen jährlichen Gewinne auszahlen (zum Beispiel 5 000 US-Dollar), nach wirtschaftswissenschaftlichen Theorien auch gleich viel wert sind, ist es auch für die Bemessung des Wertes eines Unternehmens gleichgültig, ob es über Eigenkapital, Fremdkapital oder über eine Mischung aus beiden Finanzierungsformen mit Geld ausgestattet wird.[1]

Auf den ersten Blick leuchten die Überlegungen von Modigliani und Miller ein. Die Anteile des Risikokapitalgebers an jungen Unternehmen, die Unternehmensanteile im Besitz von Banken, Versicherungen und Pensionsfonds und die Aktien des Kleinanlegers sind erst einmal nicht mehr und nicht weniger als ein Rechtsanspruch auf zukünftige Unternehmensgewinne. Der Besitz von 40 Prozent der BMW-Aktien durch die Familie Quandt oder auch nur der Besitz von 0,000000045 Prozent aller Aktien des Internetunternehmens eBay durch Lisa McKenna berechtigen dazu, über die Dividende an den Unternehmensgewinnen beteiligt zu werden. Im Kalkül von Anlegern wird dieser Dividendengewinn in Beziehung zu anderen vergleichbaren Anlageformen gesetzt. Man überlegt, ob man über Staatsanleihen, Bundesschatzbriefe, die Vergabe eines Kredits an ein Unternehmen oder das Verleihen von Geld an Freunde beziehungsweise Bekannte ähnlich gute Dividenden erzielen kann.

Auf den zweiten Blick ist das Modigliani-Miller-Theorem ein Beispiel dafür, wie richtig gerechnete Zahlen der Wirtschaftswissenschaften an der Realität des Wirtschaftens vorbeigehen können. Es werden so viele Grundannahmen als gesetzt betrachtet, dass der mathematische Beweis nichts mehr erklärt, außer dass die Zahlen und Folgerungen den Regeln der Mathematik entsprechen. Im Exit-Kapitalismus sind, wie vorher gezeigt, der Risikokapitalgeber, die Unternehmensanteile besitzende Bank und die Kleinaktionäre nicht nur an den Dividenden der Unternehmensanteile interessiert (manchmal auch gar nicht), sondern an den Wertsteigerungen ihrer Anteile.

Hier liegt ein zentraler Unterschied zwischen Krediten und Aktien. Mit Krediten erzielt man »lediglich« Zinsen. Die zu erwartenden Zinszahlungen kann man vorher genau berechnen und davon ausgehen, dass diese auch auf dem Konto eingehen, solange der Staat, die Bank oder das Unternehmen, dem man Geld geliehen hat, nicht Konkurs anmelden. Die Dividendenzahlungen bei Aktien können nicht mit ähnlicher Sicherheit einkalkuliert werden wie Zinsen, aber man hat neben der Dividende eine zweite Gewinnmöglichkeit – nämlich die Wertsteigerung des Aktienpakets. Diese Spekulationskalküle richten sich dabei immer an dem erwarteten Wachstum des Unternehmens aus – und die Zukunft entzieht sich traditionellerweise den Zugängen der Mathematik.

Nachdem in den beiden vorigen Kapiteln herausgearbeitet

wurde, wie die Exit-Logik die Risikokapitalgeber einerseits und
Gründer, Manager und Mitarbeiter andererseits prägt, wird in die-
sem Kapitel gezeigt, wie die Risikokapitalmärkte funktionieren. Ein
Verständnis für die Bildung von Spekulationsblasen ist die Voraussetzung dafür, um die Ausrichtung kapitalmarktorientierter Unternehmen zu verstehen. In Boomphasen sind die Strategien und Strukturen risikokapitalfinanzierter Unternehmen, so die These dieses
Kapitels, nicht vorrangig das Resultat von Effizienzerfordernissen.
Vielmehr geht es den Unternehmen darum, über ihre strategische
Ausrichtung, ihre Organisationsstruktur, ihr Führungspersonal und
ihr Auftreten nach außen die notwendigen »Signale« zu liefern, um
auf den sich überhitzenden Kapitalmärkten frisches Kapital für ihr
Unternehmen einzusammeln.

I.
Die Risikokapitalspirale

Wie kommt es, dass es überhaupt die Möglichkeit für die Wertsteigerung eines Aktienpakets gibt? Die Voraussetzung für eine Wertsteigerung von Unternehmensanteilen ist, dass diese eine handelbare
Ware sind. Der Risikokapitalgeber, Unternehmensgründer oder
Aktionär kann seine Aktien an dem Unternehmen durch den Verkauf an Dritte jederzeit in Bargeld zurückverwandeln, wenn er einen
interessierten Käufer für diese Anteile findet. In Hinterzimmern
und Konferenzräumen, in denen Anleger ihre Unternehmensanteile
zum Verkauf anpreisen, auf grauen Märkten, auf denen die Anteile
kleiner Unternehmen gehandelt werden, und an Börsen, an denen –
offiziell und staatlich überwacht – die Aktien von Unternehmen
gekauft und verkauft werden, kann der Aktionär seine Unternehmensanteile zu Bargeld machen (und natürlich auch Bargeld zu
Unternehmensanteilen).

Nur wegen der Eigenschaft von Unternehmensanteilen, sie verkaufen zu können, ist es überhaupt möglich, dass sich die Besitzerin
von Intel-Aktien, deren Wert um 100 Euro gestiegen ist, auch um 100
Euro reicher fühlen kann. Der Unterschied besteht dann lediglich
zwischen »Gewinnen auf dem Papier« und den »realisierten Gewinnen«. Durch eine einfache Verkaufsorder an ihre Bank bekommt sie
vom Käufer der Aktie das Geld überwiesen und kann sich für die
Spekulationsgewinne ein gebrauchtes Fahrrad, ein Abo der Lausit-
zer Rundschau oder Aktien von Ford kaufen.

Das Geld scheint sich beim Erwerb von Unternehmensanteilen
auf eine unheimliche Art und Weise zu verdoppeln: Auf der einen
Seite fließt das Geld vom Kapitalbesitzenden in das Unternehmen.
Der Aktionär gibt bei einem Börsengang dem Unternehmen Geld,
womit dieses Maschinen kaufen, Löhne bezahlen oder Werbebro-
schüren drucken kann. Der Aktionär erhält dafür nichts weiter als
einen Rechtstitel, der ihm entsprechend dem Umfang seiner Anteile
Mitentscheidungsrechte bei bestimmten, rechtlich eng umrissenen
Unternehmensbelangen auf der jährlichen Hauptversammlung und
Ansprüche auf zukünftige Gewinne verleiht. Auf der anderen Seite
scheint der Aktionär das Kapital gar nicht weggegeben zu haben, da
er die Aktie jederzeit in Geldkapital zurückverwandeln kann.
Wegen dieser Verdopplung spricht Karl Marx von Aktien auch als
fiktivem Kapital.[2]

Durch die unheimliche Verdopplung des Kapitals entstehen zwei
»Spielplätze« für Unternehmen: Auf dem einen »Spielplatz« geht es
dem Kapitalgeber darum, mit dem zur Verfügung stehenden Kapital
die Arbeitskraft der »Arbeit-Geber« so zu nutzen, dass möglichst
hohe Gewinne aus dem alltäglichen Wertschöpfungsprozess gezogen werden können. Auf dem zweiten »Spielplatz« geht es darum,
die Anteile am Unternehmen so anzupreisen, dass möglichst viel
Geld dafür bezahlt wird.

Die Entkopplung von Produkt- und Kapitalmarkt

Ein gedanklicher Kurzschluss wäre es nun, von einer festen Kopplung zwischen Produkt- und Kapitalmärkten auszugehen. Die Unternehmen, die profitabel sind, die interessantesten Dienstleistungen entwickeln, die besten Produkte anbieten und ihre Kosten im Griff haben, werden, so könnte man annehmen, auch am Kapitalmarkt mit dem höchsten Marktwert gehandelt. Das scheint auf den ersten Blick überzeugend, aber angesichts der besonders während Boomzeiten zu beobachtenden Entwicklungen auf dem Kapitalmarkt käme man schnell in Erklärungsnot: Wie kommt es, dass beispielsweise auf dem Höhepunkt des Internetbooms der hochdefizitäre Internet-Spielwarenhändler eToys an der Börse 8 Milliarden US-Dollar wert war und damit höher bewertet wurde als der aufs Filialgeschäft konzentrierte Konkurrent Toys'Я'Us, der fünfzigmal mehr Umsatz machte und im Gegensatz zu eToys tiefschwarze Zahlen schrieb? Weswegen war im gleichen Zeitraum Priceline.com, ein Unternehmen, das Flugtickets, Mietautos und Hotelbetten im Internet anbietet und bis auf einige leistungsfähige Server, zwei fragwürdige Patente und hohe Verluste nichts vorweisen konnte, an der Börse mehr wert als die gesamte US-Flugindustrie? Wie kommt es, dass die kleine defizitäre Internetfirma Openshop beim Börsengang fünfzehnmal höher bewertet wurde als das Maschinenbauunternehmen Rohweder, dass mehr Gewinn machte als Openshop Umsatz erzielte?[3]

In Momenten, in denen sich ein ganz neues Wirtschaftssegment ausbildet und es darum geht, dass die Unternehmen ihren Turf abstecken, kann nach der Logik eines Risikokapitalgebers der Ausweis von Profitabilität ein negatives Zeichen sein. Schwarze Zahlen während der Ausbildung einer neuen Technologie oder der Entstehung einer Branche wecken bei Business Angels, Risikokapitalgebern und Kleinaktionären den Verdacht, dass das Unternehmen nicht genügend in Wachstum investiert und so die Chance verspielt, zukünftig eine marktbeherrschende Stellung einzunehmen. So kursierte unter Internetunternehmern der Witz, dass kein Risikokapitalgeber Geld zur Verfügung stellen würde, wenn man nicht beweisen könne, dass das Unternehmen in den ersten sechs Monaten 50 Millionen US-Dollar Verlust machen würde. Im Silicon Valley in Kalifornien und in der Silicon Alley in New York kreiste eine Karikatur, auf der ein Unternehmer verkündet, dass »Profitabilität lediglich etwas für Schwächlinge und Versager« sei, die einfach »nicht aggressiv genug« seien. Der Gedanke wurde so populär, dass sich die Internetelite den Spruch »Profit is for Wimps« auf T-Shirts drucken ließ.[4]

Ein zentraler Grund für die Entkopplung von Produktmärkten und Kapitalmärkten besteht darin, dass die Bewegungen auf dem Kapitalmarkt sich nicht vorrangig auf die aktuelle, sondern vor allem auf die zukünftige Geschäftsentwicklung von Unternehmen beziehen – und die zukünftige Entwicklung lässt viel Spielraum für Interpretation; man könnte auch sagen für Spekulation.

Wegen dieses Spielraums verschiebt sich, besonders in Boomzeiten am Kapitalmarkt, der Fokus. Das Investitionsverhalten hängt nicht vorrangig von der Beobachtung der unmittelbaren Geschäftstätigkeit ab, sondern konzentriert sich auf die Beobachtung anderer (potenzieller) Anleger, die beobachten, wie die Geschäftstätigkeiten verlaufen. Konkreter ausgedrückt: Ein Risikokapitalgeber interessiert sich nicht mehr nur dafür, ob ein Geschäft Profite bringen wird, sondern ob andere Anleger glauben, dass das Geschäft Profite bringen wird. Ein Kleinanleger interessiert sich nicht dafür, ob sein Unternehmen sensationelle Profite machen wird und deswegen Dividenden auszahlen kann, sondern ob später einsteigende Kleinanleger glauben könnten, dass das Unternehmen bald sensationelle Profite erzielen wird.

Der Investor George Soros bezeichnet diese Funktionsweise des Kapitalmarkts als reflexiv. Kurse, so die feine, aber wichtige Differenzierung Soros, werden nicht durch Fakten gemacht, sondern durch die Wahrnehmung dieser Fakten. Letztlich, so Soros, reflektiere die Börse nichts anderes als das, was die Leute über das Denken anderer Leute denken. Bei kurzfristig orientierten Anlegern ist es für den Erfolg nicht entscheidend, ob ihre Wahrnehmung der Fakten bezüglich Unternehmen, Technologien oder Produktmärkten besser ist als die der Konkurrenten, sondern vielmehr, ob es ihnen gelingt, die Wahrnehmung anderer Kapitalanleger richtig wahrzunehmen. Man schaut nicht mehr auf die Unternehmen selbst, sondern beobachtet nur noch den Kapitalmarkt.[5]

Die Spirale der Risikokapitalfinanzierung

Zu einer starken Entkopplung des Kapitalmarkts vom Produktmarkt kommt es besonders in sich neu ausbildenden Branchen, die am Kapitalmarkt einen Boom auslösen. Die Geschichte der Halbleiterindustrie, der PC-Industrie, der Biotechnologie, der Internettechnologie oder auch der Nanotechnologien zeigt, dass es für eine sich neu ausbildende Branche keine Erfahrungswerte gibt, an denen sich Risikokapitalgeber bei ihren Investitionen orientieren können. Wegen dieser fehlenden Erfahrungswerte kommt es bei der Entstehung neuer Technologien häufig dazu, dass sich das Investitionsverhalten der Risikokapitalgeber vorrangig an dem Investitionsverhalten anderer Risikokapitalgeber orientiert und sich so ein selbstverstärkender Effekt in Form einer Risikokapitalspirale ausbildet.

Der Auslöser einer Risikokapitalspirale können starke Kurssteigerungen für Unternehmen eines neuen Technologiesegments sein. Kurssteigerungen sind Ausdruck dafür, dass Anleger bereit sind, an den Börsen Anteile von Unternehmen aus einem bisher noch nicht »geprüften« Segment zu erwerben. Diese Bereitschaft zum Handel mit Unternehmensanteilen erleichtert es anderen Unternehmen, an die Börse zu gehen. Da Anleger sehen, dass der Wert der Unternehmensanteile stark steigt, herrscht große Bereitschaft, bereits beim Börsengang Anteile von diesem Unternehmen zu zeichnen. In einer Risikokapitalspirale erzielen Anleger häufig bereits am ersten Handelstag hohe Gewinne. Teilweise werden in Boomzeiten an einem Handelstag Tagesrenditen von 100 oder 200 Prozent erzielt. Anleger berichten stolz davon, wie ihre gezeichneten Anteile am amerikanischen Internetunternehmen eBay, am deutschen Chiphersteller Infineon oder am italienischen Internetservice-Provider Tisoni sich am ersten Handelstag mehr als verdoppelt haben.

Der häufig durch einen erfolgreichen Börsengang in einem neuen Segment ausgelöste Ansturm auf Aktien von Wachstumsunternehmen verbessert die Möglichkeiten für Business Angels, Risikokapitalgeber und Unternehmensgründer, ihre Unternehmensanteile loszuschlagen und über den Börsengang einen lukrativen Exit zu erzielen. In Boomzeiten reißen sich Investmentbanker, die an einem einzigen Börsengang eines Wachstumsunternehmens Millionensummen verdienen, darum, die Hotshots eines Segments an die Börse zu bringen. Diese Möglichkeit zum Börsengang treibt auch die Preise für andere Exit-Möglichkeiten von Risikokapitalgebern, wie den Verkauf an andere Unternehmen, in die Höhe, da der Preis für ein Unternehmen auch davon abhängt, wie viel ein solches Unternehmen bei einem Börsengang erzielen würde.

Ein lebhafter Markt für Börsengänge macht es lukrativ, in einem sehr frühen Stadium Risikokapital in ein Unternehmen zu investieren, da man mit einer hohen Rendite für seine Investition rechnen kann. In den letzten 40 Jahren gab es immer dann eine wachsende Bereitschaft von Versicherungen, Banken, Stiftungen und Pensionsfonds, ihr Geld über Risikokapitalgesellschaften in Wachstumsunternehmen anzulegen, wenn ein positives Börsenumfeld die Börsengänge dieser Wachstumsunternehmen möglich erscheinen ließ.[6] Die etablierten Risikokapitalgesellschaften absorbieren mit immer grö-

ßeren Fonds das Geld der Anleger und neue Risikokapitalgesellschaften nutzen die Möglichkeit, ihrerseits Geld einzuwerben.

Die Risikokapitalfonds müssen ihr Geld jedoch auch investieren.
Das Geld, das sie eingesammelt haben, muss in junge, schnell wachsende Unternehmen investiert werden, weil die Anleger mit einer
normalen Festgeldverzinsung nicht zufrieden wären. Das Geld
»sucht« also förmlich Anlagemöglichkeiten in Wachstumsunternehmen. Das Angebot an Geld für Wachstumsunternehmen treibt den
Preis für Anteile an vielversprechenden Unternehmen nach oben.
Die Preise, die ein Business Angel oder Risikokapitalgeber für
Anteile an einem jungen Unternehmen bezahlen muss, sowie die
Preise für Aktien von bereits etablierten Unternehmen steigen
dadurch.[7]

Berichte über steigende Aktienkurse, über hohe Renditen am
ersten Handelstag eines an die Börse gegangenen Unternehmens
und über Unternehmer, die in wenigen Monaten oder Jahren reich
geworden sind, führen dazu, dass immer mehr Geld in die Risikokapitalfinanzierung fließt. Das treibt die Börsenkurse von Wachstumsunternehmen nach oben, erhöht die Nachfrage nach Aktien von
Unternehmen, die planen, an die Börse zu gehen, und führt dazu,
dass immer mehr Geld in Risikokapitalfonds fließt. Der Börsenkurs
von Wachstumsunternehmen geht nach oben. Die anziehenden
Preise erhöhen für diejenigen, die bereits Anteile am Unternehmen
halten, die Exit-Möglichkeiten. Gründer, Business Angels und Risikokapitalgeber finden für ihre Anteile interessierte Abnehmer. Die
Spirale setzt sich fort, und es bildet sich ein Boom am Kapitalmarkt
aus.

Der Effekt ist: Eine sich immer schneller drehende Risikokapitalspirale lässt die Frage nach dem langfristigen ökonomischen Erfolg
eines Investments zunehmend irrelevant erscheinen, weil das nach-
strömende Risikokapital dazu führt, dass Investoren, die früh in ein
Unternehmen investiert haben, ihre Anteile schnell versilbern kön-

nen. In einer sich schnell drehenden Risikokapitalspirale haben Unternehmensanteile vielleicht schon sieben oder acht Mal die Investoren gewechselt, bevor sich das Unternehmen als profitabel erweisen muss.[8]

Der schmale Grat zwischen Spirale und Kettenbrief

In die Risikokapitalspirale ist ein Mechanismus eingebaut, der dem von Kettenbriefen ähnelt. Kettenbriefe, vor denen in auffälliger Regelmäßigkeit jede Elterngeneration ihre Kinder warnt, basieren darauf, dass die Initiatoren oder frühen Einsteiger in einen Kettenbrief die in Aussicht gestellten äußerst lukrativen Renditen deswegen erhalten, weil immer mehr Kapital von an ähnlichen Renditen interessierten Kleinstanlegern nachströmt. Die enorme Rendite der ersten Generation von Investoren wird dabei aus dem Geld bezahlt, das bei der zweiten, größeren Generation von Anlegern eingesammelt wurden. Die zweite Generation von Investoren erhält ihre Renditen dann aus dem Geld, das bei der dritten Generation von Anlegern erzielt wurde. Da die Berichte über die Renditen der ersten Generationen von Anlegern die Runde machen, strömt immer mehr Geld nach, mit dem das Kettenbriefsystem aufrechterhalten werden kann. Irgendwann läuft sich das System tot, und die letzten Anlegergenerationen müssen ihre Investition als Totalverlust abschreiben.

Der Erfolg eines Kettenbriefs hängt davon ab, wie überzeugend die Darstellung der zukünftigen Profitabilität eines Projekts ist. Der Brief der zehnjährigen Nicole Cruise, der verspricht, dass man sehr viel Geld erhält, wenn man jeweils einen Dollar an die obersten Anschriften auf dem Brief verschickt, hat das Manko, dass die Investmentgeschichte nicht besonders gut ist. Sie wurde schon zu häufig erzählt.

Das Kettenbriefsystem, das der Unternehmer Charles Ponzi 1920 in New York erfand, war da schon geschickter aufgebaut. Ponzi entdeckte, dass aufgrund von Währungsschwankungen ein Postkunde für so genannte International Postal Union Coupons außerhalb der USA weniger bezahlen musste, als er bei der Einlösung dieser Coupons in einem US-amerikanischen Postamt erhielt. Durch den Aufkauf einer großen Menge dieser Coupons außerhalb der USA wollte er die Differenz zur Geldvermehrung nutzen und versprach Anlegern, die ihm für dieses Geschäft 45 Tage lang Geld liehen, 50 Prozent Zinsen. Obwohl er niemals mehr als einige 100 Dollar in International Postal Union Coupons besaß, gelang es Ponzi mit dieser Geschichte, in wenigen Monaten mehr als 15 Millionen US-Dollar einzusammeln. Da er den ersten Investoren aus dem Geld späterer Investoren die versprochenen Zinsen bezahlte, konnte er der Investmentgeschichte ein hohes Maß an Glaubwürdigkeit verleihen und so über Monate für Geldnachfluss von insgesamt 30 000 Investoren sorgen.[9]

Der Unterschied zwischen der Risikokapitalspirale und einem Kettenbriefsystem besteht darin, dass es hinter einem Kettenbriefsystem einen Akteur mit einer betrügerischen Absicht gibt und die Investmentgeschichte von vornherein nur mit dem Ziel gestartet wird, naive Anleger anzulocken. Deswegen – und nur deswegen – können die zehnjährige Nicole Cruise oder der Coupon-Spekulant Charles Ponzi wegen Betrugs verurteilt werden, während niemand auf die Idee käme, Pleiteunternehmer wie Louis Borders von der Firma Webvan in den USA, Peter Kabel von der Firma Kabel New Media in Deutschland oder Ernst Malmsten von Boo.com in Großbritannien ins Gefängnis zu schicken.

Die geringe, aber theoretisch vorhandene Möglichkeit, dass die Firma Webvan zu einem neuen Wal-Mart, die kleine Multimedia-Agentur Kabel New Media der Weltmarktführer für Internet-Dienstleistungen und Boo.com zum Monopolisten im Internet-Kleiderhandel geworden wäre, schützen Louis Border, Peter Kabel und Ernst Malmsten vor einer Gefängnisstrafe. Überspitzt ausgedrückt: Die minimale Wahrscheinlichkeit, dass die Garagenfirma, in die ein Risikokapitalgeber investiert, zu einem neuen Lotus, einem neuen Apple oder einer neuen Genentech wird, macht den kleinen, aber entscheidenden Unterschied zwischen der Risikokapitalspirale und einem Kettenbriefmechanismus aus.

Während es sich im Kettenbriefsystem um eine mit betrügerischer Absicht gestartete Aktion einer einzelnen Person handelt, ist die Risikokapitalspirale ein »normaler Prozess« im Kapitalismus, der nicht durch einzelne Personen initiiert und gesteuert werden kann.

Zwar versuchen Risikokapitalgeber, Fondsmanager, Unternehmer, Manager und Kleinaktionäre, »ihren Schnitt« zu machen, und gehen dabei auch schon einmal an den Rand des rechtlich Zulässigen, die Funktionsweise der Risikokapitalspirale lässt sich jedoch – selbst bei Sympathie für Verschwörungstheorien – nicht den dunklen Machenschaften einzelner Akteure zurechnen. Selbst wenn Unternehmer, Analysten und Fondsmanager Kurse in die Höhe zu treiben versuchen, wird dies in der Regel als eine ökonomisch gerechtfertigte, rechtlich erlaubte Strategie von Akteuren am Kapitalmarkt betrachtet.

Die Kunst risikokapitalfinanzierter Unternehmen besteht darin, die positive Stimmung am Kapitalmarkt gegenüber einer Branche dafür zu nutzen, einen starken Wachstumskurs zu finanzieren. Um Geld einsammeln zu können, ist es aber nötig, durch das Produkt, die Struktur der Organisation, die Persönlichkeit des Topmanagements und die Unternehmenskultur die richtigen Signale an den Kapitalmarkt zu senden.

2.
Signalpolitik: Von Businessplänen, Börsengeschichten und Unternehmerhelden

Robert X. Cringely, langjähriger Kolumnist des US-amerikanischen Fachblattes *ComputerInfoWorld*, bezeichnet es als die tragische Logik einer risikokapitalfinanzierten Unternehmensgründung, dass der Gründer letztlich sein Unternehmen im Laufe des Wachstumsprozesses mehr oder minder »verschenkt«. Es sei Aufgabe der Gründer, also »derjenigen mit dem großartigen Plan«, die Verteilung der Unternehmensanteile so zu verwalten, dass man am Ende »weniger Aktien«, aber einen »größeren Reichtum« besitze. Die Aufgabe des Gründers einer risikokapitalfinanzierten Firma sei es, so Cringely, »alle bei Laune zu halten, indem er seine Firma ›etappenweise verschenkt‹«. Am Ende habe man das risikokapitalfinanzierte Unternehmen mehr oder minder komplett an Risikokapitalgeber, Top-Führungskräfte, wichtige Mitarbeiter oder Kleinaktionäre »verschenkt«, weil man sonst der »Hauptanteilseigner eines wertlosen Unternehmens« wäre.

Als beispielsweise im Juni 1979 Bob Metcalfe die Firma 3Com Corporation gründete, besaß er »100 Prozent von nichts«. Als die Firma 3Com, die Schaltkarten zur Vernetzung von PCs produzierte, im März 1984 an die Börse ging, besaß Metcalfe nur noch 12 Prozent »seiner« Firma. Der Rest war durch die Abgabe von Anteilen an Risikokapitalgeber, an Top-Führungskräfte, die mit Unternehmensanteilen zu 3Com gelockt worden waren, und durch die Ausgabe von Aktienpaketen an seine Mitarbeiter »draufgegangen«. Aber diese 12 Prozent machten Metcalfe zum Minderheitsaktionär einer Firma mit einem Marktwert von 80 Millionen US-Dollar. Allein Metcalfes verbleibende Anteile waren 10 Millionen US-Dollar wert.[10]

Aber wie »verschenkt« man am besten ein Unternehmen? Das

Unternehmen darf zu Beginn nicht komplett »verschenkt« werden, weil man als Unternehmensgründer nur wenig Geld für sein Unternehmen – und für sich – erhält und dann nicht genügend Anteile besitzt, mit denen man später neues Risikokapital, dringend benötigte Top-Führungskräfte oder Dienstleister anlocken kann. Die Kunst besteht darin, das »Verschenken« des Unternehmens zu strecken mit dem Ziel, durch möglichst kontinuierlich nachfließendes Geld eine immer überzeugendere »Unternehmensgeschichte« aufzubauen, die dem Unternehmen am Kapitalmarkt immer höhere Bewertungen – und damit immer größere Geldnachflüsse – einbringt. In einem ersten Schritt kann der Unternehmer 25 Prozent des Unternehmens abgeben und mit dem so eingenommenen Geld einen Prototyp schaffen, eine funktionierende Organisation aufbauen und einen Markennamen etablieren. Auch wenn das Unternehmen dadurch noch nicht profitabel ist, hat es am Kapitalmarkt einen weit höheren Marktwert als im Moment der Unternehmensgründung. Das ermöglicht es dem Gründer – mit der Ausgabe weiterer Anteile in einer ersten großen Finanzierungsrunde mit mehreren Risikokapitalgesellschaften – zu verbesserten Bedingungen neues Geld einzusammeln. Damit kann er dann den Markteintritt des Unternehmens finanzieren. Mit einem Produkt, das bereits am Markt ist, lässt sich dann in einer zweiten Finanzierungsrunde mit Risikokapitalgesellschaften beispielsweise achtmal so viel Geld wie in der Anfangs-Finanzierung einsammeln, obwohl der Gründer dann nur noch 10 Prozent Unternehmensanteile abgibt. Bei einem Börsengang als dritte Finanzierungsrunde wird für weitere 10 Prozent des Unternehmens pro Aktie das Zwanzig-, Dreißig- oder Fünfzigfache des Preises der ersten Finanzierungsrunde bezahlt.[11]

Besonders dann, wenn sich nach dem Börsengang der Aktienkurs eines Unternehmens sehr gut entwickelt, kann das Unternehmen über die Ausgabe neuer Unternehmensanteile zusätzliche Mittel zu extrem günstigen Kursen an sich ziehen. Während beim Börsengang des Unternehmens die Anteile zu einem Kurs ausgegeben werden, bei dem nicht genau einzuschätzen ist, ob er dem wirklichen Wert des Unternehmens an der Börse entspricht, kann bei der Ausgabe zusätzlicher Unternehmensanteile an der Börse einfach der aktuelle Börsenkurs (abzüglich eines kleinen Abschlags) angesetzt werden.

Damit das Unternehmen in jeder Finanzierungsrunde mehr Geld einbringt, muss es eine überzeugende Wachstumsgeschichte vorweisen können. Es betreibt, um den Begriff des Ökonomen Michael Spence zu verwenden, »Signalling«. Mit diesem Begriff bezeichnet Spence die Strategie der Selbstanpreisung bei großen Unsicherheiten. Weil beispielsweise ein Arbeitgeber nicht sicher sein kann, wie gut ein Bewerber sich auf einem Arbeitsplatz machen wird, greift er bei dessen Beurteilung auf Signale wie Auftritt des Bewerbers, bisherige Karriere oder Ausbildung zurück. Die Arbeitsuchenden wissen dies und betreiben im Hinblick auf Bewerbungssituationen »Lebenslauf-Engineering«. Sie wählen ihre Aus- und Weiterbildungen, ihre Praktika und ihre Freizeitaktivitäten nicht nur unter Fachgesichtspunkten oder Interesse aus, sondern treffen ihre Entscheidungen auch aus der Perspektive, ob diese die »richtigen Signale« an einen potenziellen Arbeitgeber aussenden.[12]

Nicht anders funktioniert das »Verschenken« eines Unternehmens auf dem Kapitalmarkt. Die strategische Ausrichtung des Unternehmens, der Geschäftsplan und das Auftreten des Geschäftsführers, aber auch scheinbar eher nebensächliche Aspekte wie die Sprachregelungen und die Kleiderordnung werden nicht nur unter dem Gesichtspunkt ausgewählt, was am besten für die Wertschöpfungsprozesse im Unternehmen ist, sondern auch danach, ob sie die richtigen Signale an den Kapitalmarkt senden.

Der Businessplan als Werbeprospekt

Der Businessplan eines Unternehmens ist auf den ersten Blick der Geschäftsplan, in dem das Ziel des Unternehmens, das Produkt, das Marktumfeld und die Wachstumsstrategie dargestellt werden. Er enthält Zahlenangaben über die Entwicklung des Gesamtmarkts, in dem sich ein Unternehmen bewegt, über die Konkurrenzsituation, das geplante Mitarbeiterwachstum und die Umsatz- und Ertragserwartungen des Unternehmens für die nächsten Jahre.

In Lehrbüchern zur Unternehmensgründung wird der Businessplan als Instrument dargestellt, mit dem sich das Management über die Ziele für das Unternehmen klar wird und eine eindeutige Strategie formuliert. Die Hauptfunktion des Geschäftsplans wird häufig in der Selbstverständigung innerhalb des Gründerteams und im Zwang zu einer systematischen Unternehmensplanung gesehen.[13]

In der Regel dient der Businessplan jedoch nicht nur als interne Handlungsvorlage, sondern auch als Werbeprospekt gegenüber Kapitalgebern. Was der auf einer Messe verteilte Handzettel zur Bewerbung eines Mobiltelefons oder die Postwurfsendung zur Anpreisung einer Busreise leistet, tut der Businessplan zur Bewerbung des eigenen Unternehmens. Frank Schon von Goal Venture erklärt, dass Unternehmensgründer nur das in den Businessplan schreiben, womit sie den »Venture Capitalist zu überzeugen glauben«, und nicht das, wovon sie glauben, dass es das »Vernünftige und Richtige ist«. Wenn in Büchern über Risikokapital stünde, dass ein Unternehmen das Potenzial für 100 Millionen US-Dollar Umsatz bräuchte, um risikokapitaltauglich zu sein, dann, so der Risikokapitalgeber Robert J. Kunze von Life Science Ventures in San Francisco, würden die Unternehmensgründer die Zahlen schon so hinbiegen, dass sie diesen Standards entsprechen.[14]

Der Marketingaspekt des Businessplans wird auch daran deutlich, dass sich die Vorstellungen über Umsatz- und Ergebnisent-

wicklung an den sich verändernden Gesichtspunkten der Risikokapitalgeber orientieren. Wenn es unter Risikokapitalgebern als akzep-
tabel angesehen wird, dass ein Unternehmen der Softwarebranche
drei Jahre lang Verluste macht, schreiben die Gründer ihren Businessplan so, dass in den ersten zwei, drei Jahren mit Anlaufverlusten
gerechnet wird, im dritten, spätestens im vierten Jahr die Zone der
Profitabilität erreicht wird und ab dem fünften Jahr die Investitionen der Kapitalgeber größtenteils zurückgezahlt werden können.
Wenn aufgrund eines sensiblen Kapitalmarkts eine kurzfristigere
Profitabilität von Unternehmen erforderlich ist, dann werden die
Ausgaben für Marketing und internationale Expansion entspre-
chend reduziert, und es wird überzeugend dargestellt, dass die
Gewinnzone auch schon nach zwei Jahren erreicht werden kann.

Ähnliche Flexibilität zeigen Gründer bei der Anpassung ihrer
Businesspläne an die gerade aktuellen Trends am Kapitalmarkt.
Während des Internetbooms wurde innerhalb von Tagen das Geschäftsmodell, das ursprünglich auf einen Direktverkauf an Endverbraucher (Business-to-Consumer) aufgebaut war, zu einem Geschäftsmodell umgestrickt, in dem anderen Unternehmen Programme zur Verfügung gestellt wurden (Business-to-Business). Mit
ihnen konnten diese Unternehmen dann Endverbraucher erreichen.
Das Geschäftsmodell, mit dem die Internetunternehmen Einnahmen generieren wollten, verwandelte sich in manchen Geschäftsplä-
nen innerhalb weniger Monate von der Finanzierung über Kunden-
Entgelt über die Werbefinanzierung hin zur Vermarktung von Kun-
deninformationen.

Wie bei einer Marketingmaßnahme für einen Rasierapparat, eine
Fräsmaschine oder einen Volkshochschulkurs fallen auch bei der
Marketingmaßnahme des Businessplans Realität und Versprechen
auseinander. Die Aussage eines Unternehmenschefs, man könne laut
Businessplan am Ende des Jahres die Gewinnzone erreichen, muss
ähnlich skeptisch aufgefasst werden wie die Aussage eines Staubsau-

gervertreters, der die unglaubliche Reinigungswirkung seines Vorwerk-Geräts mit Verweis auf die Marketingbroschüre rechtfertigt. Peter Kirsch von der Firma Informationhighway bezeichnet den Businessplan von risikokapitalfinanzierten Firmen als die »größte noch glaubhaft zu vertretende Lüge«. Kirsch zieht Parallelen zu den Fünfjahresplänen im Staatssozialismus, die auch permanent neu erstellt und überarbeitet wurden, bei welchen aber allen Beteiligten klar war, dass sie zur Außendarstellung dienten und mit der Betriebsrealität nur lose gekoppelt waren.

Allerdings wäre es verfehlt, sich über den Marketingcharakter der Businesspläne zu beklagen. Die Signalpolitik für den Kapitalmarkt ist – ob man es will oder nicht – eine zentrale Funktion des Businessplans. Die Herausforderung für Kapitalgeber besteht darin, *trotz* des Businessplans eine möglichst realistische Einschätzung der Unternehmensstrategie, des Managementteams, des Produktpotenzials und der Umsatzprojektionen vorzunehmen. Die Herausforderung für Unternehmer besteht darin, das Problem in den Griff zu bekommen, dass sie an der Einhaltung eines Geschäftsplans gemessen werden, der primär für den Kapitalmarkt geschrieben wurde und nur begrenzt die Realität des Unternehmensgeschäfts wiedergibt.

Die obersten Verkäufer des Unternehmens

Die Kapitalmarktorientierung von Unternehmen führt zu einer ganz neuen Prominenz von Unternehmensgründern, Vorstandsvorsitzenden und wichtigen Führungsfiguren von Unternehmen. Käufern eines Lastwagens oder einer Waschmaschine ist weitgehend egal, wie der Topmanager heißt, dessen Unternehmen die Fahr- oder Waschhilfe hergestellt hat. Käufer von Unternehmensanteilen hingegen interessieren sich dafür, wer das Unternehmen führt, das als Ganzes oder in Kleinstteilen am Kapitalmarkt angeboten wird.

Dieses Interesse an den Führungskräften hängt maßgeblich

damit zusammen, dass der Kauf eines Lastwagens oder einer Waschmaschine mit dem Austausch Ware gegen Geld in der Regel abgeschlossen ist und auch eine noch so intime Kenntnis des Managementteams die Qualität der Gerätschaften nicht mehr nachträglich erhöht, aber bei dem Kauf von Unternehmensanteilen gerade das Führungsteam einen Qualitätsgaranten darstellt. Ein prominenter Unternehmer, der mehrmals erfolgreich Unternehmen an die Börse geführt hat, vermittelt die Sicherheit, dass die Investition in das Unternehmen eine gute Anlage ist.

Seine Firma mediengerecht zu präsentieren gehört zur Überlebensstrategie, um Kapital aufzutreiben und die eigenen Waren in die Ladenregale zu bekommen. Unternehmensgründer erfinden Geschichten, mit denen sie den Medien einen entsprechenden »Human-Touch-Aufhänger« für Artikel über das Unternehmen liefern. Adame Osborne, Gründer einer der ambitioniertesten Computerfirmen der achtziger Jahre und eine der schillerndsten Gestalten im Silicon Valley, erklärte, dass er die Presse nutze, dass aber die Presse auch genutzt werden wolle. Jeder Journalist interessiere sich für Geschichten, die sich verkaufen lassen, und generiere ebenso wie die Gründer risikokapitalfinanzierter Unternehmen dieses Produkt für die Presse. Der Gründer von Amazon.com, Jeff Bezos, startete seine Firma auch deswegen in einer Garage, um Assoziationen zur Garagengründung von Hewlett-Packard zu wecken und damit Medienvertretern einen idealen Aufhänger für ihre Geschichte zu liefern. Das junge Unternehmertrio, das bei der Gründung einer Firma für Rabattmarken im Internet einfach ein bei US-amerikanischen Risikokapitalgebern akzeptiertes Geschäftsmodell im Internet kopierte, stellte in Gesprächen mit Journalisten nicht den Kopierprozess als Grund für die Unternehmensgründung dar, sondern sie berichteten lieber von dem beim mitternächtlichen Surfen sich einstellenden Geistesblitz, dass man für das Surfen doch eigentlich auch bezahlt werden könne.[15]

Der Starkult um Unternehmensgründer entwickelte sich in den USA parallel zur Etablierung des Risikokapitalgeschäfts und zur Ausbildung von Börsen für Wachstumsunternehmen und erreichte während des Internetbooms einen vorläufigen Höhepunkt. Der Gründer von eBay, Pierre Omidyar, und dessen Vorstandsvorsitzende Meg Whitman, die Yahoo!-Vorstände Jerry Yang und Timothy A. Koogle oder der Gründer von Priceline, Jay S. Walker, erreichten in den Medien einen ähnlichen Kultstatus wie Madonna, Britney Spears oder Jürgen Drews. In Wirtschaftszeitschriften wie *Business Week* wurden sie (das heißt Omidyar, Whitman, Yang, Koogle und Walker) als »Empire Builders«, »Innovators« und »Pacesetters« einer neuen Wirtschaftsordnung gefeiert und als »Masters of the Web Universe« dargestellt. Das Wochenmagazin *Time* ernannte den Amazon-Gründer Jeff Bezos zum Mann des Jahres und stellte ihn damit in eine Traditionskette mit John F. Kennedy, Martin Luther King und Ayatollah Khomeini.[16]

Mit einem nicht zu verkennenden Amusement konstatierten besonders amerikanische Beobachter, dass der in den USA betriebene Starkult um Unternehmerpersönlichkeiten mit der Eröffnung von Börsen für Wachstumsunternehmen und mit dem explosionsartigen Wachstum der Risikokapitalfinanzierung auch Europa ergriff. In *Business Week* diagnostizierte der US-amerikanische Journalist William Echikson, dass in Europa inzwischen ähnliche Legenden produziert würden wie im Silicon Valley. Was dort die Garage ist, in der Bill Hewlett und David Packard ihre Computerfirma HP gegründet haben, sei das verlassene evangelische Pfarrhaus in Ostdeutschland, in dem sich das erste Büro des damals 22-jährigen Studienabbrechers Stephan Schambach und seines Unternehmens Intershop befand. Mit dem zeitweiligen Wert von Intershop von 11 Milliarden Euro, der Selbstzelebrierung als »erster Milliardär Ostdeutschlands« und der Verlegung des Hauptsitzes der Firma nach San Francisco lieferte Schambach die für das Marketing am Kapitalmarkt so wichtigen Geschichten. Die britische Wirtschaftszeitschrift *The Economist* verknüpfte einen Bericht über den Medienunternehmer Thomas Haffa mit der Feststellung, dass jetzt auch in Deutschland die Idee des »Businessman« als »Showman« hoffähig werde. Mit dem Börsengang seines (eigentlich noch sehr nach Old Economy wirkenden) Unternehmens EM.TV hätte er sich nicht mehr auf den Verkauf von »Zeichentrickfilmen«, sondern auf den »seines Unternehmens« konzentriert.[17]

Besonders in Boomphasen am Kapitalmarkt nehmen die Maßnahmen, mit denen sich Unternehmer ins Gespräch bringen wollen, teilweise skurrile Züge an. Der Chef von Compaq, Michael Capellas, posierte in Jeans und E-Gitarre in US-amerikanischen Wirtschaftsblättern und bezeichnete sich als »Cheerleader für die ganze Firma«, der dafür stünde, dass nicht nur hart gearbeitet wird, sondern dass man sich auch amüsiert. Mark Breier, der Chef des Internetunternehmens Beyond.com, schreckte nicht davor zurück, auf dem Wirtschaftskanal CNBC in Boxershorts zu erscheinen, um zu signalisieren, dass man sich bei Beyond.com die Software auch nackt (oder wenigstens halb nackt) herunterladen könne. Boy Young, der mit seinem Unternehmen Red Hat Dienstleistungen rund um das Betriebssystem Linux vertrieb, erschien überall mit einem roten Hut, um so Werbung für sein Unternehmen zu machen. Die Gründer von Theglobe.com, Todd Krizelman und Stephan Paternot, tourten nicht nur von Börsensendung zu Börsensendung, sondern gaben auch in Nachmittag-Talkshows Flirt-Tipps. Kim Schmitz, ehemaliger Hacker, Gründer des fahrenden Mulitmedia-Internetanschlusses Megacar und regelmäßiger Insasse in Gefängniszellen, schreckte nicht davor zurück, sich mit den abgelegten weiblichen Quickie-Bekanntschaften von mehr oder minder begabten Popstars zu präsentieren, und wurde selbst in der Szene als heißestes »Boxenluder der New Economy« gehandelt.[18]

Die Politik der Worte

Spätestens seit der Institutionalisierung der Risikokapitalindustrie in den letzten Jahrzehnten lässt sich beobachten, dass in Phasen, in denen sich neue Technologien ausbilden, Unternehmen durch ihre Sprache, ihre Begrifflichkeit, ihren Namen zu signalisieren versuchen, dass sie Teil dieses »großen neuen Dings« sind. Dies wird besonders durch die Begrifflichkeiten der New Economy deutlich, mit denen Firmen ankündigen, dass sich Regeln ändern, Branchen neu definieren und dass damit neue Chancen für Unternehmen entstehen.

Aufgrund der Vergesslichkeit der Wirtschaftsmedien wird seit über 30 Jahren der Begriff der New Economy in regelmäßigen Abständen aus der verbalen Mottenkiste geholt, um zum Ausdruck zu bringen, dass wir es mit einer grundlegend neuen Funktionsweise der Wirtschaft zu tun haben. Der ehemalige Herausgeber der Wirtschaftszeitschrift *Purchasing*, Dean S. Ammer, verwandte bereits während des Börsenbooms in den späten sechziger Jahren den Begriff New Economy, um zu signalisieren, dass wir es mit einem technikgetriebenen kontinuierlichen und unbegrenzten Anstieg des ökonomischen Reichtums zu tun hatten. Mitte der achtziger Jahre erschienen Bücher mit Titeln wie »Doing Business in the New Economy« und »Money Dynamics in the New Economy«, die aufzeigten, wie man in einer durch Hightech geprägten Wirtschaft erfolgreich Geschäfte machen kann. In den neunziger Jahren wurde er zunehmend in Bezug auf wirtschaftliche Entwicklungen rund um die Informations- und Computertechnologie und für die Beschreibung von Firmen verwandt, die im Geschäftsfeld des Internets angesiedelt waren. Die New Economy stand als »diffuser Sammelbegriff« nicht nur für Firmen in den Branchen E-Commerce, Telekommunikation oder Biotechnologie, sondern auch für die »neue Wirtschaftsform der aufkommenden Wissensgesellschaft«[19].

Dass Unternehmen zu dieser New Economy gehören, wurde in den einzelnen Phasen durch die Firmennamen deutlich gemacht. Mit ihnen signalisierten die Unternehmen, dass sie Teil einer neuen attraktiven Branche waren. So endeten in den späten sechziger Jahren, als die Börsen nach Firmen im Elektronikbereich gierten, die Namen der meisten Firmen im Silicon Valley auf »techs«, tecks« und »texs«. Es entstanden Firmen wie Advantek, Caltex, Disotec, Kylex, Nortec, Omnitek, Ramtek, Xebec – und als Höhepunkt Ultratech. In den späten siebziger und frühen achtziger Jahren, mit der Öffnung der Computerbranche für den Markt der Endverbraucher, waren dann »originelle Firmennamen« angesagt, die ihre Vorbilder in Speisekammern, Comics und Filmen fanden. Es entstanden: Apple, Bits and Bytes, Centurion, Commodore, Gemini, Snook, Stellar Systems, Thor und Quest. Der Journalist Michael Malone diagnostizierte kopfschüttelnd, dass man in den achtziger Jahren beim Lesen eines Schilderwaldes aus Qwyxes, Qumes, Xebexs und Epids im Silicon Valley das Gefühl bekommen konnte, der Maler dieser Schilder habe unter starken Drogen gestanden. Auf dem Höhepunkt des Internetbooms versuchten Firmen, mit der verheißungsvollen Endung »dot.com« oder durch ein »e« am Beginn des Firmennamens dem Kapitalmarkt zu signalisieren, dass sie den Regeln einer ganz neuen Form des Wirtschaftens unterworfen waren, die bis dahin nicht gekannte Profite versprach. Journalisten schrieben vom Land des »e-Everything«, erklärten »e-Books«, »e-Travel«, »e-Training«, »e-Entertainment« und »e-Engineering« zu den Geschäftsfeldern der Zukunft und priesen Unternehmen wie E*Trades, eToys, eAssist und eBay. Unternehmen wie Beyond.com, Mail.com, Delti.com, Yazom.com, eCurator.com oder Amazon.com schrieben sogar in ihrem Namen die Orientierung an den Werten der Internetwirtschaft fest. Gerüchte in der New-Economy-Szene besagten, eine Firma, die ein »dot.com« im Namen führe, werde mit höherer Wahrscheinlichkeit durch einen Kapitalgeber finanziert und bei einem Börsengang bessere Ergebnisse erzielen als ein Unternehmen, das vom Namen her zu der Old Economy gehöre.[20]

Wenn man die Kreativität bei Begrifflichkeiten nicht als Versuch zu einer präzisen Bestimmung des Wirtschaftbereichs, sondern als Teil einer Signalpolitik kapitalmarktorientierter Unternehmen sieht, erledigen sich Klagen über die historische Vergesslichkeit bei der Nutzung des Wortes New Economy und die unklare Bestimmung von Konzepten. Es handelt sich bei den Wortschöpfungen im Umfeld kapitalmarktorientierter Unternehmen um eine mehr oder minder geschickt eingesetzte Neologie. Die Idee, neue Worte einzubringen, basiert auf der Überlegung, dass etablierte Begriffe mit bestimmten Ideen verbunden sind und dazu neigen, sich zu verbrauchen. Man ist sich einig über den Begriff, ohne weiter nachzudenken, streitet über die richtige Interpretation oder lehnt etwas nur wegen eines Reizwortes ab. In dieser Situation kann es sehr wohl sinnvoll sein, neue Vokabeln zu prägen, um die Diskussion zu öffnen und Zeichen zu setzen.

Dass sich auch die neuen Vokabeln abnutzen, ist klar, aber für eine bestimmte Zeit erfüllen sie ihren Zweck. Weil sie bei Aktionären den Eindruck erwecken, dass das Unternehmen Teil einer großen neuen Sache ist und damit der Wert der Unternehmensanteile nach oben geht, sind diese Wortschöpfungen im wahrsten Sinne Wertschöpfungen für kapitalmarktorientierte Unternehmen.

Kleiderordnungen

In Boomphasen können Unternehmen durch einen legeren Kleidungsstil signalisieren, dass sie nicht zu einer der etablierten Branchen gehören. Während des Biotechbooms Anfang der achtziger (und teilweise auch Anfang der neunziger) Jahre konnte das Management eines Wachstumsunternehmens durch Cordhosen und Holzfällerhemden zu verstehen geben, dass die genialen Entdeckun-

gen des Unternehmens keine Legitimierung durch Anzüge benötig-
ten. Als sich die Computerbranche ausbildete, waren langer Bart, T-
Shirt und Jeans ein Plus bei Kapitalgebern, weil sie als Signal dafür
galten, dass hier geniale Tüftler an einem großen Ding drehten. Die
Kleiderpolitik erreichte während des Internetbooms ihren Höhepunkt. Im Cluetrain Manifesto, dem Glaubensbekenntnis der New
Economy, beklagten sich die Unterzeichner, dass sich die »verwalteten und gemanagten Unternehmen« der Identität der Mitarbeiter
bemächtigt hätten und von diesen verlangten, »uniforme Kleidung«
zu tragen, sich »angemessen auszudrücken« und »ihre Rollen im
Verlauf von Sitzungen perfekt zu spielen«.[21]

Der US-amerikanische Finanzminister *(treasury secretary)* Larry
H. Summers erklärte, dass der Internetboom die erste Periode sei, in
der Unternehmer, noch bevor sie sich einen Anzug kaufen »die ersten 100 Millionen verdient hätten«. Summers übersah, dass das Bild
des Multimillionärs ohne Anzug bei jedem Risikokapitalboom her-
vorgeholt wird. Bereits in den siebziger und achtziger Jahren wurde
im Silicon Valley immer wieder auf den »dreißigjährigen T-Shirt-
Tycoon« hingewiesen, der im Hightechboom um Halbleiter, PCs
oder Software seine »ersten 100 Millionen« gemacht hatte, bevor er
sich seinen »ersten Nadelstreifenanzug« kaufte.[22]

Die Besonderheit der Internetbooms bestand aber sicherlich
darin, dass die Kleiderordnung dazu führte, dass sich das Management aus gestandenen Unternehmen genötigt sah, sich der Kleiderordnung der Wachstumsunternehmen wenigstens teilweise anzu-
passen. Selbst die Vorstandsvorsitzenden von etablierten Unternehmen wie General Electric, DaimlerChrysler und Bertelsmann legten
bei öffentlichen Anlässen ihre Krawatte ab, um zu signalisieren, dass
man von der New Economy lerne und auch das eigene Geschäft
internettauglich mache.

Gurus der New Economy wie der Gründer der Web-Agentur
Razorfish, Craig Kanarick, konnten mit blau gefärbten Haaren Vor-

standsvorsitzenden der Old Economy erklären, welche Revolution sich andeutete. Dies führte dazu, dass diese anschließend ihre Jacketts ablegten, um etwas vom Sexappeal abzubekommen. Gestandene Manager der Old Economy, die dem Ruf der New-Economy-Unternehmen folgten und in junge Start-ups wechselten, schnitten sich – wie bei der Onlinebank E*Trade – bei Initiationsriten auf Stühlen stehend ihre Krawatten ab. Emilio Mayer vom Internetunternehmen Natha.com berichtet, dass sein Unternehmen als Parodie auf die Old Economy einen »Uncasual Friday« einführte, an dem jeder Programmierer, Web-Designer und Manager sich endlich einmal in Anzug oder Kostüm in die Firma wagen konnte.[23]

Umstellung des Fokus: Die latente Funktion

Die Beschreibungen von »fantasieorientierten« strategischen Ausrichtungen, realitätsentkoppelten Businessplänen, der Prominenz des Topmanagements und der Neologie der Unternehmen widersprechen den Selbstbeschreibungen der Risikokapitalbranche. Es wird zwar zugestanden, dass ein Produkt die Fantasie des Kapitalmarkts wecken muss, aber als eigentlicher Grund der strategischen Ausrichtung werden die Chancen am Produktmarkt betrachtet. Das Management risikokapitalfinanzierter Unternehmen ist davon überzeugt, dass die Businesspläne die Blaupausen für die weitere Entwicklung des Unternehmens sind und nicht primär Marketingbroschüren für die Kapitalgeber. Die Begrifflichkeiten werden in Unternehmen nicht in Sprachcodes angelegt, sondern fast automatisch von Mitarbeitern übernommen.

Aber auch wenn diese Maßnahmen häufig nicht das Ergebnis einer bewussten und gezielten Signalpolitik in risikokapitalfinanzierten Unternehmen sind, bilden sie sich doch häufig als versteckte Funktionen aus. Die vom US-amerikanischen Soziologen Robert K. Merton eingeführte Unterscheidung zwischen den bewusst angestrebten, manifesten Funktionen einerseits und den latenten Funktionen andererseits gehört sicherlich zu den aufregendsten Entdeckungen der Sozialwissenschaften, weil sie den Blick dafür geöffnet hat, dass viele soziale Prozesse zwar nicht das Ergebnis intentionalen Handelns sind, aber trotzdem wichtige Funktionen erfüllen.

Die Schwierigkeit bei latenten Funktionen besteht darin, dass sie oft nicht offen angesprochen werden können. Man sagt »Schreibkräfte«, meint aber »Statussymbole für Führungskräfte«. Das Bedürfnis nach Statussymbolen kann man nicht offensiv in die Diskussion einbringen, weswegen man dann eben über Schreibkräfte redet. Besonders in Boomphasen an den Börsen bildet sich die Kapitalmarktorientierung von Unternehmen als latente Funktion aus. Man trifft Strategie-, Personal- und Strukturentscheidungen unter dem Gesichtspunkt einer besseren Verkaufbarkeit des Produkts, zielt aber eher auf die Gestaltung einer »Equity Story« für den Kapitalmarkt.[24]

Der Clou der mertonschen Idee ist, dass latente Funktionen nicht als Pathologien betrachtet werden – im Gegenteil: Gerade den versteckten Funktionen wird eine zentrale Bedeutung bei der Überlebenssicherung in Organisationen zugestanden. Es sind manchmal nicht die bewussten, intendierten und kontrollierten Aktionen des Managements, die für den Erfolg eines Unternehmens verantwortlich sind, sondern eher versteckte Funktionen, die sich im Schatten der bewusst geplanten und kommunizierten Aktionen ausbilden. So lässt sich die Signalpolitik kapitalmarktorientierter Unternehmen nicht per se als krankhafter Auswuchs des Exit-Kapitalismus bezeichnen, sondern sie hat sehr wohl ihren Sinn.

Die Folgefrage ist jedoch: Welches Risiko gehen Unternehmen ein, wenn sie vorrangig darauf ausgerichtet sind, durch ihre strategische Ausrichtung, ihre Organisationsstruktur und ihre Unternehmensspitze die »richtigen« Signale an den Kapitalmarkt zu geben?

3.
Die Dominanz der Kapitalmarktorientierung

In großen Unternehmen wie General Electric, Ford oder Alcatel werden die Strategien, die auf den Produktmarkt, und die Strategien, die auf den Kapitalmarkt zielen, von unterschiedlichen Einheiten entwickelt und betreut. Die Abteilungen für Investor-Relations, die Presseabteilung oder Teile der Buchhaltung kümmern sich um den Kapitalmarkt, während die Produktionsabteilungen, die Marketingabteilung oder der Einkauf für eine weitgehend störungsfreie Produktion verantwortlich sind.

Der Vorteil ist, dass dadurch zwei nur lose miteinander gekoppelte Einheiten in der Organisation entstehen, die jeweils ihren eigenen lokalen Rationalitäten folgend, das »Beste« für das Unternehmen geben. Natürlich kostet die Präsenz auf zwei unterschiedlichen Feldern Geld. Aber wenn ein Unternehmen bereit ist, dieses Geld zu investieren, kann es die Spiele auf dem Kapitalmarkt von den Spielen auf dem Produktmarkt wenigstens teilweise entkoppeln. Die Einrichtung einer eigenen Presseabteilung, die Ernennung eines Chief Financial Officers, das Tingeln des Unternehmenschefs von einem Interview zum anderen, die Erfindung neuer Worte, die den revolutionären Charakter des Unternehmens widerspiegeln, und Werbung für den Kapitalmarkt können als kostspielige, aber notwendige Dienstleistungen gegenüber dem Kapitalmarkt verstanden werden, die sich weitgehend vom Verkauf der Produkte und Dienstleistungen abkoppeln lassen.

Den Begriff, den die Organisationsforscher Richard Cyert und James March für den Puffer vorgeschlagen haben, der diese Möglichkeit der Entkopplung bietet, ist »Slack«. Mit dem Begriff »Slack« bezeichnen Cyert und March den Umstand, dass Unternehmen nicht in stabilen Umwelten operieren, auf die sie sich mit einer durchrationalisierten und konfliktfreien Organisation einstellen

können. Angesichts von widersprüchlichen Umweltanforderungen
an ein Unternehmen stellen überschüssige Ressourcen eine sinnvolle
Strategie dar, um sich auf widersprüchliche Anforderungen einzustellen. »Slack« wirkt konfliktdämpfend, weil dadurch der Organisation Überschusskapazitäten, Puffer oder auch Ressourcenpolster
zur Verfügung stehen, welche die friedliche Koexistenz konkurrie-
render Ziele ermöglichen.[25]

Im Fall vieler etablierter Unternehmen besteht ein »konfliktuel-
les Gleichgewicht« zwischen der Kapitalmarkt- und der Produktmarktorientierung, das in alltäglichen Abstimmungsprozessen auf
Managementebene immer wieder austariert wird. Im Exit-Kapitalismus nimmt die Orientierung am Kapitalmarkt für Unternehmen
jedoch – besonders in Boomphasen an Börsen – eine immer zentra-
lere Rolle ein.[26] Jedes Unternehmen arbeitet mit dem Versprechen,
dass es kurz-, mittel- oder langfristig Gewinne aus dem operativen
Geschäft erzielen wird und dass ihm – überspitzt ausgedrückt –
irgendwann der Kapitalmarkt für Risikokapital gleichgültig sein
kann. Die kurzfristige Finanzierung des Unternehmens über den
Kapitalmarkt ist häufig einfacher als die Ausrichtung auf Gewinne
aus dem operativen Geschäft.

Aus diesem Grund gibt es die Tendenz von Unternehmen, ihre
Perspektive immer mehr vom Produktmarkt auf den Kapitalmarkt
zu verlagern. Es entstehen primär kapitalmarktorientierte Unternehmen, deren Expansionsstrategien, Marketingkampagnen und
Buchhaltungsweisen auf die Sicherung des Nachschubs der Kapitalmarktfinanzierung ausgerichtet sind. Und für die Sicherung dieses
Nachschubs muss mit aller Gewalt eine Erfolgsgeschichte am Kapitalmarkt geschrieben werden.

IV

Die doppelte Wirklichkeit in kapitalmarktorientierten Unternehmen

»Rechtzeitiger Ausstieg ist schließlich ein wesentliches Element
des mentalen Modells von Enron.«

*Ein Lob der Unternehmensberater Richard Foster und Sarah Kaplan,
dass die Mitarbeiter von Enron bei riskanten Projekten immer
rechtzeitig den Exit schaffen. Die beiden McKinsey-Berater präsentierten
Enron – nur wenige Monate vor dessen Zahlungsunfähigkeit –
als ein Musterbeispiel für eine »erfolgreiche Transformation«
eines Unternehmens.*[1]

Die Pleite des amerikanischen Energieversorgers Enron zeigt, wie
nahe hohe Profitabilität und plötzliche existenzbedrohende Verluste
beieinander liegen können. Enron, zeitweise das siebtgrößte Unternehmen der USA, meldete nach langen Jahren der Profitabilität am
16. Oktober 2001 für das dritte Quartal einen Verlust in Höhe von
618 Millionen US-Dollar. Die Verluste erhöhten sich in den folgenden Wochen und nach vergeblichen Versuchen, das Unternehmen an
den Konkurrenten Dynegy zu verkaufen und kurzfristige Geldspritzen von der Bush-Administration zu erhalten, erklärte der Vorstandsvorsitzende Kenneth Lay die Zahlungsunfähigkeit der Firma.
Ein Unternehmen, das noch Ende 2000 von der Investmentbank J.P.
Morgan Anlegern als ein »gutes langfristiges Investment« angepriesen wurde, war kaum ein Jahr später pleite. Das Unternehmen, das
von der Unternehmensberatungsfirma McKinsey als Musterbeispiel
für »nachhaltig profitable Unternehmensentwicklung« bezeichnet

und für seine »herausragenden Fähigkeiten«, sich selbst »neu zu definieren«, gepriesen worden war, erschien plötzlich als Sumpf aus Blenderei, Betrug und Korruption.[2]

Der US-Ökonom Paul Krugmann prophezeite unmittelbar nach dem Konkurs Enrons, dass dieses Debakel ein »bedeutsamerer Wendepunkt für die amerikanische Gesellschaft sein werde als die Terrorangriffe vom 11. September«. Der Niedergang Enrons, der bis dato größte Firmenkonkurs in der Geschichte der USA, ist deshalb interessant, weil es sich dabei nicht um den langsamen und kontinuierlichen Niedergang eines Dinosauriers der Industrialisierung handelt, sondern um den für die meisten Anleger, Analysten und Unternehmen unerwarteten Zusammenbruch *des* »New-Economy-Unternehmens« unter den US-amerikanischen Energieversorgern. Ein von den amerikanischen Medien gepriesenes Vorzeigeunternehmen und ein Liebling der Börsianer, der vielfach dafür gelobt worden war, dass er sich von einem Energieerzeuger zu einem internetbasierten Energiehändler gemausert hatte, brach plötzlich zusammen.[3]

Diese Pleite lässt sich nicht damit erklären, dass Absatzmärkte zusammengebrochen, wichtige Kunden ausgeblieben oder Einkaufspreise, Lohnkosten und Produktionskosten des Unternehmens so enorm gestiegen wären, dass es bei sinkenden Verkaufspreisen nicht mehr möglich gewesen wäre, Gewinne zu erzielen. Die Produktmarktbedingungen hätten zur Zeit der Enron-Pleite für die großen Energieversorger sogar kaum besser sein können. Die Regierung von George W. Bush, der im Präsidentschaftswahlkampf Geldspenden in Höhe von über einer halben Million US-Dollar von Enron erhalten hatte, hatte, auch aufgrund der Intervention von Enron, ein Gesetz zur weiteren Deregulierung des Energiemarkts durchgesetzt. Die Einkaufspreise für Energie waren weitgehend stabil und einige Konkurrenten Enrons verzeichneten wachsende Gewinne. Die Standarderklärungen für Firmenpleiten im Kapitalismus – »wachsende Konkurrenz«, »steigende Einkaufspreise« und »sinkende Profite« – treffen auf den Fall Enron nicht zu.

Vielmehr war der Konkurs der Firma damit verbunden, dass die schwierige Situation an den US-amerikanischen Börsen eine weitere Finanzierung über den Kapitalmarkt nicht mehr möglich machte. Enron hatte unter diesen Bedingungen auf dem Finanzmarkt nicht mehr die Option, über die Ausgabe von neuen Aktien, die Aufnahme von Krediten und die Gründung von Tochtergesellschaften, in denen Verluste zwischengeparkt werden, die eigene Liquidität aufrechtzuerhalten.

Der Fall Enron wurde, ebenso wie die ähnlich gelagerten Fälle des Telefonkonzerns Worldcom, des Kopiergeräteherstellers Xerox, des Energieunternehmens Dynegy, der Telekommunikationskonzerne Qwest und Global Crossing oder des Mischkonzerns Tyco, vorwiegend unter den Gesichtspunkten der nach Aktienoptionen gierenden Führungskräfte, des Versagens von Rechnungsprüfern, der Verknüpfung von Wirtschaft und Politik in den USA und der (eventuell) kriminellen Machenschaften von Führungskräften diskutiert. Durch die politische, rechtliche und mediale Abstrafung des Managements oder der Rechnungsprüfungsgesellschaften wurde jedoch die Systematik hinter dem Fall Enron ausgeblendet.

In diesem Kapitel wird deutlich gemacht, dass aufgrund der im vorigen Kapitel dargestellten Kapitalmarktorientierung eine »kreative Buchführung« in risikokapitalfinanzierten Unternehmen durchaus rational ist und dass es sich für Unternehmen lohnen kann, mithilfe von Unternehmensberatern und Wirtschaftsprüfern ein hohes Maß an Professionalität in der Anpassung ihrer Zahlen an die Kapitalmarkterwartungen zu entwickeln.

I.
Die Businessplanwirtschaft

Bei der Suche nach der Systematik hinter der künstlichen Aufblä-
hung von Umsatz- und Ergebniszahlen gibt es einen naheliegenden
Ansatzpunkt: die Manager, die aufgrund ihrer Aktienoptionen vom
Steigen der Aktienkurse besonders profitieren. Um die Aktienkurse
des eigenen Unternehmens hochzutreiben, so der häufig geäußerte
Verdacht, geben Manager sich als »Showmaster« und erzählen der
»gierigen Masse der Aktionäre« Märchen von unendlichem Wachstum und explodierenden Profiten. Die Manager bliesen die Blase aus
blankem Eigeninteresse auf und trügen durch »kreative Buchführung« gelegentlich zur Erfüllung der Prognosen bei.

Diese Methode, so vielfach der Tenor in den Medien, hätte System. Am Ende der neunziger Jahre seien den Vorständen großer
Unternehmen dreimal so viele Aktienoptionen zugeteilt worden wie
noch zu Beginn des Jahrzehnts. Fast klassenkämpferisch merken
Wirtschaftsmedien an, dass der Abstand der Vorstandsgehälter zu
den Gehältern »einfacher Mitarbeiter« durch diese Aktienoptionen
binnen 20 Jahren vom Achtzigfachen auf das Fünfhundertfache
gewachsen sei. Die »amerikanische Krankheit« der exorbitanten
Aktienoptionen sei in den neunziger Jahren zunehmend nach
Europa und Asien übergeschwappt. In der Zwischenzeit ließen sich
nicht mehr nur die Vorstände von AT&T, Tyco oder Citigroup, sondern auch das Topmanagement der Telekom, der Deutschen Bank
oder von DaimlerChrysler diese Aktienoptionen im großen Rahmen zugestehen und missbräuchten dieses Instrument »zur scham-
losen Bereicherung«. Der Effekt davon sei, dass die Manager aus
egoistischen Motiven immer riskantere Unternehmensstrategien
verfolgten und besonders Hightechunternehmen aufgrund dieser
»falschen Vergütungsform« an den Rand des Abgrunds gerieten.[4]

Nun ist es sicherlich richtig, dass das Vergütungssystem für

Manager eine Auswirkung auf ihre Unternehmensstrategien hat. Immerhin ist ja die angeblich »schamlose Bereicherung« ein zentraler Grund, weswegen Manager 70 oder 80 Stunden pro Woche für das Unternehmen unterwegs sind. Aber die Kontroverse über die vertretbare Obergrenze eines Managergehalts und die mehr als skurril wirkende Kontroverse, ob zwischen dem Managementgehalt und dem Mitarbeitergehalt ein Multiplikator von fünfhundert oder nur von hundert oder zweihundert legitim ist, lenkt von der eigentlich wichtigen Dimension ab.

Viel wesentlicher als die nur moralisch oder in Extremfällen auch juristisch interessante individuelle Bereicherungsstrategie ist die Tatsache, dass im Exit-Kapitalismus die Überlebensstrategien von Firmen maßgeblich auf dem Wertzuwachs ihrer Aktien aufgebaut sind. Dies gilt für risikokapitalfinanzierte Wachstumsunternehmen ebenso wie für auf Expansionskurs befindliche, börsennotierte Großunternehmen.

Das »Diktat« der Meilensteine

Das Liquiditätsmanagement in risikokapitalfinanzierten Unternehmen hat Ähnlichkeiten mit einer Sahara-Durchquerung per Jeep. Bei einer Sahara-Tour hängt das Erreichen des Zieles (und wenn es hart auf hart kommt, das eigene Überleben) entscheidend vom »Benzin-Management« ab. Wenn es den Fahrern eines Jeeps nicht gelingt, rechtzeitig die nächste Tankstelle zu erreichen, haben sie ein ernsthaftes Problem: Sie müssen zu Fuß weiterlaufen, um bei der nächsten Tankstelle Benzin zu besorgen, oder sie sind gezwungen, bei vorbeifahrenden Autos ein bisschen Benzin zu erbetteln.

Bei kapitalmarktorientierten Unternehmen, die in ihrer Wachstumsphase im operativen Geschäft noch nicht profitabel sind oder sich für ihre Expansion hoch verschulden, ist das Schema ähnlich. Geld von Risikokapitalgebern fließt in der Regel nur dann nach, wenn zuvor definierte Ziele in Bezug auf Umsatz, Ergebnisverbesserung, Technikentwicklung, Personalwachstum oder internationale Expansion erreicht werden. Das Unternehmen gibt den Kapitalgebern ambitionierte »Versprechen« ab: »Wir werden unseren Kundenstamm in den nächsten zehn Monaten verdoppeln.« »Die Testversion unseres Softwareprogramms ist zur Comdex in Las Vegas fertig und kann dort dem Messepublikum vorgestellt werden.« »Wir werden in den nächsten zwei Jahren Stützpunkte in vier weiteren Ländern errichten.« »Bis zum Jahresende schreiben wir schwarze Zahlen.« Diese »Versprechen« sind die Meilensteine, die ein Unternehmen im jeweils definierten Zeitraum erreichen will.

Wenn ein Unternehmen die Meilensteine nicht erreicht, so Wally Davis von der Risikokapitalgesellschaft Alpha Fund, hat man als Risikokapitalgeber auch keine Verpflichtung, die nächsten Raten des bereits zugesagten Geld freizugeben. Die Reaktion, so jedenfalls berichtet der Journalist John W. Wilson, sei dann nicht selten ein »Ruf mich wieder an, wenn du den Meilenstein erreicht hast«. Robert Bauer, Gründer und Vorstand von Foodstep, erklärt, dass gerade in kleinen kapitalmarktorientierten Unternehmen, die »keine Rücklagen haben und auch keine Umsätze generieren«, die Unternehmensgründer unter allen Umständen darauf angewiesen seien, die Wachstumsvorgaben der Risikokapitalgeber zu erfüllen.[5]

Ähnlich stellt sich die Situation bei kapitalmarktorientierten Unternehmen dar, die an der Börse gehandelt werden. Anleger verkaufen schnell ihre Anteile, wenn ein Wachstumsunternehmen über eine Ad-hoc-Meldung verkündet, dass es Wachstumsziele verfehlen wird. Bei Unternehmen, deren Bewertung überwiegend auf einer »überzeugenden Geschichte« für Anleger basiert, reagieren Anleger sehr schnell auf nicht erreichte Meilensteine. Jeder verfehlte Meilenstein lässt an der Geschichte des Unternehmens zweifeln.

Ein Damoklesschwert über Unternehmen
des Exit-Kapitalismus

Über schnell wachsenden Unternehmen schwebt das Damokles-schwert, dass die Kapitalgeber bei negativen Nachrichten sofort ihr Geld zurückziehen. Als »schizophrene Situation« bezeichnet Marc Hicken von der Risikokapitalgesellschaft Grquick.com die Tatsache, dass Unternehmen fast »einmalige Wachstumsraten von 100 Prozent« und eine »Rentabilitätssteigerung um 30 Prozent« versprächen und gnadenlos abgestraft würden, wenn sie die Planung nur knapp verfehlten. Sie würden, so der Investmentmanager, vom Markt sanktioniert, wenn ihr Ergebniswachstum nicht bei 30 Prozent, sondern nur bei 25 Prozent gelegen habe. Dass aber das Ergebnis insgesamt hervorragend gewesen sei, interessierte überhaupt nicht mehr. Entscheidend sei lediglich: »Planung wurde verfehlt«, »verkaufen, raus« und »Kurs nach unten«. Selbst »gute Unternehmen«, die aufgrund »der Marktsituation die Messlatte sehr hoch gelegt hatten«, seien gnadenlos abgestraft worden. Auch Martin Andersen von SuperWebOffice erklärte, dass seinem Unternehmen das knappe Verfehlen von Meilensteinen das Genick gebrochen habe. In Boomphasen, in denen Risikokapitalgeber eine Vielzahl von Exit-Möglichkeiten für Unternehmen sehen, würden sich diese wenig um die präzise Einhaltung von Meilensteinen kümmern. In dem Moment jedoch, wo die Börsenkurse einbrechen und Exit-Möglichkeiten der Risikokapitalgeber sich verschließen, würde auch nur das knappe Verfehlen eines Meilensteines als Argument angeführt, um Geldzahlungen einzustellen.

Diese Gefahr potenziert sich, weil die Kapitalanleger nicht nur die Verletzlichkeit des Wachstumsunternehmens im Blick haben, sondern auch die Reaktionen des Kapitalmarkts auf mögliche schlechte Nachrichten. Es ist nur schwer auseinander zu halten, ob ein Aktionär sich deshalb zurückzieht, weil er »persönlich« enttäuscht ist, dass »sein« Unternehmen einen wichtigen Meilenstein verpasst hat und seine Wachstumserwartungen nicht erfüllen wird, oder ob er die Reaktion der anderen Kapitalanleger antizipiert und versucht, seine Investition herauszuziehen, bevor diese es tun. Auch ist nicht immer klar, ob eine Risikokapitalgesellschaft ihr Geld deswegen aus einem jungen Wachstumsunternehmen zurückzieht, weil sie die Verfehlung eines Meilensteins als Schwäche des Managements und sich verschließende Marktfenster als plötzliche technische Probleme begreift oder weil sie keine Chance mehr sieht, andere Risikokapitalgeber für einen späteren Einstieg in das Unternehmen zu gewinnen.

Es gibt darum einen nicht zu unterschätzenden Anreiz für kapitalmarktorientierte Unternehmen, zum Mittel der »Schaufensterdekoration« zu greifen, um die nächsten Finanzierungsschritte zu erreichen oder die hohen Aktienkurse zu halten.

Peter Kirsch von der in Westdeutschland ansässigen Internetfirma Informationhighway sieht als Resultat der Meilensteinfixierung die Ausbildung einer Planwirtschaft. Es entwickle sich in den risikokapitalfinanzierten Unternehmen eine »Businessplanwirtschaft«, die gar nicht so weit entfernt sei von der Planwirtschaft der »ostzonalen Kollegen« in früheren Jahrzehnten.

Genauso wie die Planwirtschaft des Ostblocks versucht habe, mit allen Tricks die Planvorgaben wenigstens auf dem Papier zu erreichen, würden – so Peter Kisch – risikokapitalfinanzierte Unternehmen mit allen zur Verfügung stehenden Mitteln versuchen, die im Businessplan genannten Zahlen zu erreichen, um ja nicht das Ausbleiben einer neuen Geldtranche des Risikokapitalgebers oder eine finanziell verheerende Abstrafung durch den Kapitalmarkt zu riskieren.

2.
Die Produktion der »guten Zahlen«

Bei der öffentlichen Thematisierung von »Buchungsfehlern«, »Bilanzmanipulationen« und »Tricksereien« lassen sich Zyklen feststellen. In den Boomzeiten des Exit-Kapitalismus werden die Tricks, mit denen Wachstumsunternehmen ihre Zahlen gut aussehen lassen, kaum thematisiert. Die Art und Weise, mit der Unternehmen kreative Buchführung betreiben, ist unter Investmentmanagern, Analysten, Unternehmensberatern und Journalisten (jedenfalls bei denen, die Bilanzen lesen) allgemein bekannt, aber sie ist kein Thema, weil sich in einer Phase, in der gebannt auf steigende Aktienkurse gestarrt wird, niemand besonders dafür interessiert. Selbst die Börsenaufsicht hat in Boomphasen Schwierigkeiten, ihre Zweifel öffentlichkeitswirksam vorzutragen.

Erst in der Abschwungphase nach einem solchen Boom werden die Leistungsbilanzen der Unternehmen genauer unter die Lupe genommen. Die kreative Buchführung von ehemaligen Starunternehmen ist plötzlich ein Thema, mit dem Medien Aufmerksamkeit erzeugen können. Angesichts der Sorge von Anlegern, Analysten und Journalisten bezüglich der Überlebensfähigkeit von Unternehmen wird die »flexible Gestaltung« von Zahlen plötzlich breit in der Öffentlichkeit diskutiert, und Bilanzierungsformen, die während der Boomphase bestenfalls als originell betrachtet wurden, sind plötzlich Anlass für Skandale.

Strategien zur Steigerung des Umsatzes

Der Nachweis von Umsatzsteigerungen ist eine zentrale Bewertungskategorie für kapitalmarktorientierte Unternehmen. Neben den »Standardmethoden« zur Umsatzsteigerung wie Internetwerbung, Fernseh- und Zeitschriftenwerbung, PR-Arbeit und Direkt-

marketing, die alle den Nachteil haben, dass sie etwas kosten, existiert die Möglichkeit, durch »kreative Formen der Buchhaltung« die
Umsätze zu steigern.

Eine bewährte Strategie, den Umsatz nach oben zu treiben, besteht in Tauschgeschäften mit anderen Unternehmen. Solche Geschäfte waren in der Regel ein »Markenzeichen der Mangelwirt-
schaft« der staatssozialistischen Länder des Ostblocks, erlebten aber
in den letzten Jahren bei Unternehmen, die hohe Umsätze aufweisen
müssen, eine Renaissance. Bei solchen so genannten Barter-Geschäf-
ten platzieren beispielsweise Unternehmen auf ihren Websites Werbebanner des jeweils anderen Unternehmens. Die Unternehmen
verbuchen die erhaltene Werbung als Einnahme und buchen die
beim Konkurrenten geschaltete Werbung als Ausgabe ab. So kann
ein Unternehmen mit sehr geringem Aufwand den eigenen Umsatz
nach oben treiben, ohne dass Geld den Besitzer wechselt.[6]

Eine »verschärfte Variante« dieser Methode zur Umsatzsatzsteige-
rung besteht darin, den Leistungsaustausch zwischen Geschäftsbereichen eines Unternehmens wie Außenumsätze zu behandeln.
Bei AOL Time Warner beispielsweise kann auf diese Weise das Schal-
ten einer Anzeige für den Warner-Film Harry Potter auf der Start-
seite von AOL genauso verbucht werden, als wenn Coca-Cola oder
Wal-Mart eine Anzeige geschaltet hätten. Die Werbegebühr wiederum, die AOL dafür in Rechnung gestellt wird, dass es seine Gra-
tis-CDs den Warner-Zeitschriften *Time* oder *Fortune* beilegt, kann
dann ebenso verbucht werden, als wenn McDonald's ein Rubbellos
beigelegt hätte. Das Unternehmen ist aufgrund der Verbuchung des
internen Leistungsaustauschs zwischen verschiedenen Geschäfts-
sparten dazu in der Lage, nach außen Umsatzsteigerungen zu vermelden und so Wachstumssuggestionen zu vermitteln.[7] In letzter
Konsequenz kann ein großes Unternehmen durch die Verrechnung
der Leistungen zwischen eigenen Abteilungen über Jahre hinweg
permanente Umsatzsteigerungen aufweisen, ohne auch nur ein ein-

ziges Geschäft mit Kunden außerhalb des Unternehmens getätigt zu haben.

Unternehmen haben die Möglichkeit, ihren Umsatz auch dadurch in die Höhe zu treiben, dass sie die Aktien, die sie von anderen Unternehmen für Dienstleistungen erhalten, als Einnahme verbuchen. Gerade größere Internetunternehmen wie Amazon.com lassen sich die Werbung auf ihren Portalen nicht »cash«, sondern mit Aktienanteilen bezahlen. Diese Anteile werden von dem Unternehmen dann nicht als Investment in ein anderes Unternehmen verbucht, sondern als geldwerte Umsatzsteigerung. Amazon »tut einfach so«, als ob die 100 000 US-Dollar, die beispielsweise ein vom Werbekunden ausgehändigtes Aktienpaket wert ist, als Geldüberweisung eingegangen wären. Weil diese Einnahmen aber nicht sofort als liquide Mittel zur Verfügung stehen und weil gerade Aktien von Internetunternehmen hohen Wertschwankungen unterliegen, hat diese Form der Umsatzsteigerung eine andere Bedeutung als der unmittelbar Geld in die Kassen bringende Verkauf einer CD, eines Buches oder eines Palm-Computers an einen Amazon-Kunden.[8]

Eine weitere Strategie besteht darin, nicht nur mithilfe des eigentlichen Kernprodukts eines Unternehmens Umsatz zu verzeichnen, sondern durch den Einkauf und Verkauf von Zusatzleistungen auch Luftgeschäfte zu produzieren. Firmen, die Produkte im World Wide Web makeln, verbuchen nicht nur die Kommission für die Vermittlung eines Produkts, sondern den Preis für das gesamte Produkt als Einnahme. Maschinen, Flugreisen oder Hotelzimmer werden behandelt, als wären sie von dem Makler komplett gekauft und dann zu einem höheren Preis an den Endkunden weiterverkauft worden. Dies gilt auch dann, wenn, wie im Fall von Reisebüros, das Geschäft lediglich darin besteht, einen Kunden an eine Fluggesellschaft oder ein Hotel zu vermitteln. Priceline.com, ein Onlinevertrieb für Flugreisen, Hotelzimmer und Mietautos, rechnete beispielsweise den vollen Preis eines Fluges oder Mietautos als Umsatz ab, obwohl nur ein Bruchteil davon in der Kasse des Unternehmens blieb. Dadurch gelang es Priceline beispielsweise im dritten Quartal 1999, einen Umsatz von 152 Millionen US-Dollar zu vermelden. 134 Millionen Dollar wurden dann als Produktionskosten für Zimmer, Flugtickets und Mietwagen wieder abgezogen. Im Klartext bedeutet dies, dass sich die Einnahmen von Priceline aus Maklergebühren lediglich auf 18 Millionen Dollar beliefen. Bei Softwareunternehmen besteht der Trick darin, dass man Computer kauft, die eigene Software aufspielt, das Kombinationsprodukt weiterverkauft und dann einen für ein Softwareunternehmen beachtlichen Umsatz verkündet. Bei der Firma Trius, einem Entwickler von Telekommunikationssoftware, lief der Kunstgriff so ab, dass das Unternehmen in hoher Stückzahl Festplatten kaufte, das eigene Softwareprogramm Teliman daraufspielte und die so angereicherte Hardware an eine andere Firma weiterverkaufte, die den Einzelverkauf übernahm. Die Anleger konnten so mit der freudigen Nachricht beglückt werden, das Unternehmen habe in einem Jahr den Umsatz um 76 Prozent auf 3,2 Millionen Euro steigern können. Dass 2,5 Millionen dieses Umsatzes nur durch das Handelsgeschäft mit Computerfestplatten entstanden waren und mit der Software, dem eigentlichen Kerngeschäft, nur wenige hunderttausend Euro eingenommen worden waren, fiel im Wust des Kleingedruckten nicht weiter auf.[9]

Die Strategien zur Ergebnisverbesserung

Die Businesspläne kapitalmarktorientierter Unternehmen weisen in der Grafik ihrer Gewinnentwicklung immer eine »Häkchenform« auf: Nach hohen und stetig wachsenden Anlaufverlusten in den ersten Jahren, bei denen die Kurve nach unten fällt, geht sie plötzlich nach oben. Die Verluste der Firma werden bei expandierendem Geschäft immer geringer. Drei, vier Jahre nach Gründung erreicht die Firma die Zone der Profitabilität und die Gewinne explodieren.

In dieser Phase steht das Unternehmen, so die Suggestion der Businesspläne, auf einer soliden Basis und ist nicht mehr auf »Nachschläge« durch den Kapitalmarkt angewiesen. Die Investoren werden durch eine hohe Dividende für ihre Bereitschaft belohnt, früh in das Unternehmen einzusteigen.

Für Risikokapitalanleger ist es wichtig, dass die Unternehmen diese Häkchenform durchlaufen. Frank Schon von der Risikokapitalgesellschaft Goal Venture erklärt, dass es bei »jeder Firmengründung die berühmte Kurve gebe, die die Verlust- und Gewinnsituation« zeige. »Wenn Sie eine normale Technologiefirma gründen«, so der Risikokapitalgeber, »haben Sie anfangs Verluste, weil Sie die Produkte erst einmal entwickeln müssen. Bloß, irgendwann müsste sich die Kurve dann halt drehen.« Der Grund für den Niedergang vieler Wachstumsunternehmen ist, dass man »nicht mehr geglaubt hat, dass sie dazu in der Lage« sind. Martin Andersen von SuperWebOffice erklärt, dass es während des Internetbooms lange Zeit Mode gewesen sei zu verkünden, man werde bald den Kunden für Leistungen zur Kasse bitten. Damit sollte suggeriert werden, die Phase der Anlaufverluste sei demnächst vorbei und demnächst werde das Unternehmen profitabel.

Insbesondere wenn Zweifel daran laut werden, dass Wachstumsunternehmen sich durch Produktverkauf, Werbung, die Bezahlung ihrer Leistungen durch die Kunden oder durch Business-to-Business-Geschäftsmodelle finanzieren können, wird genau darauf geachtet, wie sich die Ergebnisse der Unternehmen entwickeln. In dieser Phase achten Unternehmen darauf, die Erwartungen von Risikokapitalgebern, Analysten und Medien nach Möglichkeit zu erfüllen und eine positive Geschäftsentwicklung zu präsentieren. Notfalls greifen sie zu Methoden, mit denen sie diese suggerieren können.

Die »Methode Enron« bestand darin, Schulden in Töchterfirmen zu verbergen, deren Bilanzen nicht in der des Gesamtkonzerns auf-

tauchen, sondern höchstens in Fußnoten des Geschäftsberichts versteckt sind. Solche so genannten »nichtkonsolidierungspflichtigen
Töchter« können sehr hohe Verluste aufweisen, wenn die Verbindlichkeiten dieser Töchter zum Beispiel durch Aktien des Mutterkonzerns abgesichert werden. Im Fall von Enron sammelten sich auf
diese Weise bei den Töchtern Verbindlichkeiten in Milliardenhöhe
an, während der Gesamtkonzern nach außen Rekordgewinne verbuchen konnte.[10]

Eine Variante der »Methode Enron« besteht darin, einen Firmen-
teil als selbstständiges Tochterunternehmen auszugliedern, die
immateriellen Werte des Konzerns wie Patente, Markenrechte oder
Lizenzen an dieses Tochterunternehmen zu verkaufen und so das
Ergebnis des Konzerns zu verbessern. Insbesondere durch die rechtliche Ausgliederung von Forschungs- und Entwicklungsabteilun-
gen können so von den Unternehmen Verlustquellen versteckt werden, die sich erst in späteren Jahren in der Konzernbilanz auswirken.

Aber es muss nicht immer so kompliziert sein: Die einfachste
Methode ist, Einnahmen sehr früh zu verbuchen. Sie wird häufig bei
Einnahmen um die Jahreswende angewandt, um das eigene Ergebnis
entweder besser oder schlechter aussehen zu lassen. Teilweise wird
aber eine zu früh verbuchte Leistung so lange von Bilanz zu Bilanz
herübergezogen, bis das so aufgebaute Potemkinsche Dorf zusammenbricht. In den achtziger Jahren verbuchte beispielsweise die
Datenbankfirma Oracle Waren als verkauft, die noch gar nicht ausgeliefert waren. Selbst der Verkauf von Produkten, die es noch gar
nicht gab – und die in einigen Fällen auch nie entwickelt wurden –
wurde als Einnahme in den Bilanzen aufgeführt. Solange man jedes
Jahr steigende Gewinne auswies, fiel den Analysten nicht weiter auf,
dass Oracle einen wachsenden Berg offener Rechnungen vor sich
her schob. Als aber die optimistische Stimmung an den Börsen nach-
ließ, sah sich Oracle aufgrund des öffentlichen Drucks gezwungen,
seine Zahlen grundlegend zu korrigieren. Auf ähnliche Weise

schönte in der Boomzeit des Internets der Gründer von Microstrategy, Michael J. Saylor, seine Bilanzen. Er verbuchte Verkäufe, die sich über mehrere Jahre erstreckten, sofort mit ihrem ganzen Wert als Einnahme, statt sie über den gesamten Zeitraum zu verrechnen. Dadurch war es Saylor, der als Messias des Cyberspace durch die USA tingelte, möglich, die Erfolgsgeschichte von Microstrategy mit hohen Umsatz- und Gewinnsteigerungen (beziehungsweise Verlustreduzierungen) zu belegen.[11]

Eine weitere simple Möglichkeit, die Ergebnisse zu verbessern, sind Abschreibungen. Die Manipulationsmöglichkeit bei Abschreibungen besteht darin, die Nutzungsdauer zu strecken (oder, bei angestrebter Verkleinerung des ausgewiesenen Gewinns, auch zu verkürzen). Je länger ein Unternehmen die Nutzungsdauer für eine erworbene Maschine, ein gekauftes Computerprogramm oder einen Film anlegt, desto weniger belastet dieser Kauf das kurzfristige Ergebnis des Unternehmens. Wenn beispielsweise die für 10 Millionen US-Dollar aufgekauften Rechte an einem Film über zehn Jahre abgeschrieben werden, schlagen sie mit Kosten von einer Million Dollar pro Jahr zu Buche. Wenn der Film dagegen über 20 Jahre abgeschrieben wird, erscheinen nur noch Ausgaben in Höhe von 500 000 Dollar in der Bilanz. Das Medienunternehmen EM.TV nutzte diese Berechnungsform beispielsweise, um positive Zahlen aufweisen zu können, suggerierte damit aber zugleich, dass sich seine Kinderfilme wie Fred Feuerstein oder Schweinchen Dick über einen sehr langen Zeitraum gut würden verkaufen lassen.[12]

Eine besondere Variante der Bilanzschönung tritt ein, wenn ein Wachstumsunternehmen nach einem erfolgreichen Börsengang mit gefüllten Taschen auf »Shopping Tour« geht und ein anderes Unternehmen akquiriert. In einer Hype-Phase ist der Kaufpreis für ein solches akquiriertes Unternehmen oft höher als das Vermögen, das die neue Tochter ausweist. Diese Differenz zwischen Kaufpreis und ausgewiesenem Vermögen wird im Buchhalterenglisch als »Goodwill« bezeichnet. Das Unternehmen kann den Goodwill als Vermögen verbuchen. Dies wird damit gerechtfertigt, dass das erworbene Unternehmen über die viel gerühmten »immateriellen Werte« verfüge, die in der Bilanz des erstandenen Unternehmens nicht auftauchten. Aber nur, wenn das Geschäftsmodell des erworbenen Unternehmens aufgeht, die Märkte expandieren und keine neuen überraschenden Konkurrenten auftreten, ist ein hohes Maß an Goodwill berechtigt. Bei einem Scheitern des Marktmodells, einer Stagnation der Märkte oder einem plötzlichen Auftauchen von Konkurrenten kann sich der Goodwill als überzogen herausstellen. Die Folge ist, dass sich das Unternehmen zu sehr hohen Sonderabschreibungen gezwungen sieht, die das Ergebnis erheblich verschlechtern.

Die Grautöne des Präsidenten oder: Jenseits der Frage von richtig oder falsch

Der US-Präsident George W. Bush, der normalerweise zu eher einfachen Unterscheidungen wie »schwarz oder weiß«, »gut oder böse« oder »mit uns oder gegen uns« neigte, erklärte auf dem Höhepunkt der Bilanzskandale in den USA, dass in »Bilanzfragen« die Dinge nicht einfach »schwarz oder weiß« sein und man die vielen Grautöne wahrnehmen müsse.[13] Sicherlich ging es Bush bei dieser plötzlichen Entdeckung von Differenzierungen darum, sein eigenes früheres Geschäftsgebaren im Aufsichtsrat der Firma Harken Energy Corporation zu rechtfertigen und vom Verdacht des Insiderhandels abzulenken. Mit seiner Erwähnung der Grautöne traf er jedoch den Punkt. Die Buchführung ist kein exaktes Handwerk, in dem es nur die eine richtige Form der Verbuchung gibt, sondern Buchhalter, Controller und Wirtschaftsprüfer haben einen großen Interpretationsspielraum, wie Einnahmen und Ausgaben verbucht werden können.

Welche Tauschgeschäfte zwischen Unternehmen dürfen als Umsatz verbucht werden? Kann man den Auftrag eines Kunden als so sicher betrachten, dass man ihn sofort einbuchen darf, oder muss man noch eine letzte Unterschrift abwarten? Darf man Filme im Besitz eines Unternehmens über zehn oder über 20 Jahre abschreiben? Kann man das selbst programmierte Softwarepaket als Vermögen betrachten oder müssen die Kosten einfach auf der Ausgabenseite verbucht werden?

Die Professionalität von Unternehmen im Exit-Kapitalismus besteht darin, die Grautöne so zu wählen, dass am Kapitalmarkt eine Erfolgsgeschichte geschrieben werden kann, die nicht bei ersten Zweifeln an der Buchführungspraxis in sich zusammenbricht.

3.
Management by Potemkin

Die Praxis einfallsreicher Buchhaltungsverfahren hängt damit zusammen, dass im Exit-Kapitalismus das Überleben von Unternehmen maßgeblich von der Erfüllung der Erwartungen des Kapitalmarkts abhängt. Dies ist bei jungen Start-ups der Fall, deren Risikokapitalgeber ihre Investitionen in hohem Maße an die Einhaltung von »Meilensteinen« binden, setzt sich nach dem Börsengang fort und macht auch vor »etablierten Unternehmen« nicht Halt, wenn diese ihre Expansionspolitik über den Kapitalmarkt finanzieren wollen.

Dass diese mit aller Kraft betriebene Anpassung an die Erwartungen des Kapitalmarkts nicht genau den internen Abläufen entspricht, ist keine Pathologie des Exit-Kapitalismus, sondern ein kaum zu vermeidendes Ergebnis seiner Kapitalmarktorientierung.

Die Funktion der doppelten Wirklichkeit im Exit-Kapitalismus

Die Diskrepanz zwischen den in Bilanzen, Businessplänen und Geschäftsberichten ausgewiesenen Leistungsmerkmalen und den intern im Unternehmen gehandelten Kennzahlen lässt sich mit dem Begriff der doppelten Wirklichkeit bezeichnen. Dieser Begriff bezeichnet den Umstand, dass es in Unternehmen zwei Ebenen der Realität gibt: eine aus ausgewiesenen Regeln, offiziell errechneten Zahlen, festgelegten Abläufen und festgeschriebenen Strukturen bestehende »offizielle Wirklichkeit« und eine »praktizierte Wirklichkeit«, die sich quasi hinter den offiziell festgelegten Verfahren vollzieht. Die »praktizierte Wirklichkeit«, also die tatsächlichen Kooperations- und Arbeitsweisen oder die wirkliche Liquiditätslage, weicht zum Teil erheblich von den offiziellen Bilanzen, Dienstanweisungen, Arbeitsanweisungen, Dienstwegen, Organisationsplänen und fixierten Regelungen ab.[14]

Es ist das Verdienst der Soziologen John W. Meyer und Brian Rowan, dass sie nicht in die so beliebte Forderung nach einer stärkeren Annäherung der beiden Wirklichkeiten einstimmen, sondern herausstellen, dass die Ausbildung einer von der intern wahrgenommenen Organisationsrealität entkoppelten Außendarstellung sehr wohl funktional ist. Der Grundgedanke von Meyer und Rowan ist folgender: Organisationen werden mit widersprüchlichen Anforderungen und Normen konfrontiert. Sie müssen nicht nur die technischen *Effizienzerfordernisse* erfüllen und beispielsweise mehr oder minder gut funktionierende Autos, Kochtöpfe oder Softwareprogramme herstellen, sondern häufig auch politische, rechtliche, wirtschaftliche und wissenschaftliche *Legitimitätsanforderungen* aus der Umwelt befriedigen. Das Problem ist, dass die häufig widersprüchlichen Legitimitätsanforderungen in der Regel nicht mit einer effizienten Produktion vereinbar sind. Forderungen nach umweltverträglicher Produktion, Rationalitätsanforderungen der Aktionäre oder das Verlangen nach Übereinstimmung der Produktionsstruktur mit den neuesten Managementmoden müssen zwar von der Organisation ernst genommen werden, behindern häufig aber eine effiziente, stromlinienförmige Produktionsorganisation.

Organisationen reagieren auf diese widersprüchlichen Anforderungen dadurch, dass sie ihre internen Kernstrukturen und -prozesse, welche die alltägliche Produktion sicherstellen, von den von außen wahrnehmbaren Oberflächenstrukturen entkoppeln. Das verschafft ihnen die nötige Freiheit, um trotz der Erwartungen handlungsfähig zu bleiben. Sie können die Legitimitätserfordernisse bedienen *und* parallel die alltäglichen Aktivitäten an den konkreten Anforderungen der unmittelbaren Wertschöpfung ausrichten. Letztlich lassen sich die daraus entstehende »Scheinheiligkeit« und »Heuchelei« im Unternehmen nicht vermeiden.[15]

Eine zentrale Funktion der Entkopplung von Legitimationsstrategien und der Betriebsrealität besteht darin, dass Unruhen im Unternehmen nicht sofort zu kritischen Anfragen aus der Umwelt führen. Eine Darstellung der realen Abläufe würde die Legitimität außerhalb der Organisation infrage stellen und zu kritischen Anfragen von Institutionen aus der Politik, den Medien, den Banken oder der Justiz führen. Dies würde als Verunsicherung in die Organisation hineingetragen werden und die internen Konflikte und Auseinandersetzungen weiter verschärfen.

Die ausgeprägten Formen der Bilanzkosmetik gehen darauf zurück, dass das Wachstumsmodell der meisten risikokapitalfinanzierten Unternehmen auf einem Nachfluss von Geld aus dem Kapitalmarkt aufgebaut ist und dass Unternehmen es deshalb sehr gezielt vermeiden müssen, Signale auszusenden, die den Kapitalmarkt beunruhigen könnten. Das Ausbleiben von Überweisungen durch die Risikokapitalgeber, die Verminderung der Möglichkeit, über einen Börsengang neues Geld einzusammeln, oder das Verfallen

der Unternehmensakquise- und Refinanzierungswährung »Aktie«
kann das schnelle Ende eines kapitalmarktorientierten Unternehmens bedeuten.

Die Grenzen der doppelten Wirklichkeit

Das Hauptproblem für Unternehmen im Exit-Kapitalismus ergibt
sich dann, wenn es ihnen nicht gelingt, die »doppelte Wirklichkeit«
effektiv zu managen. Die Diskrepanz zwischen der »offiziellen
Wirklichkeit« und der »praktizierten Wirklichkeit« muss an Sensibi-
litäten in der Umwelt der Organisation angepasst werden. In einer
Boomphase, in der die Anleger am Kapitalmarkt nach Wachstums-
und Expansionsgeschichten dürsten, besteht viel Spielraum für
Schaufensterdekorationen. Bei steigenden Aktienkursen lautet die
Frage nicht primär, wer gewinnt und wer verliert, sondern eher, wer
wie viel gewinnt. In einer solchen Phase ist das Interesse an einem
genauen Blick hinter die Kulissen nicht sehr groß.

Die Toleranz für die Diskrepanz zwischen »offizieller Wirklichkeit« und »praktizierter Wirklichkeit« ändert sich jedoch bei sinkenden Aktienkursen. Kursverluste sind zwar auch für Unternehmen, die primär auf den Verkauf von Produkten ausgerichtet sind,
nicht besonders angenehm, stellen aber in der Regel nicht deren Überlebensfähigkeit infrage. Solange das Unternehmen durch
den Verkauf der Produkte und Dienstleistungen mehr einnimmt, als
es ausgibt, ist seine Liquidität nicht unmittelbar bedroht. Bei kapitalmarktorientierten Unternehmen wissen die Beobachter jedoch,
wie stark diese von einer guten Position am Kapitalmarkt abhängig
sind.

In Abschwungphasen reagiert der Kapitalmarkt deswegen sehr
sensibel, wenn das Management eines Unternehmens die Diskrepanz zwischen »offizieller Wirklichkeit« und »praktizierter Wirklichkeit« überstrapaziert hat und zum Beispiel gezwungen ist, Bilan-

zen zu korrigieren. Als der heute weitgehend vergessene Computer-hersteller Tandem 1982 seine Bilanzen korrigieren musste, weil er Computerverkäufe zu früh verbucht hatte und das Umsatzwachs-tum in diesem Jahr »nur noch« 50 Prozent betrug, brach der Aktien-kurs um die Hälfte ein. Als die Buchhalter der Datenbankfirma Oracle 1990 keine Möglichkeiten mehr sahen, ihre Zahlenspielereien fortzuführen, und ihre Pyramide aus sehr früh gebuchten Umsätzen zusammenbrach, bestrafte die Börse das Unternehmen mit einem Kursverlust von 31 Prozent. Allein der Unternehmensgründer ver-lor auf dem Papier mehr als 300 Millionen US-Dollar. Als Microstra-tegy um die Jahrhundertwende bekannt geben musste, dass es seine Gewinnversprechen nur durch den Bilanztrick der vorzeitigen Ein-buchung von Einnahmen erreicht hatte und auf Anweisung der US-amerikanischen Börsenaufsicht SEC eine Neuberechnung seiner Bilanzen vorlegen musste, stürzte der Aktienkurs des Unterneh-mens in den Keller. Als das Unternehmen dann statt eines Profits von knapp 13 Millionen US-Dollar einen Verlust von 30 Millionen US-Dollar verkünden musste, brach der Aktienkurs um 62 Prozent ein. Das Unternehmen verlor, bei einem Wert von 25 Milliarden US-Dollar, am 11. März 2000 an einem einzigen Handelstag 11 Milliar-den US-Dollar an Wert.[16]

Diese plötzlichen Kurseinbrüche können einem Unternehmen im Exit-Kapitalismus leicht das Genick brechen. Modell-Unternehmen des Exit-Kapitalismus wie Enron, Worldcom oder Qwest sind nicht deswegen den Bach hinuntergegangen, weil nach dem Aufde-cken der Bilanzierungstricksereien zutiefst marode Unternehmen zum Vorschein gekommen wären. Die Unternehmen sind vielmehr deswegen gescheitert, weil das Vertrauen am Kapitalmarkt durch die offensichtlich gewordene »kreative Buchführung« verloren ging und damit das am Kapitalmarkt orientierte Geschäftsmodell nicht mehr aufgehen konnte. Oder noch provokanter ausgedrückt: Die trickensden Unternehmen des Exit-Kapitalismus sind nicht deswe-

gen Pleite gegangen, weil hinter der Fassade Chaos herrschte, sondern weil das Management die Bilanztricksereien nicht gut genug
organisiert hatte. Das Management der doppelten Wirklichkeit war
einfach nicht professionell genug.

V

Wachstumsschmerzen: Organisationsprobleme risikokapital- finanzierter Unternehmen

>»Während des Internetbooms waren die Einstellungskriterien
>vieler Firmen 37 Grad Körpertemperatur
>und ein aufrechter Gang.«
>*Martin Andersen von SuperWebOffice, einen beliebten Spruch*
>*aus der Internetszene zitierend*

Die Organisationsweise risikokapitalfinanzierter Unternehmen übt eine Anziehungskraft aus, die weit über die vorrangig kapitalmarktorientierten Unternehmen hinausreicht. Auf dem Höhepunkt eines Risikokapitalbooms entsteht der Eindruck, dass eine neue Form des Managements, eine neue Form der Gestaltung von Organisationen entsteht, die als Vorbild für alle Unternehmen, aber auch für Verwaltungen, Krankenhäuser oder Non-Profit-Organisationen dienen kann. Wenn der Boom nur lange genug dauert, plädieren Manager, Berater und Wissenschaftler für einen neuen »demokratischen« Unternehmensstil und stellen die Organisationsstruktur von Wachstumsunternehmen wie Apple, Lotus, Cisco oder Amazon als neue »beste Praxis« dar.[1]

Bereits in den sechziger Jahren wurde der Halbleiter-Hersteller Fairchild Semiconductor dafür gepriesen, dass es bei ihm keine Privatbüros für das Topmanagement, keine reservierten Parkplätze, keine Kleiderordnung, keine Extrakantine für den Vorstand und keine hemmende »Lehmschicht« aus mittleren Managern gab. Beim

risikokapitalfinanzierten Fairchild-Konkurrenten Intel wurde ebenfalls mit Dezentralisierung, Teamarbeit und Projektmanagement
experimentiert, lange bevor dies in anderen Unternehmen modisch
wurde. Auch als risikokapitalfinanzierte Computerhersteller wie
Apple, Atari oder Osborne Computer ihren (manchmal recht kur-
zen) Siegeszug antraten, wurden sie für ihre innovativen und »men-
schenfreundlichen« Managementprinzipien gelobt.[2]

Durch den Gründungselan angetrieben und finanziell durch
Risikokapital abgesichert, tendieren Wachstumsunternehmen dazu,
mit ihrer Dynamik, ihrem Engagement und ihren organisatorischen
Fähigkeiten eine Revolution im Management zu verkünden. Das
Management vertreibt nicht (nur) ein Produkt oder eine Dienstleis-
tung, sondern im Rahmen der Vermarktungsstrategie des Gesamt-
unternehmens stellen sich die Unternehmen auch als Vorbild für die
Wirtschaftsorganisationen des 21. Jahrhunderts dar. Die risikokapitalfinanzierten Unternehmen präsentieren sich als »kleine, flexible
Einheiten«, die in »Zeiten raschen Wandels besonders überlebensfähig« sind und sich auf »rasche Marktveränderungen« gut einstellen
können.[3]

Etablierte Unternehmen bleiben von der Attraktion dieser Start-
ups auf dem Gipfel eines Risikokapitalbooms nicht unbeeindruckt.
Auf dem Höhepunkt des Internetbooms erklärte beispielsweise
Rupert Murdoch, dass die »Welt sich sehr schnell verändert«. Der
Medienmogul hob hervor: »Die Großen schlagen nicht mehr die
Kleinen aus dem Rennen, sondern die Schnellen die Langsamen.«
Der Automobilkonzern DaimlerChrysler lud zu einem Kongress
ein, auf dem die Automobilmanager von kleinen dynamischen Internet-Start-ups lernen sollten. Betriebsräte äußerten den Verdacht,
dass der Vorstand gestandene Unternehmen wie Mercedes, Chrysler
oder Frightliner in Start-ups umwandeln wollte, um den Aktienkurs
nach oben zu treiben und neue Managementprinzipien zu erproben.
Weltweit tätige Medienkonzerne wie Bertelsmann kauften sich

junge Internetunternehmen wie Pixelpark, Lycos oder Webmiles nicht nur, um sich neue Geschäftsfelder zu erschließen, sondern auch, um von den Managementideen dieser Unternehmen zu profitieren.[4]

Was ist nur dran an der zyklisch immer wieder gepriesenen Vorbildhaftigkeit dieser Unternehmen? Welche Rolle spielt dabei die Risikokapitalfinanzierung? In diesem Kapitel soll deutlich gemacht werden, dass die Vorbildhaftigkeit dieser Unternehmen nicht mit der Entdeckung neuer Managementmethoden, sondern vielmehr mit der gruppenförmigen Organisationsstruktur in der Start-up-Phase zusammenhängt. Mit dem von risikokapitalfinanzierten Unternehmen geforderten Wachstum sehen sich die Unternehmen dann jedoch gezwungen, komplexere Organisationsstrukturen auszudifferenzieren. Spezifische Organisationsprobleme, die spätestens am Ende einer Boomphase offensichtlich werden, sind die Folge.

I.
Das Organisationsversprechen

Die Anziehungskraft von Start-ups liegt darin, dass die jungen, risikokapitalfinanzierten Unternehmen die zentralen Organisationsprobleme in den Griff zu bekommen scheinen, mit denen sich die Automobil-, Chemie- und Maschinenbauunternehmen, die Banken und Versicherungskonzerne und die großen staatlichen Verwaltungen seit Jahrzehnten herumquälen: die durch die Hierarchie bedingten langen und umständlichen Entscheidungswege, die geringe Motivation der Mitarbeiter und die ungenügende Kooperation zwischen den voneinander abgetrennten Einheiten.

Die Versprechungen der risikokapitalfinanzierten Unternehmen sind folgende: *Hierarchien* spielen, glaubt man den Selbstbeschreibungen, in der Frühphase von Start-ups kaum eine Rolle. Im Clue-train Manifesto, dem heute nur noch historisch interessanten Glau-bensbekenntnis von Gründern, Managern und Mitarbeitern aus der Internetbranche, heißt es lapidar: »Die Hyperlinks untergraben Hierarchien.« In Unternehmen, in denen Mitarbeiter unabhängig von Organigrammen, Regeln und Vorstandsvorlagen miteinander ko-operierten, verlören Hierarchien – so die Botschaft des Manifests – ihren Sinn. Die Zeiten, in denen »verwaltete und gemanagte Unter-nehmen« sich der »Identität« der Mitarbeiter bemächtigten, seien vorbei. Nun laute das Ziel: »Endlich richtig Spaß im Job haben, ohne Boss, ohne Entfremdung.«[5]

Über die *Motivations- und Kontrollprobleme*, die in klassischen Unternehmen einen ewigen Beschäftigungsauftrag für Führungs-kräfte, Berater und Motivationstrainer darstellen, kann das Manage-ment risikokapitalfinanzierter Firmen in der Frühphase nur lächeln. Die Mitarbeiter kommen, glaubt man den Schilderungen von Wachstumsunternehmen, trotz vergleichsweise geringer Gehälter freudig und motiviert in die Firma und bleiben so lange, bis die Arbeit getan ist. Die Aufgaben werden erledigt, ohne dass eine Füh-rungskraft die Ergebnisse überprüfen müsste. Und wer keine Arbeit hat, der sucht sich diese innerhalb des Unternehmens selbst.

Auch die *Koordination zwischen unterschiedlichen Einheiten* scheint in Wachstumsunternehmen kein Problem zu sein. Die »Ab-teilung« von funktional ausgerichteten Einheiten schien in den Hype-Phasen der Halbleiter- und der PC-Industrie, der Biotechno-logie oder des Internets ein Fremdwort zu sein. Geoffrey James vom Institute for Business Wisdom und Autor eines kleines Buches über »Geschäftsweisheiten« von und für die »Elite« der IT-Technologie erklärt, dass »Märkte sich so schnell verändern, dass der Aufbau jeder Form von Bürokratie Selbstmord« sei. Die aus der Automo-bil- und Maschinenbauindustrie bekannte Produktentwicklung per »Mauerwurf«, bei der jede Abteilung vor sich hin arbeitet und das fertige Produkt dann der anderen Abteilung »über die Mauer wirft«, ist diesen Unternehmen als Problem weitgehend fremd. Man arbeitet an einem gemeinsamen Produkt und kümmert sich bei eiligen Kundenprojekten nicht um die formal bestehenden Abteilungsgrenzen.[6]

Eine neue Ära von Kooperation oder: Die Neubestimmung des Verhältnisses von Kapital und Arbeit?

Diese Organisationsversprechungen in Hype-Phasen kumulieren im Ausrufen eines neuen Verhältnisses von Kapital und Arbeit. Mit jedem Risikokapitalzyklus werden in den entstehenden Unternehmen die Vorboten einer neuen Ära von Kooperation zwischen Kapitalgebern, Managern und Arbeitnehmern gesehen. So wurde der Chipproduzent Intel in seiner Frühphase schon einmal ironisch als Modell für »unternehmerischen Kommunismus« bezeichnet, in dem sich ein großes Forschungsteam gemeinsam auf das Ziel Marktausweitung und Profitmaximierung ausrichtet.[7] Der durch Risikokapital angetriebene Boom bei Internetunternehmen wurde zum Anlass genommen, den Gegensatz Arbeitgeber – Arbeitnehmer für beendet zu erklären. Euphorisch verkündete man, wie beispielsweise der Betriebswirtschaftsprofessor Horst Wildemann, dass sich die Epoche des Kapitalismus mit ihren Brüchen, Verwerfungen und Widersprüchen als »Dienstleistungs- und Informationsgesellschaft« neu imaginiert und »in ihrer Internetausgabe dem Höhepunkt und ihrer Vollendung zustrebt«[8].

Gewerkschaften, Betriebsräte und andere Interessenvertretungen der Arbeitnehmer erscheinen aus dieser Perspektive wie ein Relikt aus der Vorzeit des Klassenkampfes, das für das Arbeitsumfeld in der neuen Wirtschaft keine Existenzberechtigung hat. »Wenn die Zukunft gestaltet wird, finden Gewerkschaften einfach nicht statt.« Mit diesem Ausspruch fasste Ralf-Dieter Brunowsky, langjähriger Herausgeber der deutschen Zeitschrift *Capital*, die Stimmung in risikokapitalfinanzierten Unternehmen zusammen.[9] Als die US-amerikanische Gewerkschaft Washington Alliance of Technology Workers (Wash Tech) versuchte, bei Amazon Mitglieder zu rekrutieren, erklärte der Amazon-Chef Jeff Bezos, dass seine Mitarbeiter »keine Gewerkschaften« im Betrieb bräuchten. Auf der internen Website der Firma wurden Hinweise an das Management gegeben, dass man aufsässige Mitarbeiter am »Herumhängen in der Kantine und auf der Toilette erkennen« könne. Bei Intershop erklärte der Vizechef, Karsten Schneider, dass das Management »versagt habe«, wenn sich im »Unternehmen ein Betriebsrat gründen« würde. Der Chef der Multimediaagentur Pixelpark, Paulus Neef, spricht von einer »Interessen-Identität zwischen Managern und Mitarbeitern« in seinem Unternehmen. Seine Mitarbeiter würden »sofort fünf andere Jobs bei einem anderen Unternehmen« finden und bräuchten deswegen selbstverständlich »keinen Betriebsrat«.[10]

Das Vorbild und die Zyklen der Risikokapitalfinanzierung

Die Diskussion über das organisatorische Vorbild von Start-ups, die endgültige Auflösung des Kapital-Arbeit-Gegensatzes und die Entbehrlichkeit von Gewerkschaften folgt zeitversetzt den Risikokapitalzyklen. In Phasen, in denen Risikokapital in eine Branche fließt, Start-ups wie Pilze aus dem Boden schießen, die Kurse der börsennotierten Unternehmen explosionsartig steigen und Mitarbeiter in boomenden Branchen zwischen Arbeitgebern frei wählen können, präsentieren sich die Unternehmen als Vorzeigeorganisationen. Sie preisen ihre kostenlosen »Leckerle« für Mitarbeiter, wie beispielsweise einen privaten Einkaufsservice, Reinigungsdienste für Wohnungen und Massagen, loben ihre Aktienpakte für Mitarbeiter und präsentieren ihre innovativen Managementformen.

Wenn die Nachflüsse von Risikokapital in eine Branche versanden, die Börsenkurse und damit wichtige Finanzierungsquellen der Hightechunternehmen einbrechen und Kunden nicht mehr bereit sind, für ein Produkt jeden x-beliebigen Preis zu bezahlen, ist es auch mit der Vorbildhaftigkeit der Unternehmen sehr bald vorbei. Sie müssen ihren Wachstumskurs abrupt stoppen. Aus Rationalisierungsgründen werden Filialen geschlossen und Mitarbeiter entlassen. Die Unternehmen ähneln nicht mehr Vorzeigeunternehmen des Kapitalismus im 21. Jahrhundert, sondern lassen häufig eher einen Rückfall in die Zeiten des Frühkapitalismus vermuten, in denen Mitarbeiter ohne Vorwarnung und ohne Sicherheit auf die Straße gesetzt wurden.

Diese Welle gab es schon während des PC- und Softwarebooms in den achtziger Jahren; sie war aber besonders gut zu beobachten beim Internetboom Ende des zwanzigsten Jahrhunderts. Mit dem Einbrechen der Aktienkurse im Jahr 2000 und dem Versiegen der Geldflüsse von Risikokapitalgebern waren die Amazons, eBays und Intershops von einem Moment auf den anderen nicht mehr Arbeitnehmerparadiese, in denen die Unterscheidung zwischen Kapitalgeber, Management und Arbeitnehmer aufgehoben schien, sondern sie standen plötzlich für ihre rabiate Hire-and-fire-Politik am Medienpranger. Manchmal bildete sich nur wenige Monate, nachdem die Geschäftsleitung (und die Mitarbeiter!) eines risikokapitalfinanzierten Unternehmens verkündet hatte, das Unternehmen wolle keine Gewerkschaften haben, genau in diesem Unternehmen ein Betriebsrat, um die Mitarbeiter gegen eine vermeintliche Managementwillkür zu schützen. Häufig kommt es in solchen Fällen zu einem Wettrennen zwischen Management und Mitarbeitern, ob man die Betriebsratsgründung noch vor einer ersten Kündigungswelle über die Bühne bringt und sich so die Möglichkeit zum Aushandeln von Sozialplänen ergibt. Nach dem Internetboom gerieten Vorzeigeunternehmer wie Jeff Bezos von Amazon, Stephan Schambach von

Intershop oder Paulus Neef von Pixelpark in Erklärungsnot, weswegen gerade in ihren Unternehmen der Wunsch der Mitarbeiter nach einer gewerkschaftliche Organisation so stark wurde.

Die Risikokapitalzyklen bieten Material sowohl für die Verklärung als auch für die Verdammung der Arbeitsverhältnisse in risikokapitalfinanzierten Unternehmen. Zu Beginn eines Zyklus können Vertreter der Unternehmensverbände, Politiker und Journalisten sich mit Verweisen auf die paradiesischen Arbeitsbedingungen und mit Aussagen zur Entbehrlichkeit gewerkschaftlicher Vertretung profilieren. Mit dem Abschwung können sich ihre Gegner mit einer »Siehste«-Haltung melden und auf die Notwendigkeit von Arbeitnehmervertretungen in den Firmen hinweisen. Die Frage, weswegen risikokapitalfinanzierte Unternehmen, wenigstens zeitweise, nicht die typischen Organisationsprobleme von etablierten Unternehmen haben, bleibt bei diesen zyklenabhängigen Analysen aber weitgehend ausgeblendet.

2.
Die Wohngemeinschaft als Organisationsprinzip

Als »Management by Enid Blyton« beschreibt der Betriebswirt und Unternehmensgründer Stephan Jansen die Organisationsideologie von Start-ups. Die Aufforderung, »fünf Freunde müsst ihr sein«, mit der die Kinderbuchautorin ihre Helden in Abenteuer schickt, würde von Unternehmensgründern als Managementphilosophie vertreten.[11] Mit der Einstellung der ersten Mitarbeiter könnten aus den drei, vier oder fünf Freunden zehn, elf oder mehr Freunde werden. Das Start-up versteht sich als eine »Clique von Freunden«, als eine »Wohn- und Arbeitsgemeinschaft« oder als eine »Familie«, deren Mitglieder gemeinsam an einem Strang ziehen und das Abenteuer »Unternehmen« erleben.

Das Besondere dieses »Management by Enid Blyton« ist, dass sich das Freundschafts-, Familien- oder Wohngemeinschaftsgefühl nicht nur auf einzelne Mitarbeiter, sondern auf alle Mitarbeiter eines Unternehmens bezieht. Freundschaften, persönliche Beziehungen oder auch Liebschaften *in* Organisationen sind auch in Unternehmen wie General Electric, UPS oder IBM an der Tagesordnung. Die Vertriebstruppe einer Turbinenfabrik geht regelmäßig zu einem Baseballspiel und fühlt sich wie eine große Familie, unter den Fließbandmitarbeitern des Paketversenders herrscht eine kumpelhafte, fast freundschaftliche Beziehung und die Chefin eines Software-Entwicklungsteams mag ihre Sekretärin als besonders attraktiv empfinden. Aber auch wenn die Führung dieser Großunternehmen über millionenschwere interne Werbekampagnen versucht, ein »Familiengefühl« zu produzieren, kämen die meisten Mitarbeiter von General Electric, IBM oder UPS nicht auf die Idee, ihre Beziehung zu allen 100 000 oder 200 000 Mitarbeitern als familiär oder freundschaftlich zu beschreiben.

Diese Situation ist in Start-ups anders. In diesen Firmen ist die gegenseitige Attraktion nicht nur auf einzelne Mitglieder beschränkt, sondern die Mitarbeiter identifizieren sich mit der Dynamik und dem Zusammenhalt der gesamten Gruppe. Als »mehr Partystimmung« denn »Arbeitsatmosphäre« beschrieb beispielsweise der Onlineredakteur Christian Zeiser die Atmosphäre in der Internetfirma Netzpiloten. »Wir waren wie eine Familie«, stellte Zeiser mit Bezug auf die gemeinsamen Ausflüge in Klubs fest. Tom List, Teamleiter beim Internetunternehmen Netdollar, beschrieb die Atmosphäre in der Frühphase als »familiär«. »Wenn ich von Familie spreche«, so Penrose, »meine ich einfach eine besondere Form des Zusammenhaltes, der über das wirklich Berufliche hinausgeht.« Dabei habe ein deutlicher Unterschied zu den Kontakten in Firmen der Old Economy bestanden. »Es waren wirklich private Freundschaften, die man dort geschlossen hat, auch über dieses typische

Bier nach Feierabend hinaus. Man hat sich auch gegenseitig auskotzen können.«[12]

Das Familien-, Freundschafts- und Wohngemeinschafts-Gefühl hängt maßgeblich damit zusammen, dass junge risikokapitalfinanzierte Start-ups *Face-to-Face-Organisationen* sind. In diesen werden viele Entscheidungen in einem alle Mitglieder umschließenden Interaktionsprozess gefällt. Für Problemlösungen, wichtige Entscheidungen und die Information aller Beteiligten werden alle Mitarbeiter um einen Tisch in der Teeküche, im Konferenzraum oder in der Eingangshalle versammelt.

Face-to-Face-Organisationen sind also durch die Unmittelbarkeit des Kontakts gekennzeichnet. Jeder kennt jeden aus der alltäglichen Zusammenarbeit. Auch wenn persönliche Abneigungen jemanden in Einzelfällen davon abhalten mögen: Im Prinzip hat jeder direkten Zugang zu jedem anderen Mitglied. Ein Mitarbeiter kann direkt zu der Vorstandsvorsitzenden eines gruppenförmig organisierten Start-ups gehen, ohne dass dies irritierend wirkt oder gar als ein Regelverstoß angesehen wird.[13]

Entscheidungen treffen diese Organisationen, ohne durch festgelegte Kommunikationswege, formalisierte Regelwerke oder genaue Stellen- und Kompetenzbeschreibungen festgelegt zu sein. Es gibt wenige Metaentscheidungen (Entscheidungsprämissen), die festlegen, wie Entscheidungen getroffen werden können. Entscheidungen entstehen so aus der spontanen Dynamik der Gruppe heraus, bleiben nur im Gedächtnis der Organisationsmitglieder gespeichert und können durch eine einfache neue Entscheidung wieder infrage gestellt werden.

Attraktion und Brutalität der Face-to-Face-Organisation

Weshalb ist die Identifikation von Mitarbeitern in Face-to-Face-Organisationen größer als in klassischen Unternehmen?

Der erste Grund hängt mit der Tatsache zusammen, dass sich in den Start-ups kaum informelle Bereiche ausbilden können. Seit den dreißiger Jahren des zwanzigsten Jahrhunderts wurde in Forschungsarbeiten über Großunternehmen immer wieder hervorgehoben, dass sich die Mitglieder häufig stärker mit informellen Gruppen in der Organisation identifizieren als mit der Gesamtorganisation. Die Identifizierung mit einer Montagegruppe in einem Elektronikwerk oder mit einer Arbeitsgruppe in einem Abbauschacht eines Kohlebergwerks ist größer als mit dem jeweiligen Gesamtunternehmen. Es bilden sich »kleine informelle Welten« jenseits der Formalstruktur aus, in der eigene Gesetzmäßigkeiten herrschen und in der ein hohes Maß an Identifikation entstehen kann.[14]

In Face-to-Face-Organisationen ist diese Ausbildung kleiner informeller Bereiche nur begrenzt zu beobachten. Ein Großteil der Interaktion ist organisationsöffentlich. Jeder kann mitbekommen, was zwei Organisationsmitgliedern aushecken. Gesprächsinhalte können nur schwer geheim gehalten werden und wichtige Informationen erreichen in kurzer Zeit alle Mitarbeiter. Die Unterscheidung von »formal« und »informell« bildet sich nur rudimentär aus.

Der zweite Grund ist, dass aufgrund der alltäglichen Kontakte in gruppenförmig strukturierten Start-ups die Mitgliedschaftsbeziehungen häufig nicht genau spezifiziert werden. Im Gegensatz zur Arbeit in ausdifferenzierten Organisationen, in denen Mitglieder nach dem Kriterium beurteilt werden, inwiefern sie zur Erreichung des Zweckes beitragen – und in denen außerhalb dieses Zweckes angesiedelte Fragen zweitrangig sind –, lassen sich die Mitgliedschaftsbeziehungen in kleinen Gruppen nur begrenzt auf einen Zweck reduzieren. Es gibt viel Raum für persönliche Selbstdarstellungen der Mitarbeiter und für die Schaffung neuer Umgangsformen jenseits der thematisierten Sachzwecke. Man begegnet einander nicht lediglich als »Arbeitstier«, sondern erlebt die Beziehungen als persönlich.

In Face-to-Face-Organisationen stellt sich bezüglich der Integration von Mitarbeitern deswegen die Frage nach einem »totalen Ja« oder einem »totalen Nein«. Die stark von den einzelnen Gruppenmitgliedern getragene Abgrenzung von der Umwelt schließt nicht aus, dass neue Mitglieder aufgenommen werden. In dem Moment jedoch, in dem diese zur Gruppe hinzustoßen, wird von ihnen erwartet, dass sie den Exklusivitätsanspruch der Gruppe mittragen. Für einen Rückzug in eine Kleingruppe, für einen Dienst nach Vorschrift, für eine differenzierte Identifikation mit dem Unternehmen, für eine Abstraktion von den persönlichen Eigenarten der Kollegen gibt es – anders als in Großorganisationen – nur wenig Spielraum. Über kurz oder lang müssen sich Mitarbeiter in Face-to-Face-Organisationen entscheiden, ob sie den Verein mit all den Persönlichkeitsmacken seiner Mitglieder akzeptieren oder ob sie sich einen anderen suchen.

Diese beiden Gründe – die Schwierigkeit bei der Ausbildung eines informellen Raumes und die Vermischung von Berufs- und Privatrollen – haben Konsequenzen für die Personalrekrutierung durch Face-to-Face-Organisationen. Die Einstellung neuen Personals ist in solchen Organisationen häufig nicht auf die Übereinstimmung zwischen zuvor definierten Positionen und entsprechenden Bewerbern ausgerichtet, sondern orientiert sich daran, ob die Bewerber hinsichtlich ihres sozialen Verhaltens in das Unternehmen passen.

Die schnellen Strategiewechsel

Face-to-Face-Organisationen haben einen großen strategischen Vorteil, da sie sehr schnell Veränderungen an ihrer Unternehmensstrategie vornehmen können. Der US-amerikanische Sozialwissenschaftler Renato Tagiuri vergleicht sie mit kleinen Kanus, die im Gegensatz zu Ozeanriesen wie der Queen Elisabeth II sehr schnell die Richtung wechseln können. Die Kanus hätten zwar anders als die

Queen Elisabeth II keine ausgeklügelten Lebensrettungssysteme, könnten dafür aber sehr schnell auf Veränderungen reagieren.[15]

»Gestandene« Organisationen sind durch ihre formalisierten Arbeitsprozesse, durch die gekauften Maschinen und Technologien und durch das eingestellte Personal stark auf einen einmal definierten Gesamtzweck festgelegt. Solche Unternehmen befinden sich auf einem Entwicklungspfad, den sie nur mit sehr großen Investitionen und gegen massiven Widerstand von Beteiligten verlassen können. Mit diesen Problemen haben sich die gruppenförmig organisierten Start-ups nicht in der gleichen Art und Weise zu plagen, denn es gibt hier noch keine aufwändig etablierten Wertschöpfungsprozesse, es existieren keine Stellenbeschreibungen, die mühsam geändert werden müssten, und es bestehen keine klaren Abteilungsabgrenzungen, die bei einem Strategiewechsel jedes Mal neu zu definieren wären. Da das Personal häufig nicht für eine bestimmte Stelle engagiert wurde, kann es dann auch relativ flexibel in der Organisation hin und her geschoben werden. Die Face-to-Face-Organisation weist entfernte Ähnlichkeiten mit einem Freundeskreis auf, der sich sehr schnell entschließen kann, statt eines Kinobesuchs lieber einen Spieleabend zu veranstalten.

Face-to-Face-Organisationen erreichen dadurch eine »Flexibilität« in ihrer strategischen Ausrichtung, die ideal auf die Anforderungen des Kapitalmarkts reagieren kann. Da das Überleben risikokapitalfinanzierter Unternehmen von einem permanenten Geldnachfluss durch den Kapitalmarkt abhängt, besteht ein Druck vonseiten der Investoren, jeweils dem »neuesten Trend der Woche« nachzulaufen. Diese Logik der Kapitalmarktorientierung mag man beklagen oder nicht – zentral ist jedoch, dass gruppenförmig strukturierte Unternehmen zu diesen schnellen Geschäftsmodellwechseln organisatorisch in der Lage sind.

Das Dilemma von Wachstumsunternehmen

Das Spannungsfeld kapitalmarktorientierter Unternehmen sieht folgendermaßen aus: In der Anfangszeit lassen sie sich mit ihrer gruppenförmigen Strukturierung ideal an die Anforderungen der Kapitalmarktlogik anpassen. Sie zeichnen sich durch eine hohe Identifizierung der Mitarbeiter mit ihrer Firma, eine dynamische Außendarstellung und die Möglichkeit zu schnellen Zweck- und Strategiewechseln aus. Das Dilemma der kapitalmarktorientierten Unternehmen besteht jedoch darin, dass sie aufgrund der Ausrichtung auf den Kapitalmarkt zu einem sehr schnellen Wachstum verpflichtet sind.

In Boomzeiten herrscht häufig die Vorstellung, dass ein Unternehmen ähnlich schnell wachsen könnte wie der Markt. Das exponentielle Wachstum, das die Vorstellung von der Entwicklung neuer Märkte prägte, wurde als Wachstumsvorstellung für risikokapitalfinanzierte Unternehmen übernommen. Aber sind sich der Systemtypus »Markt« und der Systemtypus »Unternehmen« so ähnlich, dass sie ähnliche Wachstumsprozesse durchlaufen können? Was passiert, wenn ein Unternehmen versucht, ähnlich schnell zu wachsen wie ein sich exponentiell entwickelnder Markt?

3.
Die problematische Strukturbildung

Das Küchentisch-Management von Start-ups und die Ähnlichkeit mit Wohngemeinschaften, Familien und Freundeskreisen verweisen nicht nur auf den Reiz der dadurch möglichen Managementmodelle, sondern auch auf die Grenzen dieser Organisationsform. Soziale Systeme, die sich ausschließlich auf sprachliche Verständigung im direkten Face-to-Face-Kontakt konzentrieren, erweisen sich bei der Bearbeitung komplexer Aufgaben als nicht besonders erfolgreich.

In Wohngemeinschaften, Familien und Freundeskreisen werden alle Koordinationsprozesse – von der Planung großer Partys über die gemeinschaftliche Gartenarbeit bis hin zur Krankenpflege – vorrangig über direkte sprachliche Verständigung erledigt. Diese Art der Verständigung hat sich jedoch ausschließlich bei der Bewältigung wenig komplexer Aufgaben bewährt. Sie sind erfolgreich, wenn es um die Organisation eines Umzugs, die emotionale Stabilisierung von verunsicherten Gruppenmitgliedern oder die Kindererziehung geht. Bei der Durchführung umfassender Produktionsverfahren oder der Befriedigung komplexer Kundenbedürfnisse haben sich die rein auf mündlicher Kommunikation basierenden Organisationsformen nicht durchgesetzt.

Unternehmen, die ihre Koordinationsform stark auf die mündliche Kommunikation zwischen allen Mitgliedern abstellen, leiden sehr schnell an Überlastungserscheinungen. Bei dem Versuch, alle Mitarbeiter über alles auf dem Laufenden zu halten und weiterhin auf rigide Regeln und Hierarchien zu verzichten, drohen sie an Komplexität zu ersticken: Die Unternehmen stellen fest, dass es zeitaufwändig und nervenaufreibend ist, alle Mitarbeiter über die Akquise eines neuen Kunden zu informieren, wenn man dazu in verschiedene Büros gehen muss und plötzlich Mitarbeitern gegenübersteht, die man noch nie zuvor gesehen hat. Auch das Wundermittel Sammel-E-Mail droht spätestens in dem Moment zu versagen, in dem die Mitarbeiter täglich zwei bis drei Arbeitsstunden nur mit dem Lesen von E-Mails verbringen, von denen sie häufig nicht einmal mehr wissen, von wem sie kommen und ob sie für die eigene Arbeit überhaupt relevant sind. Alle seine Kollegen über den E-Mail-Befehl all@beenz.com an der Suche nach der verschwundenen Lieblingskaffeetasse zu beteiligen, mag bei »fünf Freunden« noch einen gewissen Charme haben. Wenn man diese Mail von einem Kollegen bekommt, den man kaum vom Namen her kennt, wird man eher genervt sein. Die Entscheidungsfindung über Konsens,

Verständigung oder Verhandlung stößt in Wachstumsprozessen schnell an ihre Grenzen. Es wird deutlich, dass bei einer zu großen Anzahl von Beteiligten Verhandlungsprozesse extrem zeitaufwändig sind. Die Organisation droht mit Erwartungen, Einzelinteressen und Gruppenegoismen überzogen zu werden, ohne dass Mechanismen zur Verfügung stehen, um schnell zwischen diesen Ansprüchen zu vermitteln oder diese gar zurückzuweisen. Aufgrund der etablierten Macht- und Interessenkonstellationen kann es zu einer großen Trägheit der Organisation kommen. Es droht die Gefahr, dass sich endlose Diskurse ausbilden und wichtige Entscheidungen blockiert werden.

Die Überlastungserscheinungen äußern sich darin, dass in Wachstumsprozessen Mitarbeiter von ihrer Geschäftsführung häufig nicht eine neue »Kommunikationsoffensive« fordern, sondern eine Verständigung darüber, »wer weniger miteinander reden sollte«. Die Situation in einer wachsenden Organisation wird mit der eines menschlichen Gehirns verglichen. Um einen epileptischen Anfall zu verhindern, muss die Kommunikation zwischen Gehirnzellen beschränkt werden, auch wenn infolgedessen nur noch ein Bruchteil der Gehirnkapazitäten gleichzeitig mobilisiert werden kann.

In Unternehmen gibt es Mechanismen, mit denen festgelegt wird, wer »weniger miteinander reden« soll: Hierarchien, Abteilungen und Regeln. Wenn in Unternehmen über eine stärkere »Strukturierung von Kommunikation« gesprochen wird, geht es darum, in welcher Form Hierarchien etabliert werden, wo Grenzen zwischen Abteilungen gezogen werden können, welche Stellenbeschreibungen einzelne Mitarbeiter erhalten und welchen Regeln und Programmen sie zu folgen haben. Auch wenn man wegen des negativen Beigeschmacks von »Hierarchie«, »Abteilung«, »Regeln« und »Stellenbeschreibungen« lieber Begriffe wie »Informationskanäle«, »Team«, »Wertschöpfungsprozess« oder »Aufgabenprofil« verwendet, geht es letztlich immer darum zu bestimmen, wer im Unternehmen weniger miteinander zu tun haben soll und in welchen Bereichen eine Verdichtung von mündlicher Kommunikation überhaupt sinnvoll ist.

Hierarchien, darauf hat der Soziologe Talcott Parsons hingewiesen, trennen – in Kombination mit der Bildung von Abteilungen – die verschiedenen Ebenen in einem Unternehmen voneinander und lassen nur ganz genau definierte mündliche Kommunikationen zu. Die Befehls-, Berichts- oder Kommunikationswege definieren, wie die mündlichen Kommunikationen fließen sollen. Die Hierarchie schützt die jeweilige Ebene effektiv vor überfordernden Kommunikationswünschen anderer Ebenen, indem sie genau definiert, welche sprachlichen Kommunikationen überhaupt als relevant betrachtet werden müssen. Der Unternehmenschef kann beispielsweise einen Web-Programmierer bitten, sein Problem zunächst mit seinem Teamleiter zu besprechen.

Der Wirtschaftsnobelpreisträger Herbert Simon hat dargestellt, dass eine Organisation überhaupt erst aufgrund dieser Ebenentrennung in der Lage ist, ein hohes Maß an Komplexität zu bearbeiten. Durch die Hierarchie teilt sich eine Organisation in Subsysteme auf, die sich selbst wiederum in Subsysteme unterteilen. Dabei ist die Kommunikationsdichte innerhalb der einzelnen Subsysteme größer als zwischen den Subsystemen. In ihnen werden Lösungen entwickelt und der Gesamtorganisation zur Verfügung gestellt. Durch die Trennungen braucht die Organisation keine übergreifende Gesamtlösung mehr zu entwickeln, sondern kann auf die in den verschiedenen Subsystemen erstellten Teillösungen zurückgreifen.[16]

Aber genau diese Trennung ist es, die den besonderen Charakter der Face-to-Face-Organisation mit ihrer hohen Identifikation der Mitarbeiter, ihrer dynamischen Außendarstellung und ihrer Fähigkeit zu einem schnellen Zweckwechsel vernichtet. Daniela Künne beschreibt in ihrem Abschiedsbrief an ihre Kolleginnen und Kollegen bei der Firma Pixelpark den Einzug dieser modularen Organisa-

tionsform als den Moment, in dem bei ihr die »Entfremdung« ein-
setzte. »Der Tag, als mein Team nicht mehr vor einen Bildschirm
passte und es eines Moderators bedurfte, um unser Verhältnis zu dis-
kutieren, war der Tag, als Conny Kramer starb.« »Ich schrieb nur
noch E-Mails und wusste nicht mehr, wie der Programmierer eigentlich aussah, an den ich schrieb. Was am Anfang in der gemeinsamen
Küche besprochen wurde, erfahren jetzt nicht mehr alle. Das wäre
nicht mehr gut, so die Meinung des Managements, weil es zu Diskussionen führen würde.« »Die dauern« und würden »das Unternehmen langsam machen«.[17]

Besonders risikokapitalfinanzierte Unternehmen befinden sich
in einer Zwickmühle: Auf der einen Seite sehen sie die Notwendigkeit, dass über Hierarchien, Abteilungsgrenzen, Stellenbeschreibungen, Regeln und Programme Mechanismen zur Kommunikations-
verhinderung geschaffen werden müssen, die nur selektive Kommunikationswege zulassen. Auf der anderen Seite will man an den Vor-
teilen der Face-to-Face-Organisation festhalten und den Freund-
schaftsgeist so lange wie möglich erhalten.

Das Ergebnis: Risikokapitalfinanzierte Unternehmen führen
Strukturen häufig nur halbherzig ein. »Du hast jetzt einen Abteilungsleiter, aber selbstverständlich darfst du nach wie vor mit jedem
Problem zu mir als Vorstandsvorsitzendem kommen. Bei uns sind
die Türen offen.« »Wir haben jetzt eine Regel, wie ein Kundenauftrag
abgewickelt werden muss. Wenn ihr aber feststellt, dass ihr damit
nicht weiterkommt, lasst die Regel sein und sorgt dafür, dass der
Kunde zufrieden ist.« »Für unsere Mitarbeiter haben wir jetzt
Beschreibungen, was sie genau leisten sollen. Wir erwarten natürlich,
dass sie sich nach wie vor wie Unternehmer verhalten und ›Opportunities‹ ergreifen, auch wenn sie nicht zu ihrem Stellenprofil gehören.«

Diese gebrochene Einstellung zur Ausbildung von Organisationsstrukturen führt dazu, dass es ganz spezifische »Wachstumsschmerzen« von Start-ups gibt.

Die ungewollte Zentralisierung

Hierarchien haben in risikokapitalfinanzierten Firmen einen schlechten Ruf. Sie werden dafür verantwortlich gemacht, dass die Informationsflüsse nicht zielgerichtet gesteuert werden können. Da in Firmen wichtige Informationen nicht allein an einer weit oben in der Hierarchie angesiedelten Stelle anfielen, sei es dysfunktional, wenn es eine zentrale Entscheidungsebene gebe. Hierarchien würden, so die Annahme, bei vielen Mitarbeitern Informationsdefizite entstehen lassen. Demotivation und Abwanderung dieser Mitarbeiter seien die Folge.

Der US-amerikanische Managementberater Charles Leadbeater verkündet, dass hierarchische Organisationen in einem komplexen Umfeld scheitern. Beispiele wie IBM zeigten, dass hierarchisch organisierte Firmen sich lediglich auf eine begrenzte Anzahl von Zielen, Kunden und Konkurrenten ausrichteten und dadurch »einäugig« würden. Hierarchien, so Leadbeater, würden die Mitarbeiter zwar auf spezifische Aufgaben ausrichten, sie zugleich aber durch komplexe »Regelwerke« einengen und ihre Initiative bremsen. Ein Effekt, den sich Firmen in Wachstumsbranchen nicht leisten könnten.[18]

In risikokapitalfinanzierten Unternehmen lässt sich die Tendenz beobachten, die Bedeutung von Hierarchien herunterzuspielen. Mit Begriffen wie »extrem flache Hierarchien«, »Verzicht auf klassische Hierarchien« oder »Ende der Hierarchien« wird signalisiert, dass man nicht in die gleiche Falle tappen wird wie die als »Dinosaurier« betrachteten Unternehmen der gleichen Branche.

Aber stimmt diese Annahme? Schon Herbert Simon hat darauf aufmerksam gemacht, dass Hierarchien in der Regel nicht über »brachiale« Anweisungen wirken und dass Anweisungen häufig nicht gegen den Widerstand der Befehlsempfänger durchgesetzt werden müssen. Hierarchische Weisungskompetenzen drohen sich abzunutzen, wenn sie zu häufig auf offene Drohungen oder Sanktionen zurückgreifen. Statt Kommandos und Strafen spielen bei Hierarchien daher vielmehr die unauffällige Kontrolle über die Steuerung von Informationsflüssen, die Zuweisung von Arbeitspaketen und die Vermittlung zwischen widerstreitenden Interessen Untergebener eine wichtige Rolle.[19]

Natürlich kann ein »Hierarch« oder eine »Hierarchin« darauf angewiesen sein, dass direkte Anweisungen gegeben werden (»Ich als Chef befehle es.«), dass Entscheidungen gegen den Widerstand der Mitarbeiter durchgesetzt werden (»Auch wenn du es nicht willst, du musst es machen.«) oder auch direkte Drohungen ausgesprochen werden (»Du bekommst eine Abmahnung.«). In Extremfällen kann es auch dazu kommen, dass der Vorgesetzte von seinem Recht Gebrauch macht, einen Mitarbeiter aus der Organisation zu entfernen oder ihm den Aufstieg in der Firma zu verbauen.

Die besondere Situation in risikokapitalfinanzierten Firmen ist dadurch gekennzeichnet, dass aufgrund des rapiden Wachstums der meisten Firmen hierarchische Anweisungen selten direkt eingesetzt werden müssen. In einer Situation, in der die Risikokapitalgeber von ihren Portfoliounternehmen eine aggressive »Geldverbrennungspolitik« verlangen und viele Unternehmen den Eindruck haben, dass sie über fast unbegrenzte Geldmittel verfügen, gibt es nur wenige ernsthafte Verteilungskämpfe um Ressourcen.

Diese besondere Situation führt dazu, dass viele risikokapitalfinanzierte Firmen in der Wachstumsphase meinen, »keine«, eine »extreme flache« oder »eine ganz besondere Hierarchie« zu haben. Positionen wie Vorstandsvorsitzender oder Marketingchef werden als notwendiges Mittel zur Außendarstellung betrachtet, nach innen wird die Wirkmächtigkeit dieser hierarchischen Positionen aber als äußerst begrenzt angesehen. Man richtet diese Positionen ein und schreibt beeindruckende Titel auf die Visitenkarten, weil die Kunden aus den klassischen Branchen gern einen hochrangigen Ansprechpartner haben. Nach innen aber wird keine besondere Anweisungskompetenz zugestanden.

Welche Effekte entstehen aus der Zurückhaltung beim »Ausleben« der hierarchischen Entscheidungsstrukturen?

Der weitgehende Verzicht auf eindeutig definierte hierarchische Strukturen führt dazu, dass prinzipiell jede Entscheidung von jedem kritisierbar ist. Durch die kaum wirksame Hierarchie kann jeder Mitarbeiter und jede Mitarbeiterin die Entscheidung eines anderen infrage stellen, weil sich dieser nur sehr begrenzt mit dem Hinweis »Ich bin der Chef, wir machen das so.« zu legitimieren vermag.

Die Konsequenz aus der Zurückhaltung beim »Ausleben« der hierarchischen Entscheidungsstrukturen und aus der nur begrenzt vorgenommenen Abgrenzung der Abteilungen voneinander ist eine starke Politisierung von Sachentscheidungen in risikokapitalfinanzierten Unternehmen. Konflikte werden häufig nicht als Resultat unterschiedlicher Positionen im Unternehmen oder der unklaren Strukturierung begriffen, sondern als persönliche Missstimmungen. Hier wirkt der Gruppencharakter aus der Frühphase der Wachstumsunternehmen dergestalt nach, dass es nur ein begrenztes Verständnis für Konflikte gibt, die aufgrund von Aufgabendifferenzierungen entstehen können.

Der französische Organisationssoziologe Erhard Friedberg hat darauf hingewiesen, dass die für Organisationen typische Entpersonalisierung von Problemen funktional sein kann. In bürokratisierten Organisationen werden Entscheidungen eines Stelleninhabers als außerhalb der Person liegende, quasi unpersönliche Handlungen angesehen. Menschen treffen Entscheidungen also lediglich in ihrer Rolle als Organisationsmitglieder. Zwar hat jede einschneidende Entscheidung Auswirkungen auf die davon betroffenen Personen weit über ihre Organisationsrollen hinaus; der Rückzug auf diese Rollen ermöglicht es ihnen jedoch, diese Entscheidung nicht als »persönliche Verletzung«, »Aufkündigung der Freundschaft« oder

»Degradierung des ganzen Menschen« zu begreifen. Eine Personalisierung von Arbeitskonflikten kann bei den Betroffenen tiefe Narben hinterlassen und manchmal auch die Bezeichnung »Mobbing« verdienen – die Organisation hat für diese Verletzungen aber kein Gedächtnis.[20]

Schwerwiegender ist für das Unternehmen die Tatsache, dass der möglichst weit gehende Verzicht auf hierarchische Strukturen zu dem genauen Gegenteil des angestrebten Effekts führen kann. In Unternehmen, die auf ganz besonders flache Hierarchien Wert legen, werden Entscheidungen häufig gerade nicht dezentral gefällt, sondern sie werden zentralisiert. Aufgrund der schwachen mittleren Führungsebene können Unternehmenschefs ohne große Widerrede Entscheidungen, für die eigentlich die Abteilungsleiter zuständig gewesen wären, an sich ziehen. Es kommt zu einer *Zentralisierung durch Dezentralisierung*.

Dieser Effekt der Zentralisierung lässt sich in der Geschichte vieler risikokapitalfinanzierter Unternehmen beobachten. So verfügte der Chef von Apple, Steve Jobs, über eine hierarchische Steuerungsgewalt, von der manche Firmenchefs der Old Economy nur träumen können. Bei Apple bestand das Paradox darin, dass das Unternehmen, das in seiner Frühphase für seine familienartige Atmosphäre gepriesen worden war, immer deutlicher einen autokratischen Führungsstil ausprägte, sodass Mitarbeiter darüber spekulierten, ob die ganze Firma zusammenbräche, wenn Steve Jobs am Morgen von einem Bus überrollt würde.[21]

Die plötzliche Eskalation der Organisationsprobleme

In einer Boomphase sind risikokapitalfinanzierte Unternehmen noch in der Lage, ihre Organisationsprobleme durch einen gewaltigen Ressourceneinsatz kurzfristig in den Griff zu bekommen: Bei Problemen im Controlling oder in der Buchführung werden Berater eingekauft, die schnelle, wenn auch nur kurze Zeit wirksame Lösungen erarbeiten. Softwareentwickler werden als Freelancer eingestellt, um EDV-gestützte Koordinationsplattformen für die Abteilungen zu etablieren. Koordinationsprobleme werden durch eine Intensivierung der Kommunikation gelöst. Motiviert durch Aktienoptionen und durch die Goldgräberstimmung sind die Mitarbeiter bereit, Abend- und Wochenendschichten einzulegen, um gemeinschaftlich die weitere Vorgehensweise auszutüfteln.

Erst eine Wende auf dem Kapitalmarkt führt dazu, dass die oben dargestellten strukturellen Probleme allgemein offensichtlich werden. Die aufgrund des schwachen mittleren Managements schon immer stark zentralisierte Entscheidungsfindung in risikokapitalfinanzierten Unternehmen und die begrenzte Wirkmächtigkeit der Regeln, Programme und Routinen deuten sich schon während einer Boomphase an; thematisierbar werden sie in den meisten Unternehmen aber erst in der aufkommenden Krisensituation infolge der ausbleibenden Finanzspritzen aus dem Kapitalmarkt.

VI

Profit als Mythos: Die Bedrohung einbrechender Kapitalmärkte

»Unternehmensgründungen haben immer etwas mit Wunsch-
produktion zu tun, sowohl vonseiten der Gründer als
auch von Kapitalgebern. Der Wunsch ist nicht selten das Ende
gewesen. Das Exit-Schild musste deutlich überall in die
überteuerten Berliner, Hamburger und Münchner
Bürolofts gehängt werden.«
Der Wirtschaftswissenschaftler und Unternehmensgründer
Stephan A. Jansen[1]

Der Verlust des Glaubens an das Wachstumspotenzial und einbrechende Aktienkurse sind für kapitalmarktorientierte Firmen der
GAU – der größte anzunehmende Unfall. Die ersten großen Pleiten
von Firmen in einem Branchensegment, fallende Börsenkurse von
Hightechunternehmen und die Schwierigkeiten, Anteile bei einem
Börsengang »an den Mann« und »an die Frau« zu bringen, kumulieren in einem massiven Vertrauensverlust von Anlegern. Es erscheinen Todeslisten, in denen Firmen aufgeführt werden, die viel Geld
verbrennen, und es wird berechnet, wie lange diese Firmen noch
ohne zusätzliches Geld überleben können. Da die Anlegerstrategien
im Exit-Kapitalismus sich nicht vorrangig auf das Faktenwissen
über ein Unternehmen, eine Branche oder eine Technologie beziehen, sondern vielmehr auf die Wahrnehmung dieser Fakten durch
andere Kapitalanleger, reagieren Risikokapitalanleger bei einer ein-
setzenden Panik in einem Marktsegment äußerst sensibel und entziehen Unternehmen einer Branche das Kapital.

Zwischen Risikokapitalgebern und Unternehmern, die in der Boomphase fast harmonische Beziehungen unterhalten und sich im Börsentaumel regelmäßig gegenseitige Loyalität erklärt haben, brechen Konflikte aus. Wenn sich die beiden Parteien nicht auf Schuldfragen entsorgende Formeln wie »Pech gehabt«, »leider etwas zu spät gewesen« oder »der verrückte Kapitalmarkt« einigen können, beginnt ein meist intern, manchmal aber auch öffentlich ausgetragenes Schwarzer-Peter-Spiel. Die Firmengründer, so die Feststellung des auf Kapitalanalysen spezialisierten Anlegermagazins *Gegenstandpunkt*, fühlen sich im Stich gelassen, weil »die Spekulantengemeinde« nicht bereit ist, weitere Kredite nachzuschießen, wenn der »erste Vorschuss verwirtschaftet« ist. Risikokapitalgeber stellen fest, dass sie natürlich nicht die Intention hatten, ihr Risikokapital in den Sand zu setzen, und machen den Unternehmer dafür verantwortlich, dass er nicht in der Lage ist, mit ihren Vorschüssen »die Mittel für die mittelfristige Fortführung« des Unternehmens zu erwirtschaften.[2]

Nachdem in den vorigen Kapiteln weitgehend die Situation von risikokapitalfinanzierten Unternehmen während eines Booms am Kapitalmarkt beschrieben wurde, konzentriert sich dieses Kapitel auf die Überlebensversuche bei einem Zusammenbruch des Kapitalmarkts. Ein Einbruch an den Börsen bedeutet für die existierenden Unternehmen, dass sie nur unter größten Schwierigkeiten weitere Zuschüsse aus dem Kapitalmarkt erhalten und dass ihre »Währung«, nämlich ihre Aktien, im Wert sinkt. Sie können Leistungen von Mitarbeitern oder von Serviceleistern des Exit-Kapitalismus nun nicht mehr (so einfach) durch die Abgabe von Unternehmensanteilen erwerben, sondern müssen in US-Dollar, Euro, Pfund oder Yen bezahlen. In dieser Phase ändern risikokapitalfinanzierte Unternehmen ihre auf allen Kanälen gesendete Nachricht von »Wachstum« in »Profitabilität«. Dabei geht es nicht nur darum, durch Kosteneinsparungen auch bei einbrechenden Kapitalmärkten die eigene Liquidität zu sichern, sondern mit der Nachricht »Wir sind in Kürze profitabel.« noch ein wenig Geld auf den zusammenbrechenden Kapitalmärkten einzusammeln.

I.
Der Verfall der wichtigsten Unternehmens- währung – der eigenen

Für kapitalmarktorientierte Unternehmen sind die eigenen Unternehmensaktien wie eine eigene Währung, mit der Zulieferer, Mitarbeiter und Kooperationspartner bezahlt werden können. Bei einem boomenden Aktienmarkt ist der Kurs der eigenen Währung für das Unternehmen günstig und es entsteht eine Unternehmenskultur, in der Unternehmensanteile die wichtigste »Währung im Königreich« sind.[3] Die Leistungserbringer hoffen, mit einer weiteren Steigerung dieser Währung einen besseren Schnitt zu machen, als wenn sie sich in US-Dollar, Pfund oder Euro bezahlen ließen.

Selbst noch nicht an der Börse gehandelte Unternehmen können mit Verweis auf einen bald anstehenden Börsengang und die damit einhergehende »eigene Währung« billig oder kostenlos Dienstleistungen besorgen: Werbeagenturen entwickeln beispielsweise gratis erste Konzepte, weil sie hoffen, nach einer Finanzierung über Risikokapitalgeber oder gar nach einem Börsengang an attraktive Aufträge heranzukommen. Beratungsfirmen stellen ihre Leistungen günstig zur Verfügung, weil sie darauf setzen, dass sie nach der Etablierung des Unternehmens einen privilegierten Zugang zu diesem Kunden haben werden. Mitarbeiter zeigen sich bereit, für wenig Geld 60 bis 70 Stunden die Woche zu arbeiten, weil sie davon träumen, nach einem Börsengang des Unternehmens durch die vage versprochenen Aktienoptionen reich zu werden.

Dieses System der Bezahlung in Unternehmensanteilen oder des

Versprechens von Unternehmensanteilen funktioniert hervorragend, solange die Hoffnung auf ein rapides Steigen der Aktienkurse nach einem Börsengang besteht. Aber das System fällt in sich zusammen, sobald die Aktienkurse einbrechen oder der Börsengang des Unternehmens in unerreichbare Ferne rückt. Das Fallen der Aktienkurse und das Versiegen der Geldnachflüsse bedeutet einen rasanten und kaum aufzuhaltenden Verfall der eigenen Währung.

Damit verändert sich die Geschäftsgrundlage. Von einem Unternehmen, das wegen fehlender Nachflüsse aus dem Kapitalmarkt kurz vor der Pleite steht, verlangen kooperierende Unternehmen plötzlich Marktpreise. Unternehmensberater, Personalberater und Softwarelieferanten bieten ihre Leistungen nur noch gegen Vorauskasse an. Serviceleister, die ihre Rechnungen aufgrund der Hoffnung auf den baldigen Börsengang ihres Kunden gestundet hatten, klagen die Bezahlung jetzt über ihre Rechtsanwälte ein. Es findet eine Verrechtlichung der Beziehung zwischen den Unternehmen statt, die das während der Boomzeit herrschende Vertrauensverhältnis zunehmend ablöst.

Mitarbeiter sehen ihre Aktienoptionen wertlos werden und verlangen eine reguläre und angemessene Gehaltszahlung. Sowohl im Software- und Hardwareboom als auch während des Internetbooms beispielsweise verloren die Mitarbeiteraktien und die Aktienoptionen mit dem Niedergang der Aktienkurse an den Hightechbörsen weitgehend ihren Wert. Die Mitarbeiter mokierten sich über die Bezahlung in Form von Unternehmensaktien als eine »Schönwetterveranstaltung« und machten sich über das »funny money« lustig.

Die problematische Verquickung von Kapital- und Produktmarkt

Der Zweifel am Erfolg der kapitalmarktorientierten Unternehmen hat auch unmittelbare Auswirkungen auf deren Möglichkeiten, Produkte und Dienstleistungen zu verkaufen. Endverbraucher, Zwischenhändler und Unternehmen halten sich sehr damit zurück, Produkte von Firmen zu kaufen, bei denen sie nicht sicher sein können, ob sie in fünf oder sechs Monaten nicht pleite sein werden. Die Frage »Gibt es euch bald noch?« spielte, so ein Vorstandsmitglied des Internetunternehmens Netdollar, nach dem Einbruch auf dem Kapitalmarkt eine zentrale Rolle.

Dieser Zweifel an der langfristigen Lieferfähigkeit einer Firma ist problematisch, weil eine Firma natürlich gerade dann auf Einnahmen aus dem Verkauf von Produkten und Dienstleistungen angewiesen ist, wenn die Geldnachflüsse aus dem Kapitalmarkt nachlassen. Die Einnahmen über den Verkauf müssen bei sinkenden Börsenkursen die Einnahmen aus dem Kapitalmarkt größtenteils ersetzen und die Unternehmen über Wasser halten, bis sie wieder Geld vom Kapitalmarkt erhalten können.

Verschärft werden diese Probleme noch dadurch, dass ein Unternehmen darauf angewiesen ist, den Verkauf von Dienstleistungen und Produkten vermelden zu können, um sich die geringer werdenden Kapitalnachflüsse zu sichern. Wenn ein Unternehmen keine Produktverkäufe mehr mitteilen kann, nimmt die Bereitschaft, in diese Firma zu investieren, weiter ab. Den Risikokapitalgebern, Investmentfonds und Kleinaktionären fehlen die notwendigen Signale, dass die Firma sich in absehbarer Zeit selbst wird über Wasser halten können.

Selbst Baan, ein Hersteller von Unternehmenssoftware und zeitweilig ernst zu nehmender Konkurrent von SAP, geriet in die Falle einer zu engen Kapitalmarkt- und Produktmarktverquickung. Das Unternehmensmodell war auf schnellem Wachstum aufgebaut, das durch einen hohen Aktienkurs gestützt wurde. Als amerikanische Analysten Kritik am Management übten, geriet der Aktienkurs ins Trudeln. Das Unternehmen hatte zunehmend Schwierigkeiten, neues Kapital aufzunehmen, und die Unternehmensverluste verringerten zusätzlich die Liquidität. In dieser Phase sprangen Kunden wie Siemens und Carrier Corporation ab, weil sie nicht wussten, wie lange Baan noch auf dem Markt sein würde, und wechselten zum Konkurrenzprodukt SAP. Dieser Vorgang reduzierte unmittelbar die Einnahmen von Baan und verstärkte die Zweifel des Kapitalmarkts an seiner Überlebensfähigkeit.[4]

Ehemalige Vorzeigeunternehmen der Internetbranche, bei denen während der Boomzeit die Kunden Schlange gestanden waren, sahen sich im Zuge der einbrechenden Kapitalmärkte bei jeder Auftragsverhandlung gezwungen, ihre finanzielle Substanz nachzuweisen. Sie konnten ihre Softwareentwicklungen oder Internetdienstleistungen nur noch vermarkten, wenn sich nachweisen ließ, dass sie ein ausreichendes finanzielles Polster hatten. »Manchmal«, so berichtete beispielsweise Frank Biernat, Geschäftsführer der Hamburger Internetagentur Medienwerft, mussten »wir sogar unsere Bücher zur Präsentation mitbringen«[5].

Der Gang an die Börse, den viele Unternehmen auch dazu genutzt hatten, um für ihre Produkte Werbung zu machen, stellte sich plötzlich als Klotz am Bein dar. Jede Meldung über einbrechende Kurse eines Unternehmens ließ bei Kunden die Frage aufkommen, wie lange es das Unternehmen noch geben werde.

Die Implosion der Inkubatoren

Das Modell der Inkubatoren (»Brutkästen«), auf das auch einige Unternehmen in Boomzeiten setzen, indem sie ihr Businessmodell auf den Bereich der Betreuung von Wachstumsunternehmen in der sehr frühen Phase ausdehnen, basiert auf einem stetigen Nachfluss von Risikokapital. Das Nachzüchten von jungen Unternehmen, die an die Börse gebracht werden, ist in Boomzeiten eine hervorragende Möglichkeit, um Geld einzusammeln. Im Idealfall kann ein Mutterunternehmen durch die immer neue Ausgründung Verluste schreibender Töchter und den Börsengang von gehätschelten Wachstumsunternehmen auch bei eigenen operativen Verlusten immer wieder Geld in die eigene Tasche bekommen.

In dem Moment, in dem die Geldzuflüsse aus dem Risikokapitalmarkt geringer werden, versiegen zuerst die Geldzahlungen für junge Unternehmen. Die Risikokapitalgeber schätzen es als schwierig ein, die jungen Unternehmen aus dem Brutkasten gegen den Trend noch an die Börse bringen oder an ein großes Unternehmen verkaufen zu können. Angesichts dieser Situation sitzt der Besitzer eines Inkubators auf seinen »Eiern« und kann absehen, dass er diese weder als »Eier« nach als »Küken« oder gar als »Hennen« loswerden wird. Da die Unternehmen in der Frühphase nicht profitabel sind, bleibt dem »Brutkastenbetreiber« nichts anderes übrig, als entweder aus eigenen Rücklagen immer wieder Geld nachzuschießen oder aber den Strom für den Inkubator abzustellen, mit der Gefahr, dass die meisten Küken eingehen. Da die Inkubatoren weder vertraglich zugesicherte Risikokapitalfonds im Hintergrund haben noch wie die Risikokapitalgesellschaften eine erfolgsunabhängige Managementgebühr von ihren Anlegern kassieren, stehen sie schnell ohne Geld dar.

Aus diesem Grund implodierten nach dem Einbruch am Kapitalmarkt selbst die Vorzeige-Inkubatoren des Internetbooms. Der Ideallab-Gründer Bill Gross, der als einer der Erfinder dieses Geschäftsmodells gilt und Zweigstellen im Silicon Valley, in Boston, New York und London aufgebaut hatte, musste sich nach dem Einbruch der Internetwirtschaft sagen lassen, dass er in seinem »Brutkasten« nichts als »verrottete Eier« gezüchtet habe. Die Aktien seiner öffentlich gehandelten Firma verloren im Laufe des Jahres 2000 weit über 90 Prozent ihres Wertes. In seinem Inkubator gehätschelte Web-Firmen wie Eve.com und eToys gingen Konkurs.[6]

Die einzige Möglichkeit für Unternehmen mit eigenen Inkubatoren besteht darin, die ehemals gehätschelten Unternehmen so schnell wie möglich zu schließen und den eigenen »Brutkasten« dichtzuma-

chen. Firmen wie Marchfirst, BlueC und Pixelpark, die alle ambitionierte Inkubatorprojekte aufgegeben hatten, schrieben ihre Brutkästen mit hohen Verlusten ab. Dadurch versuchten sie, ihre immer
knapper werdenden liquiden Mittel zu strecken, büßten aber ihre
Attraktivität für Anleger, die auf schnelles Wachstum gesetzt hatten,
endgültig ein.

Das Problem des Scheiterns von Konkurrenten

In herkömmlichen, mit Blick auf produktmarktorientierte Unternehmen verfassten Wirtschaftstheorien wird davon ausgegangen,
dass der Konkurs eines Konkurrenten einen Vorteil für ein Unternehmen darstellt, weil das überlebende Unternehmen dessen Märkte
übernehmen und dessen kompetenteste Mitarbeiter anwerben kann.
Darüber hinaus, so heißt es, nehmen die Preiskämpfe ab, und der
unmittelbare Innovationsdruck reduziert sich. Aus diesem Grund
wird bei Konkursen von großen Unternehmen in einem Markt mit
wenigen Anbietern auch das Kartellamt aufmerksam, weil es die
Ausbildung von wettbewerbsverzerrenden Monopolen befürchtet.

Ganz anders ist die Logik bei kapitalmarktorientierten Firmen:
Hier gilt der Erfolg oder Misserfolg eines Konkurrenten als wichtige
Aussage darüber, ob ein Businesskonzept überlebensfähig ist oder
nicht. Geht ein wichtiger Konkurrent ein, werden sofort Zweifel
laut, ob sich mit dem ganzen Konzept überhaupt Geld wird verdienen lassen, und Investoren drohen, ihr Geld aus den Geschäftskon-
zepten zurückzuziehen. Viele Venture-Capitalists investieren nämlich nur deswegen in ein Unternehmen, weil es dafür bereits ein großes, erfolgreiches Modell in den USA, in Großbritannien, Deutschland oder Israel gibt. Sie hoffen, durch Kopieren dieses Modells
einen erfolgreichen Konkurrenten aufzubauen oder wenigstens für
Geld oder für Anteile von dem schon bestehenden Modellunterneh-
men aufgekauft zu werden. Im Augenblick der Pleite des großen

Konkurrenten gehen aber sowohl der Glaube an das Geschäftsmodell verloren als auch die Möglichkeit, sich vom Konkurrenten aufkaufen zu lassen.

Im Geschäftsbereich des Internets stellte sich diese Situation für europäische Unternehmen als besonders problematisch dar. Marc Lecomte von der weltweit tätigen Risikokapitalgesellschaft Ad Venture erklärt, dass es »zwischen Amerika und Europa eine Phasenverzögerung von etwa zwei Jahren« gebe. Die Rechtfertigung »vieler Venture-Capital-Firmen in Europa«, eine Investition in ein europäisches Unternehmen zu tätigen, sei der »augenscheinliche Erfolg der gleichen Businesspläne und Unternehmensmodelle in den USA«. In dem Moment, in dem »in Amerika die Konkurrenz verschwunden« sei, fehle »dem Venture-Capitalist oft die Rechtfertigung, in vergleichbare Unternehmen in Europa zu investieren«. Die Finanzierung werde sofort eingestellt.[7]

Ein gutes Beispiel dafür ist die Bezahlung fürs Surfen im Internet: Die Pleite der Firma Alladvantage, die sich als die »weltweit am schnellsten wachsende Internet-Community« bezeichnet und damit geworben hatte, dass sie ihre Mitglieder für das Surfen im Netz bezahlte, reduzierte unmittelbar die Überlebenschancen der Konkurrenten wie BasicPoint, BePaid, CashFiesta, Fairad oder PaidforSurf. Der Konkurrent Cyberprofit, der über das Werbefenster Cash Machine zielgruppengenaue Werbung im Internet anbot und seinen Kunden Geld fürs Surfen bezahlte, wenn sie ein Werbebanner auf dem Bildschirm ertrugen, musste vier Monate nach Alladvantage Insolvenz beantragen. Das Businessmodell »Geld fürs Surfen« wurde nach der Pleite des Marktführers Alladvantage als gescheitert betrachtet, und Risikokapitalgeber waren nicht mehr bereit, in Unternehmen aus diesem Bereich zu investieren.

Ein weiteres Beispiel sind Websites zum Selbermachen: Der Konkurs von Hotoffice, des Marktführers für Do-it-yourself-Websites, reduzierte sofort die Möglichkeiten für Konkurrenten, Risikokapital einzuwerben. Unternehmen wie Intranets.com oder Super-WebOffice gerieten dadurch in große Schwierigkeiten. Der Geschäftsführer von SuperWebOffice, Martin Andersen, erklärt, dass das Scheitern eines Konkurrenten für Firmen der New Economy »überhaupt nicht gut« sei. »Wenn ein gut Aufgestellter es nicht schafft«, dann sei dies ein »schlechtes Signal«. Fonds, die in das Unternehmen investiert hatten, hätten nach der Pleite des Konkurrenten verkündet: »Das wollen wir nicht mehr, wir investieren lieber in etwas anderes.«

Die Teufelskreise kapitalmarktorientierter Unternehmen

Die Entwicklung bei einbrechenden Kapitalmärkten lässt sich auf eine einfache, der klassischen Wirtschaftswissenschaft widersprechenden These zuspitzen: Die Kurse von kapitalmarktorientierten Unternehmen brechen nicht deswegen ein, weil das Unternehmen einen durch den Produktmarkt bedingten Niedergang erlebt, sondern das Unternehmen erlebt einen Niedergang, weil die Kurse einbrechen.

Auch wenn mit dieser These eine andere Akzentuierung gesetzt wird als in der klassischen Wirtschaftswissenschaft, darf nicht übersehen werden, dass sich die Entwicklungen auf den Kapital- und Produktmärkten – wie gezeigt – in Teufelskreisen gegenseitig hochschaukeln. Der Fall der eigenen Währung »Aktie« führt dazu, dass kapitalmarktorientierte Unternehmen für ihre Leistungen in bar bezahlen müssen, was wiederum die Liquiditätskrisen der Unternehmen verschärft und weitere Zweifel am Wert der Unternehmensaktien nährt. Das Ausbleiben von Kapitalnachflüssen lässt zudem Skepsis aufkommen, ob eine Firma ihre Produkte überhaupt noch liefern kann. Das daraus resultierende Ausbleiben des Geschäfts mit Produkten führt dazu, dass die Firma keine Signale in Form von guten Verkaufs- und Umsatzzahlen mehr senden kann, die Investoren veranlassen könnten, noch einmal Geld nachzuschießen. Die Unternehmen stecken in Teufelskreisen fest, die zu einer überlebensgefährdenden Situation eskalieren können: In dem Moment, in dem der Geldnachfluss aus dem Kapitalmarkt ins Stocken gerät, haben die Unternehmen sehr hohe Fixkosten, aber kaum Einnahmen aus dem operativen Geschäft, um diese zu decken.

Die klassische Reaktion produktmarktorientierter Unternehmen in solchen Fällen besteht darin, weniger Rohmaterial einzukaufen, die Arbeitszeit der Mitarbeiter zu reduzieren oder Mitarbeiter zu entlassen und darüber die Fixkosten zu senken. Wenn beispielsweise der Automobilproduzent Ford in eine finanzielle Krise gerät, können die Kosten dadurch gesenkt werden, dass 35 000 Mitarbeiter entlassen und fünf Werke geschlossen werden. Damit richtet man sich auf einbrechende Märkte ein und erhält die eigene Zahlungsfähigkeit aufrecht.

Diese Strategie steht kapitalmarktorientierten Unternehmen nicht ohne weiteres zur Verfügung. Der Gründer von SuperWebOffice, Martin Andersen, bemerkt, dass es beim Ausbleiben von Kapitalnachflüssen kaum möglich sei, »kleinere Brötchen zu backen«. Wenn erst einmal ein großes Team vorhanden sei, habe man selbst als kleineres, noch nicht börsennotiertes Unternehmen allein durch die Gehaltskosten, die Büros und die Server-Fixkosten in Höhe von 200 000 bis 300 000 US-Dollar monatlich. Jede »C-Position« wie Chief Executive Officer oder Chief Financial Officer würde allein mit 150 000 US-Dollar zu Buche schlagen, auch dann, wenn keinerlei Einnahmen zu verbuchen wären. Man könne, so der Gründer, »wenn es einmal läuft, nicht mehr reduzieren«.

Wie reagieren kapitalmarktorientierte Unternehmen in dieser Krisensituation?

2.
Überlebensstrategie: Profitabilität und Rentabilität als Signal

»Wir haben verstanden« – so lässt sich die Nachricht auf den Punkt bringen, welche die Chefs von Wachstumsunternehmen auf allen Kanäle aussenden, wenn ihre Branche von einem Risikokapitalstrudel erfasst wird. Nachdem beispielsweise während des Internetbooms die Kapitalmärkte lange Zeit mit Schlagworten wie B2B (Business-to-Business), B2C (Business-to-Consumer) oder C2C (Consumer to Consumer) bedient wurden, wurde jetzt die Parole P2P (Path-to-Profitability«) gepflegt. Das Mantra »Grow Big Fast«, das mit einer schnellen internationalen Expansion, großen Marketingkampagnen und rasanten Umsatzsteigerungen verknüpft war, wurde durch die Logik der »schnellen Profitabilität« ersetzt.

Plötzlich wird das Geschäftsprinzip »Halte deine Ausgaben kleiner als deine Einnahmen« als neuer Grundsatz der risikokapitalfinanzierten Firmen gefeiert. Robert Bauer von Foodstep erläutert, dass mit dem Einbruch der Kapitalmärkte das bisherige Geschäftsmodell der Internetfirmen ins Wanken geraten sei. Der Versuch, das in der Marktwirtschaft so wichtige Axiom »Gewinn ist gleich Umsatz minus Kosten« durch die Formel »Umsatz durch Risikokapital« zu ersetzen, habe irgendwann nicht mehr funktioniert. Narween Jain, der Gründer von Infospace, einem Großhändler für »Inhalte« im Internet, erklärt, dass der Erfolg seiner Firma auf den Ratschlag seiner Mutter zurückgehe, er solle immer weniger ausgeben, als er einnehme. Meg Whitman, die auch in Krisenzeiten gefeierte Unternehmenschefin des Internet-Auktionshauses eBay, berichtete, dass es für sie ein ganz einfaches Kriterium für eine erfolgreiche Unternehmung gebe: »Steigere den Umsatz schneller als die Kosten.«[8]

Wichtig ist, dass Unternehmen ihr Profitabilitäts- und Rentabilitätsversprechen an konkrete Daten knüpfen. Selbst Jeffrey P. Bezos, Chef von Amazon, der sich auf der Höhe des Internetbooms konsequent geweigert hatte, eine Prognose abzugeben, wann seine Firma profitabel sein werde, legte sich erst nach dem Niedergang des Kapitalmarkts auf ein konkretes Datum für die Profitabilität von Amazon fest. Dies sei, so die New-Economy-Analystin Mary G. Meeker von Morgan Stanley Dean Witter, die einzige Möglichkeit gewesen zu verhindern, dass Anleger ihre Anteile an Amazon verkauften.[9]

Die Anleger sollen durch das Nennen eines konkreten Zeitpunktes den Eindruck bekommen, dass das Damoklesschwert des Konkurses bald nicht mehr über dem Unternehmen schweben wird. Zwar kann auch die optimistische Unternehmenschefin nicht verhindern, dass ihre Aktien in Abschwungzeiten keine Gewinnfantasien mehr wecken, sie kann aber durch das fast gebetsmühlenartige Beschwören des baldigen Erreichens der Profitabilität zumindest die Aktionäre davon abhalten, aus Sorge vor einem Komplettverlust ihrer Aktien in Panikverkäufe zu verfallen.

Darüber hinaus gibt es aber auch verschiedene andere Möglichkeiten für risikokapitalfinanzierte Unternehmen, zu signalisieren, dass sie ihr Modell von kompromisslosem Wachstum auf Profitabilität umstellen: Dazu gehören die Abgrenzung gegenüber gescheiterten Unternehmen, die Umstellung des Vokabulars und die Veränderung der Kleiderordnung.

Die Abgrenzung gegenüber gescheiterten Geschäftsmodellen

In Abschwungphasen wird die ständige Wiederholung des Gewinnprinzips mit der Aussage verknüpft, dass sich jetzt endlich die guten von den schlechten Unternehmen trennen. Einige schlecht fundamentierte und gesteuerte Unternehmen müssten nun daran glauben. Die gut geführten Unternehmen mit einem erfolgversprechenden Produkt aber würden sich langfristig durchsetzen. So beklagte sich

Jeff Bezos von Amazon beim Einbruch der Internetfirmen am Kapitalmarkt, dass seine Branche »Abzocker« angezogen habe. Viele Geschäftspläne seien lediglich darauf ausgerichtet gewesen, den Aktienkurs möglichst schnell in die Höhe zu treiben, dann auszusteigen und das Problem anderen zu überlassen. Paulus Neef, dessen Firma Pixelpark während des Internetbooms von Quartal zu Quartal die Firmenverluste gesteigert hatte, erklärte, dass nach dem Einbruch des Kapitalbooms eine »notwendige Marktbereinigung« stattfinde und nur die übrig blieben, die »anständig wirtschaften«.[10]

Firmen, die durch den Risikokapitalstrudel erfasst werden und Konkurs anmelden, werden von Fondsmanagern, Analysten, Risikokapitalgebern und Kooperationspartnern wie heiße Kartoffeln fallen gelassen. Es wird eine klare Trennung vorgenommen zwischen Unternehmen, die aufgrund von Fehlern des Managements, falscher Geschäftsmodelle und einer fehlerhaften Marktwahrnehmung verdientermaßen Pleite gehen, und den »guten« Unternehmen, die ungerechtfertigterweise an Wert verlieren. Helmut Krüger, Investmentmanager beim Emissionshaus Gold-Zack, beklagt, dass die Vorstände vieler Unternehmen nur »bessere Talkmaster gewesen« seien und Privatanlegern das Geld aus der Tasche gezogen hätten. Dies habe mit »seriösem Unternehmertum« nichts zu tun. Kurz bevor sein eigenes Unternehmen in massive Schwierigkeiten geriet und in den Medien als besonders krasser Fall von verfehlter Unternehmensstrategie gehandelt wurde, erklärte er, dass sich jetzt endlich die »Spreu vom Weizen« trenne. Der Vorstandschef von Brokat, Stefan Röver, ließ nur wenige Monate vor der Insolvenz seiner Firma verlauten, dass seine Firma für Finanzsoftware im Gegensatz zu Konkurrenten »solide genug finanziert« sei, um »die Gewinnschwelle im vierten Quartal erreichen zu können«. Peter Kabel, der um die Jahrhundertwende sogar als »World Entrepreneur of the Year« gehandelt wurde, hob hervor, dass sein Unternehmen Kabel New Media »klar gegen den Strom« schwimme. Bis kurz vor dem

Konkurs seiner Firma verkündete er monoton, dass sie in Kürze die Gewinnzone erreichen werde.[11]

Allein die Frage, ob man selbst schon Konkurs angemeldet hat, scheint darüber zu entscheiden, ob man noch zu denjenigen gehört, die begrüßen können, dass sich jetzt die Spreu vom Weizen trennt oder man selbst von anderen zur Spreu gezählt wird. Das Management von Gold-Zack, Brokat oder Kabel New Media pries so lange den »Bereinigungsprozess« in der Branche als dringend notwendig und mokierte sich über die Abzocker in der Branche, bis ihre eigenen Unternehmen in eine so massive Schieflage gerieten, dass sie selbst als Beispiel für diese verabscheuungswürdigen Abzocker gehandelt wurden.

Das Spiel mit Namen

Gerade bei der Ausbildung neuer Branchensegmente entwickelt sich – wie oben dargestellt – eine eigene Begrifflichkeit, über die Unternehmen signalisieren können, dass sie Teil von etwas ganz Besonderem sind. Unternehmen, die sich der modischen Begriffe einer Branche bedienen, erhalten fast automatisch einen Bonus am Kapitalmarkt. Das Problem ist jedoch, dass solche Begriffe an Unternehmen »kleben« bleiben, wenn sie ihren Reiz während des Einbruchs eines Branchensegments verlieren. Die Terminologie hängt jetzt den Unternehmen wie ein Klotz am Bein, weil sie mit einem gescheiterten Geschäftsmodell, mit Anlegerbetrug und Pleiteunternehmen in Verbindung gebracht werden. In solchen Situationen gilt das Kommando »Rette sich, wer kann!«, und das Management versucht, die »Namens- und Benennungspolitik« radikal zu verändern. Begriffe, die in einer Hype-Phase dazu beitrugen, dass das Unternehmen hohe Aufmerksamkeit erhielt, sind verbraucht und werden von den Unternehmen abgeworfen.

So war beispielsweise die Assoziierung mit der New Economy,

mit dem Land des »e-Everything« und das Schmücken mit einem Dot.com-Label für Unternehmen so lange attraktiv, wie sie als Teil eines »großen Dings« verstanden wurden. Spätestens mit dem Einbruch an der Nasdaq und an den europäischen und asiatischen Börsen für Wachstumsunternehmen waren jedoch die Begriffe der New Economy verbraucht. »Es gibt Firmen«, so der Internetunternehmer Oliver Sinner, »die bei Ausschreibungen keine Agenturen mehr einladen, die mit dem Internet assoziiert werden.« Die eBay-Chefin Meg Whitman erklärte öffentlich: »Die New Economy ist tot«, daran bestehe »kein Zweifel«. Martin Andersen von SuperWebOffice stellte fest, dass eine Zeit lang die Risikokapitalgeber Firmen der New Economy blind finanziert hätten, beim Einbrechen des Kapitalmarkts aber alle Firmen, »die mit ›e‹ anfangen, auf Hold« gelegt und häufig einfach als Verluste abgeschrieben hätten.[12]

Die Kreativität bei der Wortschöpfung konzentrierte sich in der Abschwungphase des Internetbooms darauf, Begriffe zu finden, welche die Distanz zu den verbrauchten Begriffen der »New Economy« verdeutlichen und zeigen, dass Firmen jetzt mehr auf Profitabilität achten. Als »New Economy von morgen« galt die »Real-Economy«. Mit Worterfindungen wie »Real Economy«, aber auch mit teilweise sogar markenrechtlich geschützten Begriffen wie »Next Economy«, »One Economy«, »Digital Economy« oder »True Economy« wurde signalisiert, dass sich jetzt auch die Internetwirtschaft am gewinnorientierten Kapitalismus orientierte und dass die Regeln der New und der Old Economy sich gar nicht grundlegend voneinander unterschieden.

Unternehmen, die bislang mit ihrer »e-Vorsilbe« oder ihrer »dot.com-Endung« hatten zeigen wollen, dass sie zu einer großen Sache gehörten, versuchten jetzt, sich ihrer ehemals so attraktiven Vor- und Endsilben zu entledigen. So ließ der Internet-Reifenhändler Delti.com einfach den Punkt fallen und wurde zu Delticom – ohne den plötzlich störenden »dot«. Der englische Begriff für Punkt hatte sich von einem »Gütezeichen für E-Commerce« zu einem »Warnsignal für Investoren« gewandelt. Der israelische »Unternehmensbrutkasten« Yazam.com wollte auf dem Höhepunkt des New-Economy-Booms mit der »com-Endung« signalisieren, dass man nur in Internetfirmen investieren wollte. Nach dem Verschließen der Exit-Möglichkeiten für die Internetunternehmen ließ Yazam.com die kleine Endung stillschweigend fallen und versuchte sich so aus der Begrenzung auf das Internetgeschäft zu lösen.[13]

Kleider machen Leute

Auch die Kleiderpolitik ändert sich in einer Abschwungphase. Die Cordhose, der lange Bart, die T-Shirts, die rot gefärbten Haare und der öffentliche Striptease eines Unternehmenschefs werden nun als »Zeichen« einer überkommenen Hype-Phase angesehen. Besonders deutlich wurde diese Umstellung während des Zusammenbruchs des Kapitalmarkts nach dem Internetboom. Die Zeiten, in denen mit der Geschichte vom Millionär kokettiert wurde, der noch nicht einmal einen Nadelstreifenanzug besaß und keine Tischmanieren gelernt hatte, waren spätestens Mitte des Jahres 2000 vorbei. Die durch Kleidung und Habitus zelebrierte Andersartigkeit war plötzlich Zeichen für eine »vergangene Zeit«, mit der man möglichst nicht mehr assoziiert werden wollte.

So proklamierte der Unternehmensberater Tom Noelle auf einer großen Konferenz für Telekommunikation unter lautem Beifall des Publikums, es sei der »Fehler der Westküsten-Hippies« gewesen, dass diese es nicht für notwendig erachtet hätten, mit dem Internet auch Gewinn zu machen. Geschäftsführerinnen wie Meg Whitman von eBay, die auch während der Hype-Phase eher zum klassischen Businesskostüm als zum schicken New-Economy-Outfit neigten, wurden plötzlich zum Kleidungsvorbild für die Geschäftsführerinnen von Internetfirmen. Auch bei den Männern setzte sich wieder die klassische Businesskleidung durch. »Diejenigen aus der New Economy, die überlebt haben«, so erklärt beispielsweise Robert Bauer von Foodstep, sehe man »oft mit Krawatte«. Auf diese Weise versuche man, bei den Risikokapitalgebern einen »guten Eindruck zu machen – Stichwort: Wir haben verstanden«[14].

Profit als Botschaft an den Kapitalmarkt

Es ist die nächstliegende Interpretation, in Abschwungphasen die Proklamation der »Paths to Profitability« durch Unternehmer als bare Münze zu nehmen und sie als Versuch zu deuten, die Unternehmen von einer auf den Kapitalmarkt zu einer auf den Produktmarkt ausgerichteten Logik umzustellen. Die Wachstumsunternehmen, so die dominierende Interpretation in Zeitungen, Zeitschriften und Büchern während einer Abschwungphase, verhielten sich jetzt endlich wie »richtige Unternehmen«[15].

Man kann jedoch Zweifel anmelden, ob es bei der Rentabilitätsrhetorik wirklich vorrangig um die Loslösung von einer kapitalmarktorientierten und die Hinwendung zu einer produktmarktorientierten Logik geht. Die meisten Wachstumsunternehmen sind so stark auf eine permanente Nachschubfinanzierung durch den Kapitalmarkt ausgerichtet, dass eine plötzliche Umstellung auf die ausschließliche Finanzierung durch den profitablen Verkauf von Produkten und Dienstleistungen gar nicht möglich ist. Unternehmen, die viel Geld in Auslandsniederlassungen, Produkterweiterungen und Umsatzwachstum stecken, verzeichnen nicht automatisch Gewinne, wenn sie die Auslandsniederlassungen schließen, sich auf das Kerngeschäft konzentrieren und die Markteroberungsstrategie einstellen. Ihr Geschäftsmodell war häufig darauf ausgerichtet, dass sie erst dann profitabel sein würden, wenn die Umsätze extrem steigen, weil sich anders die hohen Investitionen in Computer, Softwareprogramme oder die Entwicklung von Portalen gar nicht rentieren können.

Eine Interpretation, die Profit als einen gegenüber dem Kapitalmarkt gepflegten Mythos begreift, ist überzeugender: »Profitabilität
und Rentabilität« sind vorrangig eine Botschaft an den Kapitalmarkt, mit der man auch in schwierigen Zeiten versucht, Geldnachflüsse sicherzustellen. Die Überlebensstrategie des Managements
kapitalmarktorientierter Unternehmen besteht im Aussenden eines
Signals an den Kapitalmarkt: »Wir brauchen nur noch ganz wenig
Geld, um die Gewinnzone zu erreichen. Wenn ihr uns dieses Geld
noch nachschießt, können wir allein überleben; ansonst sind alle bis-
herigen Investitionen verloren.«

VII

Von den Stärken und Schwächen kapitalmarktorientierter Unternehmen

»Wenn du vor einem Jahr Nortel-Aktien im Wert von
1 000 US-Dollar gekauft hättest, wären sie jetzt noch gerade
49 US-Dollar wert. Aktien von Enron hätten nur noch
einen Wert von 16,50 US-Dollar, Aktien von Worldcom wären
sogar weniger als 5 US-Dollar wert. Wenn du für die
1 000 US-Dollar vor einem Jahr Budweiser-Bier in der Dose gekauft,
alles brav ausgetrunken und die Dosen zum Pfandrecycling
gebracht hättest, wären dir immerhin noch 214 US-Dollar geblieben.
Basierend auf dieser Statistik ist der zurzeit erfolgversprechendste
Investmenttipp: Trinke viel und recycle.«

*Kalkulation, die nach dem Zusammenbruch des Kapitalmarktbooms
Anfang des 21. Jahrhunderts im Internet kursierte*

Kaum ein Schlagwort hat in den letzten Jahrzehnten eine so wichtige Rolle gespielt wie *Shareholder-Value* – der Wert des Unternehmens für den Aktionär. Statt der einseitigen Ausrichtung auf die Interessen der Kunden, Mitarbeiter oder Manager eines Unternehmens fordern die Vertreter der Shareholder-Value-Idee die Orientierung der Unternehmenspolitik an den Interessen der Anteilseigner. Wenn das ganze Unternehmen sich an dem ausrichte, was der Kapitalmarkt wolle, dann nutze dies langfristig auch den Kunden, Managern und Mitarbeitern. Da die Dividende für den Anteilseigner nur steigt, wenn auch die Rendite des Unternehmens nach oben geht, wird Shareholder-Value häufig mit Rationalisierung und in letzter Konsequenz mit Arbeitsplatzabbau in Verbindung gebracht. Die Verschlankung der Unternehmen durch den Abbau von Personal- und Produktionskosten und die Ausrichtung auf ein Kerngeschäft sollte, so die Annahme, höhere Gewinne möglich machen und damit den Shareholder-Value steigern.

Hinter dem auf den Ökonomen Alfred Rappaport zurückgehenden Konzept des Shareholder-Value steht die Überlegung, dass der Kapitalmarkt es belohnt, wenn alle Unternehmensprozesse konsequent an der Steigerung der Rentabilität ausgerichtet werden. Das Unternehmen soll dafür in selbstständige Geschäftseinheiten zerlegt werden. Diese Unternehmensteile werden dann einem rigorosen Finanz-Controlling unterworfen und auf präzise Gewinnziele ausgerichtet. Wenn die vorgegebenen Gewinnziele nicht erreicht werden, müssen entweder Rationalisierungsmaßnahmen ergriffen werden oder die Firmeneinheit wird im Interesse der Anteilseigner abgestoßen.

Das Konzept des Shareholder-Value geht von der Annahme aus, dass sich die Kapitalmärkte an den Fundamentaldaten von Unternehmen orientieren. Die Anteilseigner investieren, so die Vorstellung Rappaports und seiner Anhänger, in die Unternehmen, die den höchsten Gewinn versprechen, und tragen so in einem »darwinistischen Ausleseprozess« zum Überleben der »besten Unternehmen« bei.

So weit, so gut (oder schlecht). Den Überlegungen Rappaports zum Trotz gibt es immer wieder Phasen, in denen Anteilsaktionäre mit der Shareholder-Value-Konzeption nur verhältnismäßig geringe Renditen erzielen können. Wie der Biotech-Boom Anfang der achtziger und der Internet-Hype Ende der neunziger Jahre gezeigt haben, können Unternehmen ohne Gewinne und ohne Verschlankung an den Börsen immer wieder höhere Bewertungen erreichen als Unternehmen, die im Sinne Rappaports alles richtig machen. Unternehmen, die hohe Verluste melden, werden durch plötzliche Aktiensprünge belohnt, weil die Verluste lediglich als Ausdruck einer

Expansion in vielversprechende, bisher weitgehend unerschlossene Märkte angesehen werden, die sich langfristig auszahlen wird.

Während nach der Logik des Shareholder-Value Personalentlassungen häufig als Zeichen von Gesundung und Konsolidierung gelten und folglich höhere Aktienkurse erwartet werden, wird während einer Boomzeit am Kapitalmarkt der Aktienkurs von risikokapitalfinanzierten Unternehmen in der Regel durch umfangreiche Personaleinstellungen gesteigert. Als wichtiges Kriterium, an dem sich die Aktienkurse orientieren, gilt die Frage, ob das Unternehmen das im Businessplan versprochene Personalwachstum erreicht. Wie viel das neu eingestellte Personal kostet, wie es eingesetzt wird und wie es langfristig finanziert werden soll, interessiert in Boomzeiten weder das Management noch die Anleger besonders.

Zugespitzt ausgedrückt: Diejenigen Privatanleger, Fondsmanager und Risikokapitalgeber, die sich während eines Booms einer Wachstumsbranche am Kapitalmarkt in ihrem Anlageverhalten am Gewinn von Unternehmen orientieren, machen vermutlich weniger aus ihrem Geld als diejenigen, die gezielt in verlustreiche Wachstumsunternehmen investieren. Eine Orientierung an den Shareholder-Value-Kriterien von Rappaport führt in diesem Fall zu einer »Underperformance« des eigenen Kapitals. Der Kapitalmarkt formt die Art, wie Unternehmen sich ausrichten, aber ganz anders, als es sich die Vertreter des Shareholder-Value-Gedankens vorstellten.[1]

In den Dürrephasen an den Risikokapitalmärkten (zuletzt nach dem Internetboom) lässt sich leicht die These vertreten, dass nach einer Phase der Überhitzung nun die Normalität des Wirtschaftens wieder zurückkehrt. Die an Gewinn orientierten Unternehmen kämen endlich zu ihrem verdienten Recht, und die Logik des Shareholder-Value sei wiederhergestellt. Nach einer Phase »irrationalen Überschwangs« gälten jetzt wieder die »normalen Prinzipien« des Kapitalismus.

Aber bei der in Abschwungphasen an den Börsen so populären

Verurteilung der Kapitalmarktorientierung wird häufig versäumt, nach der Rationalität des Verhaltens risikokapitalfinanzierter Firmen in der Zeit eines Kapitalmarkt-Hypes zu fragen. In diesem Kapitel wird gezeigt, dass es immer wieder Boomphasen gibt, in denen hoch defizitäre risikokapitalfinanzierte Unternehmen ihre hohe Legitimität am Kapitalmarkt nutzen können, um damit im operativen Geschäft profitable Unternehmen unter Druck zu setzen. Sie können über den hohen Wert ihrer »Währung« Aktie Marktanteile kaufen, Mitarbeiter von profitablen Unternehmen abwerben oder auch profitable Unternehmen komplett übernehmen. Dies führt nicht selten dazu, dass auch »gestandene« Großkonzerne die Kapitalmarktorientierung übernehmen und damit Logiken der Risikokapitalfinanzierung integrieren.

I.
Zahlungsfähigkeit, nicht Gewinn

Es ist eine folgenreiche Verkürzung der Betriebswirtschaftslehre, alle Wirtschaftsprozesse von der Standardannahme aus zu interpretieren, ein Unternehmen überlebe, wenn Produkte und Dienstleistungen von Kunden nachgefragt werden und diese bereit sind, einen Preis zu bezahlen, der über den Herstellungs- und Bereitstellungskosten liegt. Der Gewinn aus dem operativen Geschäft und das Überleben eines Unternehmens werden in dieser Verkürzung in eins gesetzt, und der operative Gewinn des Unternehmens wird als Ausgangspunkt für alle weiteren Überlegungen und Handlungsempfehlungen genommen.

Wichtiger als der operativen Gewinn ist für das Überleben eines Unternehmens jedoch, dass genügend finanzielle Mittel verfügbar sind, dass es – wie es so schön heißt – *zahlungsfähig* ist. »Cash mag«, wie der Silicon-Valley-Vorzeige-Gründer Alan Shugart feststellt,

»wichtiger sein als die eigene Mutter«, aber Cash muss nicht unbedingt durch operative Profite in die Kasse kommen. Es gibt neben dem operativen Gewinn auch andere Möglichkeiten, um zahlungsfähig zu bleiben: einen permanenten Geldnachfluss durch den Kapitalmarkt, staatliche Subventionen oder Querfinanzierungen durch assoziierte Unternehmen.

Die Soziologen Marshall W. Meyer und Lynne Zucker haben herausgestellt, dass auch ein defizitäres Unternehmen überleben kann, wenn es ihm gelingt, ein hohe Maß an Legitimität in seiner politischen, wirtschaftlichen, kulturellen, wissenschaftlichen oder massenmedialen Umwelt zu erreichen. Wenn wichtige Akteure ein Interesse daran haben, dass ein Unternehmen weiter existiert, kann es unabhängig von seiner wirtschaftlichen Performance weiterbestehen. Beispiele wie der deutsche Stahlkonzern Krupp, die amerikanische Zeitung *Harold Examiner*, die deutsche *Welt* oder die Rath Packing Company, zeitweise der größte Fleischvertrieb der USA, haben gezeigt, dass Unternehmen über Jahrzehnte überleben können, ohne Gewinn zu erzielen.[2]

Die Situation von Firmen in Hype-Phasen ist jedoch eine andere: Das Interesse wichtiger Akteure an ihrem Überleben gründet sich lediglich auf der *Annahme*, dass sie irgendwann einmal ein hohes Alter, eine erhebliche Größe und eine beträchtliche wirtschaftliche, politische und gesellschaftliche Bedeutung erlangen werden. Allein diese Aussicht sichert ihnen politische Unterstützung, mediale Aufmerksamkeit und – besonders wichtig – Geldnachflüsse aus der Kapitalmarktszene.

Von dem Vertrauen von Wirtschaftsvertretern, Wirtschaftsmedien oder Politikern, dass ein zurzeit noch defizitäres Unternehmen demnächst eine ähnlich wichtige Rolle in der Weltwirtschaft spielen könnte wie Wal-Mart, Microsoft oder General Electric, kann sich das Unternehmen zunächst einmal nichts kaufen. Das Lob des Vorsitzenden eines Industrieverbands, die Ernennung zur Unternehmerin des Jahres durch die führende Wirtschaftszeitschrift des Landes oder der ermutigende Handschlag einer Wirtschaftsministerin bringt dem Unternehmen allein noch nichts. Der gute Ruf in Wirtschaft, Medien und Politik muss erst einmal in Bargeld oder zumindest in einen als »Währung« zu nutzenden Bestand an eigenen Aktien umgewandelt werden – und dabei spielt der Risikokapitalmarkt eine zentrale Rolle. Dann aufgrund einer hohen Legitimität am Kapitalmarkt haben defizitäre Unternehmen Bargeld oder handelbare eigene Aktien zur Hand, mit denen sie Marktanteile, Mitarbeiter oder andere Unternehmen kaufen können.

Das Kaufen von Marktanteilen

Die Ausgangssituation beim Kauf von Marktanteilen ist ähnlich wie die eines neu gegründeten Geschäftsbereichs in einem etablierten, profitablen Unternehmen. Es wird die Losung ausgegeben: »Wir müssen in diesen Markt kommen, deshalb achtet in der ersten Zeit nicht darauf, dass das Geschäft schon profitabel ist, sondern erobert auf ›Teufel komm raus‹ Marktanteile.« Während diese Expansion im Fall gestandener Unternehmen durch Querfinanzierungen aus den profitablen Geschäftsbereichen funktioniert, nutzen die Wachstumsunternehmen ihre prominente Stellung an den Kapitalmärkten zur Finanzierung ihrer Markteroberungsfeldzüge.

Die erste Strategie besteht darin, durch die Ausgabe von immer neuen Unternehmensanteilen an den Börsen Cash einzusammeln und dieses Geld dafür zu nutzen, sich Marktanteile zu sichern. Als der Unternehmensgründer Mitch Kapor Anfang der achtziger Jahre knapp 5 Millionen US-Dollar an Risikokapital für seine Firma Lotus zusammenbrachte, investierte er fast die komplette Summe in eine groß angelegte Marketingkampagne für sein Tabellenkalkulationsprogramm Lotus 1-2-3 und schlug damit sehr bald alle Konkurrenten aus dem Markt. Der Gründer der Computerfirma Compaq, Rod

Canion, erhielt in kurzer Zeit 20 Millionen US-Dollar an Risikokapital. Das Unternehmen konnte damit innerhalb eines Jahres ein nationales Händlernetzwerk aufbauen und durch eine große Marketingkampagne Kunden nicht nur von den kleineren Silicon-Valley-Konkurrenten, sondern auch von etablierten Großunternehmen wie IBM abziehen.[3]

Die zweite Strategie besteht – wie bereits prinzipiell aufgezeigt – darin, für eingekaufte Dienstleistungen sowie für die Entwicklung des Produkts direkt mit eigenen Unternehmensanteilen zu bezahlen. Priceline.com, der Händler für Restplätze auf Flügen, überzeugte die Fluggesellschaften nicht mit Cash, sich an dem Programm zu beteiligen, sondern gab ihnen Aktienoptionen im Wert von fast 60 Millionen US-Dollar aus, um ihre übrig gebliebenen Flugtickets handeln zu dürfen. Die US-amerikanische Online-Drogerie Rx.com »bezahlte« den Fernsehsender CBS für Werbung und Promotion im Wert von 37,5 Millionen US-Dollar mit Unternehmensaktien der eigenen Firma. Mytoys.de, einer der ehemals unzähligen Spielzeughändler im Internet, gab zehn Prozent seiner Anteile an die Aktiengesellschaft des Fernsehsenders Pro Sieben ab. Dafür bekam Mytoys.de Werbeblöcke beim Fernsehsender zugesprochen und brauchte deswegen für einige Zeit kein Geld für die Schaltung von Anzeigen auszugeben.[4]

Klassische Unternehmen bezeichneten den Druck, den risikokapitalfinanzierte Unternehmen ausüben, wenn sie ihre hohe Kapitalmarktbewertung zum »Kaufen von Marktanteilen« nutzen, als »being amazoned«. Mit diesem Begriff beschrieben sie den Prozess, mit dem ein risikokapitalfinanziertes Internet-Start-up wie beispielsweise Amazon sich durch den hohen Aktienkurs in den Markt des klassischen Unternehmens einkauft und dann das gleiche Produkt zur Hälfte des Preises des alten Anbieters an den Käufer zu bringen versucht.[5] Durch die Dumpingpreise und den hohen Marketingaufwand konnte Amazon ein starkes Umsatzwachstum vorweisen. Dieses Umsatzwachstum machte zwar nicht unbedingt das Geschäft profitabler, aber es half, eine Wachstumsgeschichte am Kapitalmarkt zu schreiben und so den eigenen Aktienkurs weiter in die Höhe zu treiben. Dadurch konnten wiederum neue Mittel generiert werden, mit denen Marktanteile gekauft wurden.

Das Gewinnen von Mitarbeitern

Es ist bereits deutlich geworden, wie stark die Personalpolitik im Exit-Kapitalismus von dem Reiz der Unternehmenswährung »Aktie« abhängt. Mitarbeiteraktien und Aktienoptionen als wichtiges Instrument der Personalgewinnung und -bindung stehen den großen Konzernen nur eingeschränkt zur Verfügung. In Boomphasen am Kapitalmarkt haben deswegen die Wachstumsunternehmen einen Vorteil, die mit der Möglichkeit eines exponentiell steigenden Aktienkurses Mitarbeiter anziehen können.

Die Frühgeschichte der meisten risikokapitalfinanzierten Unternehmen liest sich deswegen wie eine David-gegen-Goliath-Fabel, in der ein kleines Start-up Spezialisten und Top-Führungskräften von hundertmal größeren Konzernen abwirbt. So gelang es beispielsweise der Firma Compaq bereits im ersten Jahr ihres Bestehens, hochkarätige Manager von etablierten Konkurrenten abzuwerben. Die Aussicht auf einen schnellen Wertzuwachs des zugesagten Aktienpakets ließ Manager auch zunächst einmal ein geringeres Gehalt akzeptieren. Jerry Kaplan, Gründer der in den frühen neunziger Jahren entstandenen Computerfirma GO, schildert, dass er für sein Start-up Topprogrammierer von weit größeren Konkurrenten abwerben konnte, weil diese bei GO Aktienanteile mit enormem Wachstumspotenzial erhielten.[6]

Wenn sich jedoch ein Start-up erst einmal zu einem Konzern gemausert hat, verliert das Anreizmittel Aktien an Anziehungskraft. Diese Situation nutzen dann wiederum kleinere Konkurrenten, um

Mitarbeiter mit dem Versprechen auf die nur für kleine Wachstumsunternehmen möglichen exponentiellen Wertsteigerungen der Aktienpakete wegzulocken. Bei jedem Boom haben deshalb bereits am Produkt- und Kapitalmarkt etablierte Unternehmen einen »brain drain« in Richtung der schnell wachsenden risikokapitalfinanzierten Unternehmen und die damit verbundene Minderung ihrer Leistungsfähigkeit zu verkraften.

Intel, das in seiner Sturm-und-Drang-Phase in den siebziger Jahren mit dem Verweis auf das eigene Wachstumspotenzial der Aktienpakete viele Mitarbeiter von Konkurrenten abwerben konnte, verlor während des PC-Booms in den achtziger Jahren trotz (oder besser wegen) seiner Marktführerschaft viele risikobereite Mitarbeiter an Neugründungen. Als Großkonzern konnte Intel seinen Mitarbeitern lediglich noch Kleinstpakete an Aktien geben und der eigene Aktienkurs (und damit die Aktienpakete) verdoppelte sich jährlich »nur« noch. Der Intel-Boss Gordon Moore bezeichnete Risikokapitalgeber als Geier-Kapitalisten (Vulture Capitalists), die Mitarbeiter mit dem Versprechen eines »schnellen Dollars« aus erfolgreichen Großunternehmen weglockten und damit nicht nur den großen Unternehmen, sondern der gesamten Volkswirtschaft schadeten.[7]

Der Aufkauf von Unternehmen

In jeder Boomphase kommt es zu der auf den ersten Blick paradoxen Situation, dass an schneller Profitabilität und eher langsamem Wachstum orientierte Unternehmen nicht überleben. Aufgrund ihrer geringen Größe, ihrer regionalen Beschränkung oder ihrer geringen Umsatzzahlen wird der Wert solcher Unternehmen sowohl von Risikokapitalgebern als auch von Anlegern an Börsen als eher gering eingeschätzt. Dass das Unternehmen profitabel ist oder kurz vor der Profitabilität steht, ist in einer auf Wachstum konzentrierten Grundstimmung kein wichtiges Kriterium.

Die hohe Bewertung an den Kapitalmärkten führt dazu, dass bei schnell expandierenden Unternehmen der Aktienkurs, also letztlich die Währung zum Erwerb anderer Unternehmen, extrem ansteigt und es dem Management des Unternehmens damit möglich ist, »auf Einkaufstour zu gehen«. Steigende Aktienkurse erhöhen nicht nur die Cashsumme, die durch die Ausgabe von neuen Anteilen erzielt werden kann, sie machen auch die Übernahme anderer Unternehmen über Aktientausch attraktiver.

Dies führt dazu, dass es in Boomzeiten für einige hoch verschuldete, permanent Verluste machende, aber durch Risikokapitalgeber oder durch einen Börsengang mit etlichen Millionen US-Dollar ausgestattete Unternehmen reizvoll ist, langsam wachsende, aber profitable Unternehmen zu kaufen. Der Erwerb dieser Unternehmen ermöglicht es den am Kapitalmarkt ausgerichteten Unternehmen, ihre »Wachstumsgeschichte« konsequent weiterzuschreiben. Die Übernahme ist eine bequeme Art und Weise, international zu expandieren, die Anzahl der Mitarbeiter zu erhöhen und den Umsatz zu steigern.

Zwar ist ein Unternehmen, das einzig und allein im Besitz des Gründers ist, nicht gezwungen, dem Kaufangebot eines größeren, primär kapitalmarktorientierten Unternehmens zuzustimmen. Da es aber für die kapitalmarktorientierten Unternehmen um ein Wachstum um jeden Preis geht, liegt während einer Hype-Phase das Angebot für ein aufzukaufendes Unternehmen oft weit über dem, was der Unternehmer mit dem Verkauf seiner Dienstleistungen oder Produkte als Profit erzielen kann. Ein Unternehmensgründer muss schon eine besonders starke emotionale Bindung an sein Unternehmen haben, um den Verlockungen des »schnellen Euros« oder des »schnellen Dollars« zu widerstehen.

Dieser Prozess ließ sich immer wieder fast idealtypisch während des Internetbooms beobachten. Die »Global Players« der digitalen Wirtschaft wie Cisco Systems, Lucent, Adobe oder Yahoo! erwarben pro Jahr bis zu 40 kleinere Firmen und integrierten sie in das eigene Unternehmen. Aber auch viele kleinere börsennotierte Unternehmen gebrauchen ihren hohen Aktienkurs, um Firmen in anderen Ländern aufzukaufen und so ihren Expansionskurs auszuweiten. Einige Internetunternehmen nutzten ihre hohe Börsennotierung dazu, klassische Firmen der Old Economy, die am Kapitalmarkt als weniger attraktiv angesehen wurden, zu erwerben.

Der bekannteste Fall ist die Übernahme von TimeWarner durch das Internetunternehmen AOL. Diese Übernahme war mit weit über 100 Milliarden US-Dollar eine der größten Übernahmen am Ende des zwanzigsten Jahrhunderts und übertraf bezüglich des Volumens beispielsweise die Übernahme des Pharmaunternehmens Smithkline Beecham durch Glaxo Wellcome. Aufgrund seiner hohen Marktkapitalisierung konnte AOL den Aktionären von TimeWarner sogar einen Deal anbieten, in dem diese die Aktien nicht eins zu eins tauschten, sondern noch einen kleinen Bonus bekamen. Auch wenn AOL TimeWarner mit den üblichen Fusionsproblemen zu kämpfen hatte und beispielsweise der Chefökonom der Fernmelde-Aufsicht FCC verzweifelt rätselte, worin das ökonomische Kalkül von AOL bestehen konnte, stellte sich die Übernahme von TimeWarner für AOL als Glücksfall heraus. Wenn Analysten ihren Aktienanalysen den Titel gaben »Kaufen Sie TimeWarner, dann bekommen Sie AOL umsonst dazu« und damit darauf verwiesen, dass der alte Marktwert des TimeWarner-Unternehmens so viel betrug wie der von AOL und TimeWarner zwei Jahre nach der Fusion betragen würde, dann trafen sie ungewollt den Punkt – nämlich, dass sich AOL mit seiner hohen Marktkapitalisierung TimeWarner als eine Cashcow zulegte und damit – wenigstens zeitweise – das eigene Überleben auch in Abschwungzeiten sicherte.[8]

DoubleClick, ein Unternehmen, das für Hunderte von Websites Anzeigen verkauft und Software zum Nachvollziehen von Surf-Verhalten entwickelt, kaufte sich auf dem Höhepunkt des Internet-

booms den größten Adressenhändler der USA, Abacus. Der Kauf
von Abacus, das durch die Auswertung von Zeitschriftenabonne-
ments und Rechnungen über Informationen zu 90 Prozent aller US-
amerikanischen Haushalte verfügt, sollte es DoubleClick ermöglichen, Informationen aus der »Online-Welt« mit solchen aus der
»Offline-Welt« zu verknüpfen. Auch wenn dieses Vorgehen große
Proteste wegen möglicher Datenschutzverletzungen hervorrief,
gelang es DoubleClick durch diesen Kauf, sich im profitablen
Adressenhandelsgeschäft der Old Economy zu etablieren.

Jenseits der Verdammung kapitalmarktorientierter Unternehmen

Angesichts der Möglichkeiten, einen hohen Kurs der eigenen
»Aktien-Währung« zum Aufkauf von Marktanteilen, zum Abwerben von hoch qualifizierten Mitarbeitern und zum Erwerb von profitablen Unternehmen zu nutzen, scheint es zu kurz gedacht, von
einem Scheitern der Kapitalmarktorientierung von Unternehmen zu
reden.

Natürlich schlagen kapitalmarktorientierte Unternehmen Wege
ein, die sich im Nachhinein als Fehler herausstellen. Die Marketingkampagnen während der Boomzeit des Internets, als einige Unternehmen Millionen in Werbespots während großer Sportereignisse
steckten, führten häufig nicht zu der erhofften marktdominierenden
Stellung. Der Aufkauf hoch bewerteter Internetunternehmen durch
andere hoch bewertete Internetunternehmen stellte sich im Regelfall
als eine teure Fehlinvestition heraus, welche die Liquiditätsbestände
des Unternehmens in der Abschwungphase stark belastete. Auch die
Bildung teurer »Brutkästen« für kleine Nachwuchsunternehmen
war ein kostspieliger Ausflug, wenn die Unternehmen diese Strategie erst einschlugen, als der Kapitalmarkt sich bereits der Spitze
näherte.

Aber die Geschichte des Exit-Kapitalismus zeigt, dass es Unternehmen immer wieder gelingt, die hohen Kurse der eigenen »Aktien-Währung« für eine langfristig erfolgreiche Expansionsstrategie zu nutzen, durch die an kurzfristigen Profiten orientierte Konkurrenten aus dem Markt geschlagen werden.

2.
Der Druck auf die Dinosaurier

Wie sehr ein Kapitalmarktboom Wachstumsunternehmen in strategisch starke Verhandlungspositionen bringen kann, wird an den Reaktionen von etablierten Unternehmen auf die Konkurrenz hoch defizitärer risikokapitalfinanzierter Unternehmen deutlich. Zuerst werden die Firmen nicht als ernst zu nehmende Konkurrenz betrachtet. Aber je besser es diesen Unternehmen gelingt, ihre kontinuierliche Versorgung mit Risikokapital sicherzustellen, und je stärker die Aktienkurse von Wachstumsunternehmen an den Börsen steigen, desto unruhiger werden die etablierten Unternehmen. Der Chef von DaimlerChrysler, Jürgen Schrempp, klagte auf dem Höhepunkt des Internetbooms, dass Mercedes und Chrysler ja letztlich die Autos herstellten, mit denen die Internetbestellungen ausgeliefert werden, und sein Unternehmen deswegen ähnlich viel »Fantasie« wecken könnte wie Start-ups, der Aktienkurs aber leider trotzdem nicht nach oben ginge. Manfred Schneider, langjähriger Vorstandschef von Bayer, schimpfte Ende des Jahrhunderts: »Wir sind ein kerngesundes Unternehmen, aber wir kriegen den verdammten Aktienkurs nicht hoch.«[9]

Den Druck in Hype-Phasen spüren die Unternehmen zuerst auf dem Kapitalmarkt, nicht auf dem Produktmarkt. Anleger investieren eher in Wachstumsunternehmen als in »langweilige« Großunternehmen. Die Hightechbörsen gewinnen stärker als die Indizes mit

Standardwerten wie der Dow Jones, der EuroStoxx oder der DAX. Analysten, Fondsmanager und Kleinanleger verlangen, dass die Unternehmen bei der Entwicklung ihrer Aktienkurse mit den jungen Wachstumsunternehmen mithalten und einen stärkeren »Sex-Appeal« für Anleger entwickeln.

Aber während lang anhaltender Booms herrscht bei großen Elektronik-, Telekommunikations- und Einzelhandelskonzernen die Befürchtung, dass die Wachstumsunternehmen ihre Attraktivität auf dem Kapitalmarkt dafür nutzen könnten, um den Unternehmen auch auf dem Produktmarkt zunehmend Druck zu machen. Angetrieben durch permanente Geldnachschüsse aus dem Kapitalmarkt könnten sich, so die Sorge, die Wachstumsunternehmen Marktanteile mit Marketingmaßnahmen oder Dumpingpreisen kaufen. Die Unternehmen bekommen die Abwanderung von Mitarbeitern zu spüren, die durch lukrative Aktienpakete in die neuen Unternehmen gelockt werden, und es herrscht die Befürchtung, dass die Mitarbeiter in den Jagdgründen ihrer ehemaligen Konzerne wildern werden.

So war die Botschaft für Firmen der Old Economy am Ende des zwanzigsten Jahrhunderts: »Baue ein Internetgeschäft auf, kaufe dir ein Internetgeschäft oder werde durch ein Internetgeschäft ersetzt.« Der Erfolg von Unternehmen wie Amazon, Yahoo! und eBay wurde zur Hype-Zeit der New Economy als Indiz dafür gewertet, dass »das Digitale über das Analoge« siegen werde, dass die »neuen Medien schneller wachsen als die alten« und die »Führer der Netz-Economy das Establishment des 21. Jahrhunderts« werden würden. Die Fackel, so Bruce Leichtman, einer der Direktoren des Marktforschungsunternehmens Yankee Group, würde zu den New-Economy-Unternehmen wechseln.[10] Dieser Druck führt in Hype-Zeiten dazu, dass sich gestandene Konzerne zunehmend an der Logik der risikokapitalfinanzierten Unternehmen orientieren und über den Aufkauf von Wachstumsunternehmen, die Gründung eigener Risikokapitalgesellschaften und

Inkubatoren sowie die Ausgründung eigener attraktiver Unternehmensteile auf der Kapitalmarktwelle mitzureiten versuchen.

Das Aufkaufen von Wachstumsunternehmen

Wenn sich abzeichnet, dass sich eine neue Technologie, ein neuer Vertriebsweg oder eine neue Branche etabliert, und die ersten risikokapitalfinanzierten Unternehmen beträchtliche Marktanteile erreichen, treten gestandene Unternehmen häufig als Käufer für diese Wachstumsunternehmen auf. Die Überlegung ist, sich durch das Aufkaufen der Unternehmen einerseits den Zugang zu den neuen Technologien, Vertriebswegen und Branchen zu sichern und andererseits mögliche zukünftige Konkurrenten zu übernehmen, solange die Preise für diese Unternehmen noch bezahlbar sind.

Besonders deutlich war diese Strategie des Aufkaufens während des Internetbooms zu beobachten. Traditionsunternehmen kauften sich in verschiedene Wachstumsunternehmen ein, um sich das strategische Feld »Internetgeschäft« schnell zu erschließen. So stieg beispielsweise der Bertelsmann-Konzern in großem Maße in das Internetgeschäft ein und erwarb Multimediaagenturen, Internetbuchhändler und Direktmarketingunternehmen. In Europa gründete Bertelsmann zusammen mit AOL und Lycos Joint Ventures und nahm mit BOL und dem Online-Arm von Barnes & Noble die Konkurrenz mit Amazon auf.

Neben strategischen Planspielen spielte bei der Expansionspolitik auch die Überlegung eine Rolle, dass Traditionsunternehmen durch den Aufkauf von Wachstumsunternehmen dem Kapitalmarkt signalisieren können, dass sie in die Zukunftstechnologie investieren. Der US-amerikanische Risikokapitalgeber Robert J. Kunze erklärt, dass Konzerne Wachstumsunternehmen häufig nur deswegen übernehmen, weil dies dem Management ermöglicht, sich dem Kapitalmarkt als »Macher«, »Tatenmensch« und »Visionär« zu präsentieren.[11] So hatte die aggressive Aufkaufpolitik eines Großunternehmens wie General Electric neben strategischen Überlegungen die Funktion, dem Kapitalmarkt zu signalisieren, dass das Internet auf der Prioritätenliste des Konzerns die »Nr. 1, 2, 3 und 4« ist (so der damalige General-Electric-Chef Jack Welch).

Für Risikokapitalgeber, Gründer, Manager und Mitarbeiter stellt der Kauf eines Wachstumsunternehmens durch einen Großkonzern eine attraktive Exit-Möglichkeit dar. Während der Boomphase orientiert sich der Preis für einen so genannten »Trade-Sale« an dem Preis, der für ein Unternehmen am Aktienmarkt erzielt wird beziehungsweise bei einem Börsengang erzielt werden würde.

Die Gründung eigener Brutkästen und Risikokapitalgesellschaften

Statt für viel Geld ein bereits etabliertes Wachstumsunternehmen zu kaufen, kann es für Großkonzerne attraktiv sein, Wachstumsunternehmen durch eigene Inkubatoren und Risikokapitalgesellschaften groß zu machen. Das geschieht hauptsächlich in der Hoffnung, mit deren Gründung die Erfolgsstrategien der unabhängigen Risikokapitalgesellschaften zu kopieren. Gary Hamel, lange Zeit Professor an der London Business School, erklärt, dass über die konzerneigenen »Brutkästen« und Risikokapitalgesellschaften Mitarbeiter in Großkonzernen die Chance bekommen, Ideen in Businessplänen zu entwickeln und sich mit diesen bei den hauseigenen Risikokapitalgebern um Finanzierung zu bewerben. Wenn der Konzern einen Businessplan genehmigt, beteiligt er sich über seine Risikokapitaltochter an dem Unternehmen, ermöglicht es aber dem Mitarbeiter, selbst Anteile an dem Unternehmen zu halten und vom Wachstum einer Idee als Kapitaleigner zu profitieren. Dadurch hofft man, tendenziell eine Umstellung der an Hierarchie, Status und Jobsicherheit orientierten Konzernpolitik auf eine Silicon-Valley-Logik zu erreichen. Die Unternehmensführung konzentriert sich nicht mehr darauf, die Anzahl möglicher Flops zu reduzieren, sondern setzt auf eine Maximierung der Chancen. Das Unternehmen wird, so jedenfalls die Vorstellung Hamels, zum Marktplatz für Ideen, Kapital und Talente umgebaut, auf dem Mitarbeiter, die sonst während einer Boomphase, angezogen durch Risikokapital, den Konzern verlassen würden, im Rahmen des Unternehmens ihre Chance auf das »große Geld« ergreifen können.[12]

Die Geschichte dieser Corporate Venture Capitalists ist stark an die Boomphasen der Börsen und des Risikokapitalgeschäfts gebunden. Bereits ab Mitte der sechziger Jahre gründete mehr als ein Viertel der 500 größten US-amerikanischen Unternehmen eigene Venture-Capital-Gesellschaften. Allein der Automobilkonzern Ford investierte in fünf Jahren mehr als 10 Millionen US-Dollar in Start-ups und versuchte so, Zugang zu neuen Technologien zu erhalten. Die Anfang der siebziger Jahre gegründete Gesellschaft General Electric's Technology Venture ermutigte Mitarbeiter des Großkonzerns, in eigenen Unternehmen bisher nicht genutzte Technologien zu entwickeln. Die Gründungen der Corporate-Risikokapitalgesellschaften erwiesen sich jedoch als Strohfeuer, und mit dem Zusammenbruch an den Finanzmärkten Anfang der siebziger Jahre wurden auch die meisten Experimente von den Großkonzernen wieder eingestellt.[13]

Eine zweite Gründungswelle von Risikokapitalorganisationen im Rahmen von Großunternehmen kam Anfang der achtziger Jahre, als der Boom mit Personalcomputern, Festplatten, Diskettenlaufwerken und Software bei etablierten Unternehmen die Sorge auslöste, man sei gerade dabei, eine wichtige Entwicklung zu verpassen. Unternehmen, die in der Rezession nach dem Ölschock Anfang der siebziger Jahre ihre vorsichtigen Versuche als Risikokapitalgeber aufgegeben hatten, gründeten wieder eigene Risikokapitalorganisationen. Auf dem Höhepunkt der zweiten Welle, Mitte der achtziger

Jahre, verwalteten die Risikokapitalgesellschaften von Großkonzernen über zehn Prozent aller Risikokapitalmittel. Mit dem Börsencrash am 19. Oktober 1987 zogen sich aber die meisten Unternehmen wieder aus dem Risikokapitalgeschäft zurück.

Den dritten Boom gab es während der Hochphase des Internets am Ende des zwanzigsten Jahrhunderts. Während Anfang der neunziger Jahre in den USA weniger als 100 von Großkonzernen kontrollierte Risikokapitalgesellschaften existierten, vervielfachte sich diese Zahl bis zum Ende des Jahrhunderts. Wal-Mart richtete beispielsweise in Zusammenarbeit mit Accel Partners im Silicon Valley ein Zentrum für »e-Tailing« ein, in dem das eigene Internetgeschäft entwickelt werden sollte. Siemens gründete ein »Center for e-Excellence«, in dem, jenseits der berüchtigten Siemens-Bürokratie, Internetkonzepte gedeihen konnten. Auf dem Höhepunkt des Booms rief die News Corporation von Rupert Murdoch eine mit 300 Millionen US-Dollar ausgestattete Risikokapitalgesellschaft ins Leben, um Investitionen im Internet zu tätigen.[14]

Ein großer Teil der während einer Boomphase von Konzernen gebildeten »Brutkästen« und Risikokapitalgesellschaften wird in Abschwungphasen wieder geschlossen. Auch wenn angesichts dieses Auf und Ab eine Klage über das kurzfristige Denken der Großkonzerne angebracht erscheint, darf nicht übersehen werden, dass diese Gründungen eine wichtige Rolle bei der Herstellung von Legitimität spielen. Über die Gründung von Inkubatoren und Risikokapitalgesellschaften kann dem Kapitalmarkt signalisiert werden, dass man ganz nahe an einer neuen Technologie dran ist und kurz davor, den Charme der Start-ups auf den eigenen Konzern zu übertragen. In einer Abschwungphase ist diese Form der Legitimitätssicherung nicht mehr in der gleichen Form nötig, und die Schließung von Brutkästen und Risikokapitalgesellschaften wird vom Kapitalmarkt eher als positiv zu wertende Anpassung an neue Marktbedingungen betrachtet.

Ausgründungen von attraktiven Unternehmensteilen

Neben dem Aufkaufen von Wachstumsunternehmen und der Etablierung eigener Inkubatoren und Risikokapitalgesellschaften besteht für Großkonzerne die Möglichkeit, über die Ausgründung von am Kapitalmarkt als attraktiv eingeschätzten Unternehmensteilen von einem Boom zu profitieren. Auf dem Höhepunkt eines Börsenbooms will man für die in einem ähnlichen Geschäftsfeld tätigen Tochterunternehmen ebenso hohe Summen von Anlegern kassieren wie die am Kapitalmarkt als »sexy« angesehenen Wachstumsunternehmen.

So ist es möglich, riskante Geschäftsbereiche aus dem Kernbereich des Unternehmens fern zu halten, ohne die Kontrolle über die ausgegründete Tochter zu verlieren. Als es beispielsweise Siemens gelang, seine beiden Chip-Töchter Infineon und Epcos erfolgreich an der Börse zu platzieren, brachte dies nicht nur einen Geldregen, der über dem Elektronikkonzern niederging, sondern erwies sich auch als Möglichkeit, Geschäftsbereiche auszugliedern, die traditionellerweise hohen Schwankungen unterliegen. Das Geschäft mit Mikrochips verläuft in starken Wellen, wodurch es passieren kann, dass die Chipsparte eines Unternehmens in einem Jahr einen Verlust von 1 Milliarde Euro macht und in einem anderen Jahr diese Summe als Gewinn ausweist. Durch den Börsengang von Chipsparten kann dieses Risiko wenigstens teilweise vom Konzern auf die Aktionäre an den Börsen verteilt werden. Auch die Deutsche Telekom, Telecom Italia, British Telecommunications, die niederländische KPN Telecom und France Télécom versuchten am Ende des zwanzigsten Jahrhunderts, durch die Börsengänge von Töchterfirmen im Internet- und Mobilfunkbereich Kapital einzusammeln und damit Geld in die Kassen der stark verschuldeten Unternehmen zu spielen.

Weil die Mütterkonzerne in der Regel Mehrheitsaktionäre der ausgegründeten Unternehmen bleiben, hat der Börsengang einer attraktiven Unternehmenstochter den angenehmen Effekt, dass der Börsenkurs der Mutter mit nach oben gezogen wird. Als beispielsweise der spanische Telekommunikationskonzern Telefónica seine Tochter Terra an die Börse brachte und der Kurs von Terra sich am ersten Handelstag mehr als verdreifachte, stieg parallel auch der Aktienkurs des Mutterkonzerns in der Woche des Börsengangs um knapp 50 Prozent.[15]

Ein wichtiger Nebeneffekt besteht darin, in den ausgegründeten Unternehmen – wegen der hohen Attraktivität an der Börse – die Vergütung ihrer Manager und Ingenieure stärker an die in risikokapitalfinanzierten Wachstumsunternehmen anpassen zu können. So war ein Grund für die Ausgründung von Infineon aus dem Siemens-Konzern, dass das hoch qualifizierte Personal im Bereich der Chipentwicklung und -produktion mit attraktiven Aktienpaketen gebunden werden konnte und damit der »brain drain« in Richtung auf risikokapitalfinanzierte Wachstumsunternehmen gestoppt wurde. Auch beim Disney-Konzern sah man sich auf dem Höhepunkt des Internetbooms gezwungen, »Web-Währungen« zu generieren, weil bereits ein gutes Dutzend Top-Führungskräfte an junge Internet-Start-ups verloren gegangen war.[16]

Wenn Großunternehmen im Risikokapitalgeschäft mitspielen

Letztlich werden Großunternehmen durch die Ausgründung von am Kapitalmarkt für attraktiv gehaltenen Unternehmensteilen, den Aufkauf von Wachstumsunternehmen sowie die Gründung von eigenen kleinen Risikokapitalabteilungen zu aktiven Mitspielern im Risikokapitalgeschäft.

Aber sie lassen sich damit auf das riskante Spiel am Kapitalmarkt ein und können nicht sicher sein, dass ihnen die Umstellung auf eine stärker produktmarktorientierte Strategie erneut gelingen wird. Die

Untergänge von Unternehmen wie Enron oder Worldcom sind nur die bekanntesten Beispiele dafür, mit welchen Risiken eine solche Strategie von Großunternehmen belastet ist.

3.
Die Frage des Timings

Die Erfolgsgeschichten der Risikokapitalfinanzierer betreffen (ehemalige) Weltunternehmen wie die Computerhersteller Digital Equipment, Compaq, Tandem und Apple, die Chipproduzenten Intel oder AMD, die Softwareschmieden Visicorp oder Lotus, Netzwerkunternehmen wie Cisco, Biotechnologieunternehmen wie Genentech oder Biogen und Internetunternehmen wie eBay oder Amazon.com. Der Aufstieg dieser Unternehmen von kleinen Garagenfirmen zu Weltkonzernen mit marktdominierenden Stellungen lässt es auf den ersten Blick einleuchtend erscheinen, weswegen Risikokapitalfinanzierungen nicht nur für die Investoren eine Verhundertfachung des eingesetzten Geldes bringen können, sondern auch einen volkswirtschaftlichen Nutzen.

Was unterscheidet diese Erfolgsunternehmen von den unzähligen, aber häufig weitgehend vergessenen Flops des Exit-Kapitalismus? Was unterscheidet Compaq und Apple von den gescheiterten risikokapitalfinanzierten Computerherstellern Osborne Computer oder GO? Was unterscheidet eBay oder Amazon von den mit Pauken und Trompeten untergegangenen Konkurrenten wie Boo.com, Webvan oder Beenz?

Die Standarderklärungen für das Scheitern risikokapitalfinanzierter Unternehmen verweisen auf fehlerhafte Einschätzungen des Produktmarkts, auf Managementfehler oder Probleme im Wachstumsprozess. Doch auch Firmen wie Digital Equipment, Compaq, Apple, Genentech, eBay oder Amazon.com haben zu ihren besten

Zeiten mit (im Nachhinein) beachtlichen Fehleinschätzungen des Marktes, gravierenden Managementfehlern und extremen Wachstumsproblemen aufgewartet. Allerdings sind diese Fehleinschätzungen, Fehler und Probleme dank des Erfolgs nicht im Gedächtnis haften geblieben. Verheerender als die genannten Fehler und Probleme scheint im Exit-Kapitalismus oft ein falsches Timing bei der eigenen Nachfinanzierung mit Risikokapital zu sein.

Die Wette im Exit-Kapitalismus

Die risikokapitalfinanzierten Unternehmen wetten gleichsam darauf, dass sie sich bis zum Erreichen der Profitabilitätszone durch Nachschüsse aus dem Kapitalmarkt finanzieren können. Es kommt für Wachstumsunternehmen in Hype-Phasen darauf an, das »Verschenken« von Unternehmensanteilen möglichst lange zu strecken und das Einsammeln von neuem Geld am Kapitalmarkt und das Schreiben einer Wachstumsgeschichte geschickt miteinander zu verweben. Jeder am Kapitalmarkt eingenommene US-Dollar wird dabei zum Weiterschreiben der Wachstumsgeschichte und damit zur Steigerung des eigenen Aktienkurses verwendet. Der gestiegene Wert der eigenen Unternehmenswährung, der Aktienkurs, kann, wie bereits gezeigt, dann dazu genutzt werden, zu noch besseren Bedingungen Geld am Kapitalmarkt einzusammeln und damit die Erfolgsgeschichte fortzuschreiben.

Neuere Vorzeigemodelle für diesen Mechanismus sind Amazon und AOL. Nach einer Anschubfinanzierung durch Risikokapitalgeber gelang es Amazon, durch einen erfolgreichen Börsengang, die Neuausgabe von Aktienanteilen und die Ausgabe von Anleihen so viel Geld zu bekommen, dass die Firma sechs Jahre lang durchgehend Verluste machen konnte. Die angesammelten Unternehmensverluste von 2 Milliarden US-Dollar konnten durch die permanente Nachfinanzierung über den Kapitalmarkt gedeckt werden. Auch

AOL machte von seinem Start im Jahr 1985 bis 1996 keinen einzigen Cent Gewinn. Die hohen Verluste, die durch Investitionen in Programmentwicklung, Computerserver und Marketingkampagnen entstanden und an welche die vergleichsweise geringen Einnahmen aus Werbung und Benutzergebühren nicht annähernd heranreichten, wurden durch immer neue Finanzspritzen aus dem Kapitalmarkt ausgeglichen. Die Geschicklichkeit des Managements von AOL bestand darin, durch eine erfolgreiche Wachstumsgeschichte diesen Geldstrom vom Kapitalmarkt nicht versiegen zu lassen, bis sich das Unternehmen Mitte der neunziger Jahre selbst trug.[17]

Risikokapitalfinanzierte Unternehmen, die geschickt auf einer Welle am Kapitalmarkt reiten, haben Vorteile gegenüber langsam, aus eigenen Mitteln wachsenden Firmen. Eine eher zurückhaltend expandierende Firma hat in einer Hype-Phase ein Problem, weil der Eindruck entsteht, dass das Unternehmen die Wachstumserwartungen nicht erfüllen kann. In der Frühphase einer Unternehmensfinanzierung drohen die Nachschüsse der Risikokapitalgeber zu versiegen, wenn das Unternehmen nicht durch schnelles Wachstum die Suggestion aufrechterhält, dass es bald börsennotiert sein wird. Start-ups, die es nach einem Börsengang nicht schaffen, schnell in Aktienindizes aufzusteigen, finden bei den Anlegern nur wenig Beachtung. Die Aktien dümpeln vor sich hin und die Ausgabe neuer Aktien an der Börse erscheint wenig lukrativ. Ein weiteres Wachstum ist nicht finanzierbar und es droht die Übernahme durch einen größeren Konkurrenten.

Wenn sich abzeichnet, dass die Zuflüsse aus dem Kapitalmarkt nachlassen, muss sich ein Unternehmen bereits in einer Situation befinden, in der es sich »aus eigener Kraft« auf einem möglichst hohen Niveau über Wasser halten kann. Im Idealfall hat das risikokapitalfinanzierte Wachstumsunternehmen die Abgabe von Unternehmensanteilen am Kapitalmarkt so geschickt gestaffelt, dass es nach einigen Jahren am Produktmarkt erfolgreich und auf Nachschüsse nicht mehr angewiesen ist. Firmen wie Digital Equipment im Bereich von Mini-Computern, Fairchild oder Intel bei Halbleitern, Apple und Compaq im PC-Markt oder Sun Microsystems im Netzwerkbereich sind Musterbeispiele, bei denen diese Umstellung von einer Kapitalmarktfinanzierung auf eine Finanzierung über Produkteinnahmen gelang und denen es deswegen auch möglich war, Zusammenbrüche am Kapitalmarkt erfolgreich wegzustecken.

Der Untergang während eines zusammenbrechenden Kapitalmarkts

Unternehmen, die in ihrem operativen Geschäft noch nicht profitabel sind oder ihre Expansionspolitik nicht zum Aufkauf profitabler Unternehmen genutzt haben, geraten bei einem einbrechenden Kapitalmarkt in Schwierigkeiten. Wenn eine Industrie »durch ist«, sieht der Risikokapitalgeber keine Chance mehr, seine Anteile an einem entsprechenden Unternehmen zu einem attraktiven Preis zu verkaufen. Diese Industrie ist nicht mehr »sexy« genug, um einen Börsengang oder einen Verkauf an ein anderes Unternehmen zu ermöglichen.

Die Abhängigkeit von Wachstumsunternehmen vom Kapitalmarkt ist so stark und die Entwicklungen am Kapitalmarkt entziehen sich so sehr dem Einfluss des jeweiligen Unternehmens, dass es bei einbrechenden Kapitalmärkten nur wenig Manövriermöglichkeiten hat. Ein Wachstumsmodell, das darauf aufgebaut ist, noch ein, zwei oder drei Jahre zusätzliche Mittel am Kapitalmarkt einzuwerben, geht bei einbrechendem Kapitalmarkt nicht mehr auf und entzieht dem Unternehmen von einem Moment auf den anderen die Basis.

Das Scheitern vieler Unternehmen im Exit-Kapitalismus liegt letztlich nicht vorrangig daran, dass sie zu spät in einen Produktmarkt eingestiegen sind, dass sie Managementprobleme hatten oder dass sie Organisationsprobleme nicht in den Griff bekommen haben. Sie scheitern vielmehr deswegen, weil sie ihre Politik am Kapitalmarkt zeitlich falsch abgestimmt haben und den Hype am Kapitalmarkt nicht dafür nutzen konnten, um ausreichend viel Geld für eine Expansion einzuwerben.

Eines der älteren Beispiele dafür ist das 1980 gegründete Unternehmen Osborne Computer. Das Unternehmen führte 1981 den ersten tragbaren Personalcomputer für einen Massenmarkt ein und erzielte daraus im ersten Jahr beachtliche Einnahmen. Trotzdem musste das Unternehmen drei Jahre nach der Gründung Konkurs anmelden. Es hatte nicht genügend Kapital beschaffen können, um seine neuen Produkte auf den Markt zu bringen und Konkurrenten wie IBM die Stirn zu bieten. Osborne Computer war unter anderem wegen einer kurzzeitigen Baisse an der Börse gezwungen, den zur Nachfinanzierung nötigen Börsengang immer wieder zu verschieben. Als sich das Finanzierungsfenster wieder öffnete, war das Unternehmen bereits bankrott. Der Firma GO-Computer, dem ersten Hersteller von Handheld-Computern, gelang es in einem schwierigen Kapitalmarktumfeld nicht, zusätzliches Kapital zu akquirieren, und sie musste deswegen schließen. Wäre GO-Computer ein Börsengang gelungen, hätte vielleicht nicht der Nachzügler Palm das Geschäft mit den Handheld-Computern bestimmt, sondern GO. Der Konkurs des Tierfutterhändlers Pets.com, neben Boo.com sicherlich mit Abstand der beliebteste Prügelknabe für Kritiker der Internetfirmen, lässt sich nicht allein auf ein undurchdachtes Geschäftsmodell oder Fehler im operativen Geschäft zurückzuführen. Der Niedergang kann auch damit erklärt werden, dass Pets.com, obwohl ihm ein erfolgreicher Börsengang gelungen war, wegen der einbrechenden Kurse von Internetunternehmen keine weiteren Anteile am Kapitalmarkt mehr platzieren konnte.[18]

Das Scheitern dieser Unternehmen sagt nichts über die mittelfristigen Möglichkeiten der Unternehmen aus, die Profitabilitätszone

zu erreichen: Wer würde behaupten, dass Osborne Computer, die
Firma, die für den ersten spektakulären Zusammenbruch in der PC-
Industrie steht, nicht die Möglichkeit gehabt hätte, mit zwei, drei
Jahren Nachfinanzierungen durch den Kapitalmarkt die Profitabilitätszone zu erreichen und weiter zu existieren? Wer kann sicher sein,
dass für die erste Handheld-Computerfirma GO nicht eine Über-
brückungsfinanzierung in Höhe von einigen Millionen US-Dollar
ausgereicht hätte, um den erfolgreichen Nachahmer Palm alt aussehen zu lassen? Wer kann völlig davon überzeugt sein, dass die Firma
Boo.com nicht zum Marktführer für Kleiderhandel im Internet
geworden wäre, wenn sie es noch geschafft hätte, auf dem Höhepunkt des Internetbooms zusätzliches Kapital an der Börse einzusammeln?

Zuspitzt ausgedrückt: Viele Wachstumsunternehmen brechen
am Kapitalmarkt nicht deswegen ein, weil sie einen durch den Produktmarkt bedingten Niedergang erleben, sondern die Unternehmen erleben einen Niedergang, weil die Kurse einbrechen. Oder
noch provokanter formuliert: Die Unternehmen brechen am Kapitalmarkt nicht ein, weil sie schlecht sind, sondern sie erscheinen
schlecht, weil sie am Kapitalmarkt einbrechen.

VIII

Die »größte Geldverbrennung der Geschichte« oder: Die Normalität des Exit-Kapitalismus

>»Die New Economy setzt enorme Energie frei. Sie ist der beste Beweis, dass der Kapitalismus noch funktioniert.«[1]
>
>*Stephan Schambach, Gründer und Vorstandsvorsitzender von Intershop, auf dem Höhepunkt des Internetbooms*

Es hat einen gewissen Reiz, während die Finanzierung für eine Branche zusammenbricht, die Literatur anzusehen, die auf dem Höhepunkt des Zyklus produziert wurde. Die euphorischen Schilderungen eines durch die Technik ausgelösten neuen »Zeitalters«, der Auflösung alter Widersprüche zwischen »Kapital« und »Arbeit« und der neuen »Befreiungspotenziale«, die sich für Mitarbeiter ergeben, klingen hohl angesichts der täglichen Konkurse risikokapitalfinanzierter Unternehmen, der Reduzierung der Mitarbeiterzahlen in den verbliebenen Firmen auf ein Viertel oder Fünftel und den Kommentierungen der neuesten Hiobsbotschaften auf Internetseiten wie www.fuckedcompany.com, www.dotcomtod.com oder www.netslaves.com. Wenn Mitarbeiter bei Pink-Slip-Partys, benannt nach der Farbe des Umschlags, in dem US-Unternehmen ihre Kündigungen verschicken, die Visitenkarten ihrer inzwischen Pleite gegangenen Arbeitgeber an eine »Wall of Blame« kleben, erscheinen auch die euphorischen Aussagen in den während der Boomzeit entstandenen Managementbüchern nur noch als weiteres Material für die Collagen an den »Schandmauern«.

Die Karikaturen der höchst veraltet wirkenden Schilderungen der »schönen neuen Arbeitswelten«, der »neuen Regeln der Wirtschaft« oder des Reizes der »schnellen Expansion« haben Unterhaltungswert, sind aber in der Regel wenig hilfreich. Die Managementliteratur, die auf dem Höhepunkt eines Technikbooms verfasst wird, hat genauso wie die euphorischen Aussagen des Topmanagements nicht das Ziel, eine präzise Beschreibung der Funktionsweise des Booms zu liefern, sondern soll vielmehr diesen Boom mit positiv klingenden Beschreibungen unterstützen.

Entscheidend ist, wie in einer Abschwungphase die Erfahrungen aus der Boomzeit verarbeitet werden. Die Art und Weise, wie Unternehmer, Journalisten und Wissenschaftler die Pleiten von Unternehmen kommentieren, ist ausschlaggebend dafür, ob sich der Wissensbestand über das Risikokapitalgeschäft mehrt oder nicht. Die Art der »Fehlerdiagnose« in einer Abschwungphase entscheidet darüber, ob die herkömmliche Vorgehensweise in der nächsten Aufschwungphase lediglich reproduziert wird oder ob es zu einem Lernprozess kommt.

In diesem zusammenfassenden Kapitel wird argumentiert, dass die Methode, das Scheitern von Unternehmen auf Verfehlungen des Personals zurückzuführen, davon ablenkt, dass das Auf und Ab zum Exit-Kapitalismus gehört wie das Gewinnen und Verlieren von Wahlen zu demokratischen Staaten. Das Risikokapitalgeschäft ist Zyklen unterworfen, die zwar unterschiedlich stark ausschlagen, aufgrund der spekulativen Handelbarkeit von Unternehmensanteilen aber nicht vermieden werden können.

I.
Von Betrügern, Abzockern und Koksern:
Die zu kurz gedachten Erklärungen für das Scheitern
von Wachstumsunternehmen

»Denn sie wussten nicht, was sie tun.« Mit diesem Satz lässt sich eine zentrale Ursache für das Scheitern von Unternehmen zusammenfassen. Als die »größte Geldverbrennung der Geschichte« beschreibt beispielsweise der Gründer von Foodstep, Robert Bauer, die Zeit des Internetbooms. Martin Andersen von SuperWebOffice ist der Ansicht, dass es eine solche Phase lange nicht mehr geben werde. Es wurden, so Andersen, 4,3 Billionen US-Dollar »verbrannt«. »Die Euphorie, dieses Ausprobieren, dieses Hoch und Tief, dieses Angespanntsein, dieses Flimmern in der Luft« sei der Grund dafür gewesen, dass das Management nicht immer einen klaren Kopf behalten habe. Greg Galanos von Mobius Venture Capital vergleicht die »Seifenblasenjahre« am Ende des zwanzigsten Jahrhunderts mit den letzten Jahren des römischen Reiches, in denen sich auch »merkwürdigste und dysfunktionalste Geschäftsmodelle« ausgebildet hätten.[2]

Mit großer Vorliebe werden die Fehler dem Personal angerechnet. Lutz Krafft vom Forschungsnetzwerk e-startup.org erklärte, dass die Start-ups »alles falsch gemacht haben, was man falsch machen konnte«: »unausgegorene Geschäftsideen«, »miserable Kundenbetreuung«, »keine Liquiditätskontrolle«, »übereilte Beteiligungsgeschäfte« und »zu rasches und ungesundes Wachstum«. Bei Unternehmen wie dem US-amerikanischen Internet-Spielzeughändler eToys oder der europäischen Internet-Einkaufsgemeinschaft Letsbuyit.com wird bemängelt, dass Marketingkosten von über 100 Millionen US-Dollar ausgegeben wurden, bevor ein ordentliches Vertriebssystem bereitstand. Man habe, so die Klage, lediglich mit Risikokapital ein »Strohfeuer« entfacht, ohne dass das Management ein Geschäft mit Substanz entwickelt hätte.[3]

Eine neue Technologie, so nicht selten der Tenor in den Medien nach einer Hype-Phase, hätte die Menschen zu den abenteuerlichsten Hoffnungen verführt und ihnen »zumindest zeitweise erst den Verstand und dann das Geld geraubt«. Die Rede ist von »Managern im Größen-Wahn« und einem »Börsenschwindel«, der Manager risikokapitalfinanzierter Unternehmen erfasse. In diesem Schwindel würden die »Grundsätze der Betriebswirtschaft suspendiert«. Vollstes Vertrauen würde lediglich ein »Kartell aus Glückspropheten« genießen, denen es gelänge, eine »Art Paralleluniversum zu inszenieren«, in dem »sie sich gegenseitig mit ihren aberwitzigen Erwartungen« überböten und dem »Wahnsinn Nahrung« gäben.[4]

Georg Dorn, Organisationsentwickler bei E-Yello, führte das Scheitern seines Unternehmens auf die Persönlichkeitsstruktur der Vorstandsmitglieder zurück, die sich »zwischen Genie und Wahnsinn« bewegt habe und jede vernünftige Einstellung zum Geld habe vermissen lassen. Albrecht Hertz-Eichenrode, Vorstandsvorsitzender der Risikokapitalgesellschaft Hannover Finanz und Vorstandsmitglied des Bundesverbands Deutscher Kapitalbeteiligungsgesellschaften, erklärte nach dem Internetboom, dass »zu viel unternehmerisches Feuer ohne Bodenhaftung« den Gründern allzu häufig das »Hirn verbrannt« habe.[5]

Neben dem Zuviel an »unternehmerischem Feuer« wird das Hirn-Verbrennen häufig auch auf Drogenkonsum in den Hype-Phasen zurückgeführt. Wenn es um die Erklärung des Niedergangs einer Industrie geht, erinnern sich die eher distanzierten Beobachter an die drogenentspannte Arbeitsatmosphäre in den Wachstumsunternehmen und die tollen, mit reichlich Kokain aufgelockerten Partys und spekulieren auf langfristige Nachwirkungen dieser Drogen. Schon in den zyklischen Krisen des Silicon Valley in den siebziger und achtziger Jahren wurde darauf verwiesen, dass das Valley einer der größten Abnehmer von Kokain in den Vereinigten Staaten sei. Während des Niedergangs der New Economy hörte man immer wieder die Behauptung, die drei »Cs« – Caviar, Champagne und Cocain – hätten zum Verlust an Bodenhaftung beigetragen.[6]

Die »verheerende Rolle« der Gier

Der »unternehmerische Wahnsinn«, so heißt es, habe sich nur in einem Klima entwickeln können, in dem alle »Sklaven der Gier« gewesen seien. Über den PC-Boom Anfang der achtziger Jahre klagte der Risikokapitalspezialist W. Keith Schilit, dass es vielen Personen nicht darauf angekommen wäre, »Unternehmen zu bauen«, sondern nur darauf, einen schnellen Dollar zu machen.[7] Ganz ähnlich die Beschreibungen nach dem Internet-Hype: Besonders Kleinanleger hätten häufig »auf ein nacktes Nichts« gesetzt, nur weil es genug andere gegeben habe, die das Gleiche wollten.[8] Getrieben durch die Hoffnung auf den schnellen Dollar hätten Kleinanleger, die nicht einmal wussten, was ein integrierter Schaltkreis ist, auf Mini-Computer-, PC- oder Internetfirmen gesetzt. Während einer Abschwungphase schwadronieren die Medien über die Geldgier und Unwissenheit der Kleinaktionäre und tun so, kritisiert das Magazin *Gegenstandpunkt*, als ob Risikokapitalgesellschaften, Banken oder Fondsgesellschaften bei Börsengängen im Grunde nichts verdienen wollten und Analysten immer erst in ihren Physikbüchern nachschlügen, bevor sie eine Verkaufsempfehlung abgeben.[9]

Diese Einschätzung wird dadurch zu untermauern versucht, dass die jeweilige Boomphase als »Paradebeispiel aller Spekulationsblasen« präsentiert wird und der Aufstieg und Niedergang risikokapitalfinanzierter Unternehmen mit den großen Spekulationsblasen der vorigen Jahrhunderte verglichen wird. Ähnlich wie während der »Tulipmania« im Holland des siebzehnten Jahrhunderts sei während des PC-Booms und des Internetbooms auf Produkte gesetzt worden, die keinen Mehrwert darstellten. Unternehmen wie Webvan, Boo.com oder Kabel New Media werden mit der im frühen achtzehnten Jahrhundert in England gegründeten »Gesellschaft zur Durchführung eines überaus nützlichen Unternehmens, das aber noch niemand kennt« verglichen. Immer wieder wird auf das 1841 verfasste Buch des Briten Charles Mackay über »außerordentlich beliebte Irrungen und den Wahnsinn der Menge« verwiesen, in dem Anleger auf einer Stufe mit Geistheilern, Alchemisten und Propheten abgehandelt werden. Wie während des Gründerbooms in Deutschland ab 1871 sei in Unternehmen investiert worden, die nichts anderes versprachen, als dass sie ein ganz tolles, aber bisher nicht näher spezifizierbares Produkt in Entwicklung hätten. Wie im »Jahrhundertwechsel-Fieber« 1900 und 1901 habe es den Glauben gegeben, dass sich durch neue Technologien eine ganz neue Form des Wirtschaftens, des Handelns und des Konsumierens etabliere, welche die bekannten Gesetzmäßigkeiten außer Kraft setze. Wie beim Boom und dem anschließenden Börsencrash in den späten zwanziger Jahren des zwanzigsten Jahrhunderts hätten »Schuhputzer«, »Hausfrauen« und »Taxifahrer« ihre Ersparnisse in hoch riskanten Aktien angelegt und so auf einen »schnellen Dollar« gehofft.[10]

Jenseits der Personifizierung: Strukturen der Risikokapitalfinanzierung

All diese Erklärungen hinsichtlich Naivität, Unerfahrenheit, Drogenkonsum, Unwissenheit und Gier setzen bei Verfehlungen des Personals an. Es wird suggeriert, dass alles anders (und besser) gelaufen wäre, wenn nur das Management mehr Erfahrung gehabt hätte, dessen Größenwahn keine so wichtige Rolle gespielt hätte, die Betrüger durch bessere Kontrolle an ihren verbrecherischen Aktionen gehindert worden wären, das Management der Multimediaagenturen nicht Kokain, sondern nur Zigaretten, Coca-Cola und Bier konsumiert hätte, die Risikokapitalgeber nur genauer ihre Unternehmen ausgesucht und geldgierige Anleger nicht dieses Strohfeuer angeheizt hätten. Im Prinzip habe alles gestimmt – die Technik war vielversprechend, es gab einen großen neuen Markt, die Unternehmensideen waren grundsätzlich in Ordnung –, nur das schlechte Personal habe die Sache in den Sand gesetzt.

Diese Personalisierung der Ursachen für den Untergang von Firmen in Abschwungphasen erfüllt eine wichtige Funktion: Sie bietet die Hoffnung, dass man alles in den Griff bekommen kann, wenn das Personal nur aus den Fehlern lernt und die Prinzipien der »normalen Marktwirtschaft« berücksichtigt. Wenn die »schwarzen Schafe«, welche die Branche in Verruf gebracht haben, ausgeschlossen würden, dann liefe alles ganz anders. Hätte man erst einmal die Regeln an den Börsen so verschärft, dass Betrüger wie die von Enron, Worldcom oder EM.TV nicht mehr ihre »Tricksereien« machen könnten, dann würde die Sache schon wieder laufen.

Solche Äußerungen blenden jedoch aus, dass über Erfolg und Misserfolg im Exit-Kapitalismus nicht vorrangig Unerfahrenheit, Größenwahn, Managementfehler, Gier und extensiver Kokainkonsum entscheiden, sondern vielmehr die Zyklen, in denen das Risikokapitalgeschäft abläuft.

2.
Die Rationalität der Lemminge oder:
Die Wellenförmigkeit des Exit-Kapitalismus

Risikokapitalfinanzierung in einem völlig neuen Segment zu erhalten ist – entgegen der landläufigen Meinung – extrem schwierig. Die Risikokapitalgeber haben Zweifel, ob sich wirklich ein neues interessantes Geschäftsfeld ausbildet, und zwar nicht nur ihrer Meinung nach, sondern auch der Meinung ihrer Kollegen nach. Die ersten Finanzierungen, beispielsweise für Mini-Computer, Festplatten,

Grafikkarten, CD-ROMs oder Internetsuchmaschinen, flossen jeweils sehr zögerlich. Man gehörte bei einem frühen Einstieg zwar zu den Ersten in der Branche, hatte aber Sorge, dass weder für die Technik noch für die Anteile an den Unternehmen ein Markt existierte.

Erst wenn sich eine Übereinstimmung unter Risikokapitalgebern andeutet, dass man es mit einer »heißen« neuen Technik zu tun hat, setzt ein Run auf Unternehmen in diesem Bereich ein.

Die Ausbildung eines neuen Segments:
Die Logik des Abkupferns

Initialfunke für einen Run auf Unternehmen in einem neuen Techniksegment ist häufig der erfolgreiche Börsengang einer Firma. So führte die äußerst erfolgreiche Börseneinführung Apples Anfang der achtziger Jahre – sie spülte 110 Millionen US-Dollar in die Kasse des Unternehmens und belohnte frühe Anleger mit einer Vervielfachung ihrer Investitionen – dazu, dass sich die Anzahl der Börsengänge in den folgenden drei Jahren vervierfachte und jede Menge Risikokapital in die PC-Branche floss. Eine weitere Explosion von Börsengängen an der Nasdaq folgte mit dem Biotechnologieboom in den frühen achtziger Jahren. Der erfolgreiche Börsengang von Genentech führte dazu, dass im folgenden Jahr Hunderte von Biotechnologiefirmen Risikokapital erhielten und den Weg an die Börse suchten. Mitte der neunziger Jahre löste der Börsengang der Firma Netscape eine ähnliche Initialzündung für das Internet aus.[11]

Wenn eine Technologie, eine Branche oder ein Sektor von Risikokapitalgebern als vielversprechend erkannt wird, drängt in der Folgezeit, fast explosionsartig, immer mehr Risikokapital in diesen Bereich. Wenn erst einmal eine neue Industrie identifiziert ist und über das Potenzial dieser Industrie Übereinstimmung herrscht, so der Risikokapitalgeber Frank Schon, dann würde nicht nur *ein* Venture-Capitalist in die neue Technologie investieren, sondern gleich eine Vielzahl von Venture-Capitalists. Es herrscht, so Vinod Khosla von der Risikokapitalgesellschaft Kleiner Perkins, ein »Gier-Zyklus«, in dem jeder Risikokapitalgeber versucht, an der Boom-technologie beteiligt zu sein.[12]

In einer solchen Phase steht sehr viel Kapital für Unternehmen zur Verfügung, und auch »mittelmäßige Unternehmer« mit »mittelmäßigen Ideen« und einem »relativ späten Start« haben Möglichkeiten, eine Finanzierung zu erhalten. Es bilden sich so genannte »Me-too-Unternehmen« aus, die versuchen, als viertes, fünftes oder auch zwanzigstes Unternehmen in ein Segment zu drängen. Als die ersten Unternehmen für Computerlaufwerke gegründet und durch Risikokapitalgeber gefördert wurden, gab es sofort Unternehmensgründer, die »ich auch« schrien und versuchten, ein Konkurrenzunternehmen aufzubauen. In den späten siebziger, frühen achtziger Jahren investierten Risikokapitalgeber allein in den USA in 43 Diskettenlaufwerk-Firmen, von denen auf dem Höhepunkt allein die zwölf an der Börse gehandelten Firmen einen Marktwert von 5,4 Milliarden US-Dollar hatten.[13] Bei der Entstehung von Geschäftsmodellen im Bereich des Internets dauerte es häufig nur wenige Monate, bis sich zehn weitere Unternehmen für Werkzeuge zum Basteln von eigenen Homepages oder für den Vertrieb von Spielzeug über das Internet ausbildeten. Nach nur wenigen Monaten tummelten sich allein im Segment für Spielzeughandel mehr als 30 Internetfirmen und warben unter den Namen eToys, Alltoys, PrimusToys, Mytoys oder Toyzone um die Gunst der Kinder – oder besser ihrer Eltern.

Weswegen lohnt sich für Risikokapitalgeber die Finanzierung solcher Nachzügler oder Nachahmer? Risikokapitalgeber interessieren sich vorrangig für eine Frage: Bekomme ich mit dem von mir finanzierten Unternehmen einen profitablen Exit hin oder nicht? Und wegen der Wichtigkeit dieser Frage kann es für einen Kapitalgeber sinnvoller sein, in das fünfte Diskettenlaufwerk-Unternehmen, die zehnte CD-ROM-Firma, den fünfundzwanzigsten Anbieter von Tiefkühlkost über das Internet oder den vierten Entwickler eines neuen Herz-Kreislauf-Medikaments zu investieren, als in ein Unternehmen in einer Branche, die zurzeit »nicht heiß ist« und in der ein Exit über Unternehmensverkauf, Börsengang oder Managementrückkauf in den nächsten vier oder fünf Jahren nur schwer möglich ist.

Im Exit-Kapitalismus kann sich diese Strategie auszahlen, weil sich auch die Entscheidungen anderer Investoren vorrangig daran orientieren, welche Unternehmensmodelle in einem Markt als »hot« gehandelt werden. Das hohe Angebot an Finanzmitteln in einem Wachstumssektor führt dazu, dass selbst »mittelmäßige Unternehmen« Risikokapitalfinanzierungen erhalten und es zu einem Börsengang bringen. George Middlemas, ein Investmentmanager beim Citicorp Venture Fund, erklärt das damit, dass in einer Boombranche Fehler eher verziehen werden. In einem Markt, der um 30 Prozent pro Jahr wachse, könne die risikokapitalfinanzierte Unternehmung »eine Reihe von Fehlern machen« und dann am Ende doch an der Spitze landen. In einem langsam wachsenden Markt kann ein einziger Fehler zum Untergang des Unternehmens führen. Der Unternehmensberater Bob Zider erklärt, dass es ein fälschlicherweise verbreiteter Mythos sei, Risikokapitalgeber würden in »gute Ideen« investieren. Vielmehr investierten sie ihr Geld in »gute Industrien«. Das seien Industrien, die schneller wachsen als andere Industrien und in denen deshalb auch weniger wettbewerbsfähige Unternehmen überlebensfähig (und verkaufbar) seien.[14]

Solange sich die Entscheider aufgrund der hohen Unklarheit über die weitere Entwicklung an anderen Entscheidern orientieren und lukrative Exits immer wieder die Bezugnahme auf andere Entscheider bestätigen, kann dieses lemmingartige Verhalten ökonomisch erfolgreich sein.

Der panikartige Rückzug aus einem Segment

Wie kommt es nun dazu, dass Risikokapitalgeber ihre Investitionen in ein Segment stoppen? Aufgrund der Pleite eines prominenten Unternehmens, grundlegender technischer Schwierigkeiten in der Entwicklung oder der wiederholten Nichterfüllung von Marktvoraussagen kommen Zweifel auf, ob die in einen Bereich fließenden Mittel das Potenzial des Segments rechtfertigen. Die Unternehmensanteile werden als zu teuer eingeschätzt. Frank Schon von Goal Venture berichtet, dass nach Boomzeiten die Risikokapitalgeber irgendwann bemerken, dass in einen »Sektor«, der »am Anfang auch ganz gut lief«, einfach zu viel investiert wird.

Dies war Anfang der siebziger Jahre der Fall, als die während des Booms an die Börse gebrachten Unternehmen massiv an Wert verloren. Nach einem Börsenboom in den späten sechziger und frühen siebziger Jahren und ersten vorsichtigen Investitionen in Form von Risikokapital brachen mit dem Ölpreisschock und der Flaute an den Börsen die Exit-Möglichkeiten weg. Dick Kramlich, einer der ersten Risikokapitalgeber im Silicon Valley und zeitweise Partner der Risikokapitallegende Arthur Rock, erinnert sich, dass der »Aktienmarkt tot war« und Silicon Valley eher ein »Death Valley« gewesen sei, in dem für Risikokapitalgeber »keine Oase« in Sicht war. Dies galt auch für die Zeit nach dem PC-Boom. Spätestens nach der Pleite der Firma Osborne Computer kamen Zweifel auf, ob sich die Erfolgsgeschichte von einer Firma wie Apple wiederholen ließe. Tad LaFountain, Analyst bei Needham, erinnert sich an ein Analystentreffen mit dem späteren Vorstandsvorsitzenden von Intel, Andy Grove, im Jahr der Osborne-Pleite. Dieser habe darauf hingewiesen, dass 20 Hersteller von Personal-Computern jeweils 20 Prozent Marktanteil für sich als realistisch betrachteten und ihre Unternehmensstrategien darauf ausrichteten. Man könne, so Grove damals, den ganzen Tag hin- und herrechnen, die Kalkulation dieser Firmen ginge zusammen nicht auf. Während des Festplattenbooms in den frühen achtziger Jahren, der vom Boom in der Personal-Computer-Branche angetrieben wurde, entstanden mehr als 50 risikokapitalfinanzierte Unternehmen in diesem Segment. Nach einem Börsenboom im Jahr 1983, in dem mehr Börsengänge stattfanden als in jedem Jahr zuvor seit den späten sechziger Jahren, kamen zunehmend Zweifel auf, ob alle diese Festplatten-Unternehmen würden überleben können, und Risikokapitalgeber zogen ihr Geld schnell ab. Sobald realisiert worden war, dass auf Personal Computern mehr Programme laufen als nur die Spiele Pong und PacMan, flossen enorme Summen von Risikokapital in die Softwarebranche. Nachdem etlichen Softwarefirmen der Börsengang gelungen war und es eine kurze spekulative Rallye an der Nasdaq gab, entstanden Unsicherheiten, ob die operativen Gewinne die hohe Bewertung von Softwarefirmen durch Risikokapitalgeber und an der Börse rechtfertigen, und das Risikokapital wurde schnell zurückgezogen. Das Gleiche war nach der Pleite der Internetfirma Boo.com der Fall, die Zweifel an den Geschäftsmodellen im Internet virulent werden ließ.[15]

Wenn sich derartige Zweifel verfestigen, führt dies zu einem fluchtartigen Rückzug aus einem Segment. Der »Gier-Zyklus« der Risikokapitalgeber schlägt in einen »Angst-Zyklus« um. Die US-amerikanische Risikokapitalgeberin Lorri Rafield erklärt, dass bei aufkommenden Zweifeln »plötzlich« alle Investoren gleichzeitig extrem »schüchtern« werden und am liebsten niemand mehr irgendwelche Deals abschließen möchte. Risikokapitalgeber, so erläutert Gregor von Scheidt vom Multimedia-Spezialisten NxN Software, würden die Unternehmenskonzepte, die vor wenigen Monaten »noch am heißesten gefragt waren«, plötzlich nicht einmal mehr »mit der Zange anfassen«. In Bezug auf Unternehmen, die von Risikokapitalgebern, institutionellen Anlegern und Analysten bei der letzten Aktionärskonferenz nur gefragt wurden, »wie viele Leute sie im Quartal verdauen«, interessiert plötzlich nur noch die Frage:

»Wie profitabel seid ihr?«, und die Kapitalbesitzer hoffen, ihr Investment lieber heute als morgen abstoßen zu können.[16]

Wie die Lemminge ziehen sich die Risikokapitalgeber aus einer Industrie zurück. Diese »Take the Money and Run«-Haltung ist aus ihrer Perspektive eine sinnvolle Strategie. Sobald sich die Flucht aus einem Segment andeutet, wird das Geld dem ehemaligen Wachstumssektor, in dem eine Zeit lang so gut wie jede Idee finanziert wurde, sehr schnell entzogen. Damit verschlechtern sich die Möglichkeiten der noch im Markt befindlichen Anleger, ihre Anteile loszuwerden, und jeder versucht, zu noch einigermaßen vertretbaren Bedingungen seine Anteile zu verkaufen. Ein bestimmtes Branchensegment ist für Risikokapitalgeber nun für etliche Jahre tot.

Der Ausleseprozess

Dieser Geldentzug von einem Moment auf den anderen setzt die Unternehmen stark unter Druck, und das Ergebnis ist ein radikaler Ausleseprozess. In der Mini-Computerindustrie beispielsweise, die in den späten sechziger Jahren einen kleinen Boom erlebte, kam es nach dem Zusammenbruch an den Kapitalmärkten zu einem Unternehmenssterben. Von den mehreren hundert PC-Firmen, die Anfang der achtziger Jahre Risikokapitalfinanzierungen erhielten, überlebte nur ein Bruchteil. Parallel gingen in großer Anzahl risikokapitalfinanzierte Produzenten von Festplatten, Diskettenlaufwerken und Memory-Chips ein. Anfang des 21. Jahrhunderts führte der Einbruch an den Kapitalmärkten zu einem großen Sterben von Internetfirmen. Während sich auf dem Höhepunkt des Booms weltweit 50 oder mehr Unternehmen in Nischenmärkten wie dem Vertrieb von Tierfutter über das Internet, Business-to-Business-Plattformen für Agrargüter oder Suchmaschinen tummelten, überlebten nach dem Ausbleiben der Risikokapitalströme nur einige wenige.

Der Ausleseprozess im Laufe eines Abschwungzyklus wird da-

bei sogar als Voraussetzung für die Entstehung einer neuen Industrie gesehen. Paul Saffo, Direktor des Institute for the Future in der
US-amerikanischen Risikokapitalhochburg Menlo Park im Silicon
Valley, erklärt, dass der Kollaps der Dotcom-Industrie zwar ein
Desaster für die Wallstreet, für das Silicon Valley und andere High-
techregionen aber das »willkommene Ende« einer »anormalen Situation« gewesen sei. Genauso wie die Ökologie auf den Hügeln um
das Silicon Valley darauf basierte, dass gelegentliches Feuer das »alte
Gewächs ausmerzt« und »Platz für neues Leben schafft«, bräuchte
die Geschäftswelt diesen Ausmerzungsprozess. Nur dadurch könnten die »unwillkommenen Nebenprodukte des Erfolges« – zu viele
Menschen, zu viele teure Häuser, zu viel Verkehr, zu wenig Büro-
raum und zu viel Geld auf der Suche nach ein paar Start-ups – besei-
tigt und eine »sterile Monokultur« verhindert werden.[17]

Der »Mittelabflusszwang« und »Anlagedruck« von Risikokapitalgebern

Wenn eine Wachstumsindustrie sich totgelaufen hat, die Turfs abge-
steckt sind und sich mehrheitlich die Meinung durchsetzt, dass dieses Segment keine Risikokapitalfinanzierung mehr verdient,
bekommt der Risikokapitalgeber ein Problem: Er muss sein Geld
neu investieren. Robert Bauer von Foodstep beschreibt die Situation
von Risikokapitalgebern nach dem Abklingen einer Investitions-
welle mit dem Wort »Anlagedruck«. In der öffentlichen Verwaltung
ist dieses Problem als »Mittelabflusszwang« am Ende eines Haus-
haltsjahrs oder am Ende eines budgetierten Projekts bekannt.

Dieser Anlagedruck beziehungsweise Mittelabflusszwang wird
dadurch verursacht, dass die Risikokapitalfinanzierung nicht eine
spontane Form der Investition ist, sondern sich seit dem Zweiten
Weltkrieg als eigenes Geschäftsfeld ausgebildet hat. Der »von der
Börse enttäuschte« Kleinanleger kann sich dem Anlagedruck entzie-

hen, indem er sich von dem Geschäft mit riskanten Unternehmen verabschiedet und sich stattdessen Staatsanleihen oder Postsparbücher zulegt oder seinen Konsum von Luxusgütern erhöht. Diese Möglichkeit hat eine Risikokapitalgesellschaft nicht. Ihre Investoren wären nicht einverstanden, wenn der Risikokapitalgeber das Geld bei einer Bank anlegte und dafür 4 oder 5 Prozent Zinsen kassierte.

Besonders prekär ist die Situation für Risikokapitalgeber, wenn sie auf dem Höhepunkt eines großen Booms Risikokapital von Investoren eingesammelt haben, aber aufgrund der plötzlich verschlossenen Exit-Fenster in einer Branche nicht in der Lage sind, dieses Geld wie geplant auszugeben. Dieses Mittelabflussproblem stellte sich erstmals verschärft nach dem PC-Boom in den achtziger Jahren ein. Die Unternehmen hatten nach dem sensationell erfolgreichen Börsengang von Apple und der Vervielfachung von Börsengängen an der Nasdaq sehr viel Risikokapital eingesammelt. Nachdem aber im Jahr 1984 Zweifel am PC-Geschäft aufkamen, verschloss sich für zwei Jahre die Möglichkeit, mit Firmen dieses Segments an die Börse zu gehen. Auch nach dem Börsencrash am 19. Oktober 1987 war das »Fenster für Börsengänge« und damit eine zentrale Exit-Möglichkeit für Risikokapitalgeber für längere Zeit verschlossen. Obwohl in den späten achtziger Jahren die Einkaufstour japanischer Unternehmen in den USA ein neues Exit-Fenster für Risikokapitalgeber öffnete, hatten diese Schwierigkeiten, ihr Geld zu investieren.[18] Ähnlich stellte sich die Situation in den letzten beiden Jahren des zwanzigsten Jahrhunderts dar, als Risikokapitalgesellschaften ohne große Schwierigkeiten Geld von Kapitalgebern bekommen konnten, mit dem Einbruch an den Börsen aber plötzlich die Exit-Möglichkeiten verbaut waren. Der Analyst Jesse Reyes von der Beratungsgesellschaft Venture Economics schätzte zwei Jahre nach dem Zusammenbruch des Internetbooms, dass allein die US-amerikanischen Risikokapitalgesellschaften auf über 100 Milliarden US-Dollar saßen, die sie investieren »mussten«.[19]

Der Zusammenbruch nach einer größeren Boomphase führt dazu, dass zeitversetzt um ein, zwei Jahre weniger Geld in die Risikokapitalfonds fließt. So sammelten die US-amerikanischen Risikokapitalgeber im Jahr nach dem Zusammenbruch an den Börsen im Oktober 1987 20 Prozent weniger Kapital von Investoren ein. Viele während der Boomzeit gegründeten Risikokapitalgesellschaften gingen Pleite und fielen als Anbieter von Risikokapital aus. Nach dem Zusammenbruch des Internetbooms im Jahr 2000 erlebte die Risikokapitalszene eine Phase, die man als tiefe Depression bezeichnen kann. Während Risikokapitalgesellschaften auf dem Höhepunkt der Interneteuphorie allein in den USA in einem Quartal über 30 Milliarden US-Dollar zusammenbringen konnten, sank zwei Jahre später die in einem Quartal akkumulierte Summe auf 2,2 Milliarden US-Dollar – ein Sechs-Jahres-Tief für die Risikokapitalbranche.[20]

Aber die geringen Zuflüsse in die Risikokapitalfonds reduzieren den Mittelabflusszwang der Risikokapitalgesellschaften nicht grundsätzlich. Die Millionen und Milliarden müssen ausgegeben werden. »Die Risikokapitalgeber« haben, so der Spruch in der Gründerszene, »die Taschen und die Hosen voll«. Die Kapitalgeber reagieren auf die Probleme des Mittelabflusszwangs beziehungsweise Anlagedrucks mit einer frenetischen Suche nach »neuen Industrien«. »Was sind die zukünftigen Märkte?« gehört zu den am heißesten diskutierten Fragen auf informellen Foren, Konferenzen und Partnertreffen. Statt Kooperationen einzugehen, Deals zu machen oder sich seiner Exits zu rühmen, wird diskutiert, was wohl die nächsten heißen Themen sein werden. Es wird spekuliert, ob Nanotechnologie der neueste Trend ist oder eher »virtuelle Computer«, ob man in Genetik machen soll, ob die Robotik eine Rolle spielen wird oder ob man es gar mit einer Verschmelzung von Bio- und Informationstechnologie zu tun bekommen wird.

Dieses »Branchen-Hopping« von Risikokapitalgebern kann man

bedauern, aber vermutlich liegt gerade darin die Innovationswirkung des Risikokapitalgewerbes. Erst der Anlagedruck und der Mittelabflusszwang in einer Abschwungphase führen dazu, dass eine völlig neue Technologie überhaupt auf investitionsbereite Financiers treffen kann. Wenn Banken, Versicherungen, Pensionsfonds, Stiftungen und Einzelinvestoren die Risikokapitalgesellschaften drängen, das zur Verfügung gestellte Geld endlich zu investieren, schafft dies die Basis dafür, dass Risikokapital flutartig in eine neue Technologie stürzt, wenn diese als erfolgversprechend eingeschätzt wird.

Nach dem Boom ist vor dem Boom

Wenn man das große Wort von der »Spekulationsblase« überhaupt in den Mund nehmen möchte, dann ist Risikokapital nichts anderes als ein zyklisches Geschäft mit »Spekulationsblasen«, die sich in Wachstumsmärkten ausbilden. Der Journalist Michael S. Malone verglich Mitte der achtziger Jahre Risikokapitalgeber mit Surfern, die im Wasser liegend auf die nächste große Welle warten. Sobald eine Welle kommt, fingen normalerweise mehrere Dutzend Firmen wie wild an zu paddeln, um die Welle gut zu erwischen. Aber nur einige wenige seien schnell genug, um gut auf die Welle zu kommen. Die anderen würden zurückbleiben, frustriert auf die nächste Welle warten oder ganz aus dem Spiel aussteigen.[21]

Dabei darf man nicht übersehen, dass die Wellen im Laufe der Geschichte des Exit-Kapitalismus immer größere Dimensionen annehmen konnten. Während sich die Risikokapitalfinanzierung in der Frühzeit auf forschungsabhängige, wissenschaftsnahe Entwicklungen im Hightech- und Biotechbereich konzentrierte, drängte während des Internetbooms Risikokapital in alle Bereiche, von Kunstgewerbe über Uhren- und Buchhandel bis ins Reisegewerbe. Die Risikokapitalgeberin Ann Winblad erklärt, dass Risikokapitalgeber klassischerweise in Hightechbereiche investierten, die als Serviceleister für die anderen Industrien auftraten. Durch das Internet traten die risikokapitalfinanzierten Unternehmen in Konkurrenz zu Unternehmen im Endkundenbereich, die vorher lediglich die Serviceleistungen von risikokapitalfinanzierten Unternehmen erhalten hatten. Winblad berichtet, dass sie niemals geglaubt hätte, Unternehmen im Bankbereich, im Transportgewerbe oder gar in der Haustiersparte zu finanzieren. Durch das Internet sei dies aber möglich geworden.[22]

Die Tatsache, dass viele Geschäftsmodelle während des Internetbooms auf einer recht einfachen Technologie aufbauten, führte dazu, dass das Spektrum von Personen, die sich als Risikokapital-Unternehmer betätigten, stark zunahm. Im Prinzip hatte jeder, der sich mit der Programmiersprache Java eine kleine Internetseite zusammenbasteln konnte, die Möglichkeit, sich mit einer Geschäftsidee bei einem Risikokapitalgeber zu bewerben. Die technische Grundlage war so übersichtlich, dass Unternehmensberater mit zwei, drei Jahren Berufserfahrung oder sogar Betriebswirtschaftsstudenten eine Unternehmensidee realisieren konnten, ohne Sorgen haben zu müssen, der technischen Komplexität nicht gewachsen zu sein.

Durch den Einstieg der Risikokapitalfinanzierung in das Geschäft mit Internetfirmen wurde die Investitions- und Exit-Geschwindigkeit der Risikokapitalgeber noch einmal erhöht. Während eine Investition sowohl in Hightech als auch in Biotech in der Regel eine längerfristige Investition war und Risikokapitalgeber sich mehrere Jahre am Aufbau der Unternehmen beteiligten, betrugen im Internetbereich die Zeitabstände zwischen Investition und Exit teilweise nur ein oder zwei Jahre. Während die Entwicklung einer neuen Computer-Hardware oder gar eines neuen gentechnisch hergestellten Medikaments häufig mehrere Jahre dauerte, war es im Internetgeschäft, besonders im Business-to-Consumer- und Business-to-Business-Bereich, möglich, innerhalb von sechs Monaten ein Webportal zu programmieren und nach zwölf weiteren Monaten einen Börsengang anzupeilen.

Sowohl die Breite als auch die Geschwindigkeit des Internetbooms führten dazu, dass der »normale« Abschwung im Risikokapitalgeschäft stärker und breiter ausfiel als in den Risikokapitalzyklen des Mini-Computergeschäfts, des PC-Geschäfts, der Software- oder der Biotechbranche. Betroffen waren durch den Abschwung nicht nur die Internetunternehmen und auf das Internet fixierte Risikokapitalgesellschaften, die von der Finanzierung während des Booms besonders profitiert hatten, sondern alle Unternehmen, die im ausgehenden zwanzigsten Jahrhundert auf der Welle am Kapitalmarkt mitgeritten waren. Selbst Wachstumsbörsen wie die Nasdaq Japan oder der deutsche Neue Markt, die im Zuge der Interneteuphorie entstanden waren und keine strengen Qualitätskontrollen für die gelisteten Unternehmen entwickelten, wurden vom Niedergang erfasst und mussten geschlossen werden.

Aber auch der heftigste Abschwung wird einen neuen Boom nicht verhindern. Vielleicht wird die Boomphase ähnlich lange auf sich warten lassen wie während der »Trockenzeit« nach der »goldenen Zeit« am Ende der sechziger Jahre, vielleicht wird sie nicht so ausgeprägt sein wie der Internetboom, vielleicht wird sie sich auf wesentlich komplexere Technologien beziehen, weil nach den negativen Erfahrungen vieler Anleger mit der relativ simplen Technik des »Internets« niemand mehr etwas mit einer Branche zu tun haben will, in der jeder Oberschüler sein »Me-too-Unternehmen« eröffnen kann. Aber die nächste Boomphase wird mit Sicherheit kommen, solange der spekulative Handel mit Unternehmensanteilen möglich ist.

3.
Die Zyklen im Exit-Kapitalismus

Die Spekulation wurde zu einem integrativen Bestandteil des Kapitalismus, als man damit begann, Anteile an Unternehmungen zu handeln. Ab Mitte des fünfzehnten Jahrhunderts war es in Holland möglich, Anteilsscheine an Unternehmungen nicht nur zu erwerben, sondern diese auch in größerem Umfang zu handeln. Dort nutzten Kaufleute zentral gelegene Hotels, Kneipen oder Marktplätze dafür, mit Anteilsscheinen an Fernexpeditionen nach Asien oder später auch nach Amerika zu handeln. Ein holländischer Kaufmann hatte dadurch die Möglichkeit, seine ursprüngliche Investition in ein Schiff bereits zu versilbern, bevor dieses mit Gewürzen, Tüchern oder Gold wieder in einem holländischen Hafen einlief. Da diese ersten Handelsstätten nur umfunktionierte Absteigen waren, eröffnete man 1531 in Antwerpen das erste richtige Börsengebäude. Nun waren die Kaufleute nicht länger gezwungen, ihre Geschäfte in Spelunken oder gar unter freiem Himmel zu betreiben.[23]

Die Geschichte der großen Spekulationsblasen seit dem fünfzehnten Jahrhundert ist die Geschichte von Spielern, die sich auf dem Anleihenmarkt gegenseitig immer intensiver beobachteten und immer mehr Investitionen in Hinblick auf das mögliche zukünftige Verhalten anderer Anleger tätigten: Die »Tulipmania«, das Bezahlen exorbitanter Preise für Tulpenknollen in den Jahren 1634 bis 1637, die »Südsee-Blase«, die von 1719 bis 1720 zu einer großen Spekulationsphase in Frankreich führte, oder der »Gründerboom« in Deutschland in den frühen siebziger Jahren des neunzehnten Jahrhunderts, als jede noch so abstrakte Unternehmensidee Geldgeber anziehen konnte, sind Beispiele dafür.[24]

Aber diese Spekulationsblasen erlauben es noch nicht, von einem Exit-Kapitalismus zu sprechen. Erst die Ausbildung eines Risikokapitalgewerbes führte dazu, dass der Handel mit Unternehmensanteilen und die spekulative Bezugnahme auf zukünftige Wertentwicklungen nicht mehr nur in Ausnahmefällen stattfanden, sondern zur Basis eines eigenen Geschäftsmodells wurden. Die kurzfristige Exit-Orientierung beim Aufbau eines Unternehmens, die in den großen Spekulationsblasen der frühen Neuzeit und der Moderne phasenweise ausbrach, wurde erst durch die Institutionalisierung der Risikokapitalfinanzierung zur Normalität.

Diese Exit-Logik bleibt im Exit-Kapitalismus nicht auf die Risikokapitalgeber beschränkt, sondern wird auch von Gründern, Führungskräften und Mitarbeitern übernommen. In dem Maße, in dem sie durch den Einsatz ihrer Arbeitskraft ebenfalls Anteilseigner an risikokapitalfinanzierten Unternehmen werden, spielt der schnelle Wechsel von Ein- und Ausstieg aus Unternehmen auch bei ihnen eine zunehmend dominante Rolle.

Es wäre sicherlich falsch, mit dem Begriff des Exit-Kapitalismus eine grundlegende Umstellung in der Form kapitalistischen Wirtschaftens zu proklamieren. Werte werden nach wie vor durch den Einsatz von Arbeitskraft geschaffen, und es gibt kaum Indizien dafür, dass die Exit-Logik auch zur treibenden Kraft in den »klassischen«, durch das Eigenkapital von Gründern finanzierten oder an »klassischen« Börsen notierten Unternehmen werden könnte. Aber spätestens mit dem Internetboom ist deutlich geworden, dass in Hype-Phasen des Exit-Kapitalismus auch »klassische« kapitalistische Unternehmen unter Druck geraten und gezwungen sein können, Strategien von risikokapitalfinanzierten Unternehmen zu übernehmen.

Der Exit-Kapitalismus stellt dabei sicherlich keine pathologische Erscheinung des Kapitalismus dar, sondern gehört zur Normalität seines Wirtschaftens. Was während des Internet-Hypes im ausgehenden zwanzigsten Jahrhunderts geschah, war kein krankhafter Auswuchs, sondern gerade das Resultat eines Wirtschaftssystems, dessen Geschäftsmodell zunehmend auf der Handelbarkeit von Unternehmensanteilen basiert.

Man mag die hochspekulativen Geschäfte mit Unternehmensanteilen als »Casino-Kapitalismus«, als »Kettenbrief-Wirtschaft« oder als »Bubble-Economy« bezeichnen. Letztlich ist es aber die Hoffnung des Risikokapitalgebers, die eigenen Unternehmensanteile in einer sich überhitzenden Risikokapitalspirale mit hohen Exit-Profiten zu verkaufen, die dazu führt, dass es zu riskanten Investitionen in neue Technologien kommt. Erst die Einbindung des Risikokapitalgeschäfts in einen »Casino-Kapitalismus«, eine »Kettenbrief-Wirtschaft« oder eine »Bubble-Economy« führt dazu, dass in einem so hohen Maße Kapital in die Entwicklung und Kommerzialisierung neuer Technologien fließt.

Wer mit dem Verweis auf Irrationalitäten »Nein« zu diesen Spekulationsblasen, Hypes und Wellen sagt, müsste konsequenterweise auch »Nein« sagen zur Risikokapitalfinanzierung – und letztlich auch zum Handel mit Unternehmensanteilen. Da dieser Handel mit Unternehmensanteilen eine der tragenden Säulen des Kapitalismus ist, käme dieses »Nein« zur Risikokapitalfinanzierung einem »Nein« zum Kapitalismus gleich: Ein solches »Nein« wollen diejenigen, die in Abschwungphasen im Exit-Kapitalismus über Irrationalität, Pathologien und Wahnsinnigkeiten der Märkte klagen, sicherlich nie so gesagt haben.

Anhang

Methodisches Vorgehen

Das empirische Material, das in diesem Buch verwendet wird, wurde von mir qualitativ analysiert. Die qualitative Analyse von Expertengesprächen, veröffentlichten Interviews und Artikeln steht auf den ersten Blick in Kontrast zur Methodik sowohl der an umfassenden Trends interessierten Betriebswirtschaftslehre als auch der kontingenztheoretisch ausgerichteten Organisationssoziologie. Mir kam es beim Verfassen dieses Buches darauf an, aus dem qualitativen Material plausible Hypothesen zu generieren, die erst in einem zweiten Schritt durch quantitative Untersuchungen gestützt oder widerlegt werden können. Das empirische Material dient mir an dieser Stelle deswegen auch nicht zur kausalen Begründung, sondern zur Entwicklung, Illustration und Stützung einer Plausibilität beanspruchenden Argumentation.

Neben Länderfallstudien über die Risikokapitalfinanzierung in den USA (von Alexander Schulze-Fielitz), Großbritannien (von Ursula Mühle), Frankreich (von Friederike Schwarzer), Deutschland (von Norbert Huchler) und Israel (von Gali Reich) sowie der für mich besonders wichtigen historischen Fallstudie über Zyklen der Risikokapitalfinanzierung (von Marianne Schröder) stützt sich die Arbeit auf drei empirische Pfeiler.

Der erste Pfeiler dieser Arbeit ist eine Auswertung von Büchern,

Interviews und Artikeln über Risikokapitalfinanzierung in US-amerikanischen, britischen und deutschen Zeitschriften. Dieses Material dient mir zur Rekonstruktion des öffentlichen Diskurses zwischen Unternehmern, Risikokapitalgebern, Analysten und Journalisten über Entstehung, Bedeutung und Strategie von Wachstumsunternehmen. Da es sich bei den verwendeten Interviews und Artikeln um bereits veröffentlichte Quellen handelt, wurde auf eine Anonymisierung von Unternehmen verzichtet. Das methodische Problem der Verwendung veröffentlichter Quellen besteht darin, dass man nur schwer herausbekommt, inwiefern die jeweilige Information bereits in Hinblick auf eine Veröffentlichung generiert wurde und damit die Aussagen nur begrenzt verwertbar sind. Um dem entgegenzuwirken, wurden die veröffentlichten Quellen mit eigenen empirischen Untersuchungen bei Risikokapitalgebern kontrastiert und ergänzt.

Der zweite Pfeiler der vorliegenden Arbeit ist deshalb eine Untersuchung, bei der im Rahmen einer Lehrforschung kurz nach dem Internet-Hype Experteninterviews mit Geschäftsführern und Mitarbeitern von neun Risikokapitalfirmen geführt wurden. Den Gesprächspartnern wurde eine Anonymisierung ihrer Person und ihres Unternehmens zugesagt, wodurch verhindert werden sollte, dass reine PR-Aussagen abgegeben werden. Die Aussagen der Mitarbeiter aus den fiktiven Risikokapitalgesellschaften Goal Venture, Ad Venture, Venture World, Natha.com, Grquick.com und MACV stammen aus dieser Untersuchung.

Der dritte Pfeiler ist eine Untersuchung von sieben Unternehmen, die durch Risikokapitalgeber finanziert wurden. Diesen Firmen war entweder der Gang an die Börse gelungen oder die Unternehmenspolitik richtete sich darauf, innerhalb von zwei bis drei Jahren nach der ersten Finanzierung durch Risikokapitalgeber an eine Wachstumsbörse zu gehen. Mit Mitarbeitern der sieben Firmen wurden insgesamt 20 Experteninterviews geführt worden. Ferner wurden unveröffentlichte und veröffentlichte Quellen der Unternehmen analysiert. Diese Untersuchung diente besonders der Rekonstruktion des »Innenlebens« von risikokapitalfinanzierten Unternehmen und bildet die Basis vor allem für das Kapitel V. Zur Sicherstellung der Anonymität der Unternehmen und der Mitarbeiter wurden Angaben, die für die Argumentation nicht zentral sind, teilweise verändert (Produkt, Finanzierer, Zuordnung von Gesprächspartnern). Die Interviewsequenzen der Mitarbeiter aus den fiktiven Unternehmen Foodstep, Informationhighway, E-Yello, Netdollar und SuperWebOffice stammen aus dieser Untersuchung.

Auf die explizite organisationstheoretische Einordnung der einzelnen Argumentationsstränge habe ich in diesem Buch verzichtet. Die Bezüge zur aktuellen neo-institutionalistischen, mikropolitischen und systemtheoretischen Diskussion werden in gesonderten Artikeln aufgezeigt, in denen ich auch zur Plausibilisierung meiner Argumentation auch weitere empirische Evidenzen liefere (siehe Literaturverzeichnis).

Dieses Buch muss viele Fragen bezüglich des Exit-Kapitalismus offen lassen: Wie hängen Kapital- und Produktmarkt in Auf- und Abschwungphasen an den Börsen zusammen? Wie genau wirkt sich die Exit-Logik in den verschiedenen Phasen auf gestandene Großkonzerne aus und welche Rolle spielt das Vorbild risikokapitalfinanzierter Unternehmen bei der in Hype-Phasen an der Börse zunehmenden Kapitalmarktorientierung dieser Großkonzerne? Wie wirkt sich die Exit-Logik auf die Beziehung von Investoren in Risikokapitalfonds zu Risikokapitalgesellschaften und von Risikokapitalgesellschaften zu finanzierten Unternehmen aus? (Hierzu gibt es bisher zwar viele Arbeiten, die mit Ansätzen der Principal-Agent-Theorie, der Transaktionskostentheorie oder der Property-Rights-Theorie argumentieren, viele Aspekte fallen aber durch diese theoretische Verengung heraus.) Wie unterscheiden sich die verschiedenen Auf- und Abschwungzyklen im Risikokapitalgeschäft und welche

Bedeutung hat dabei die mit der Internettechnologie verbundene
Boomphase?

Ich habe die Hoffnung, mit diesem Buch einen Argumentations-
rahmen geliefert zu haben, in dem sich diese Fragen weiter bearbeiten lassen.

Zur Entstehung des Buches

Ich betrachte die Entwicklung der Wirtschaft in diesem Buch immer
wieder aus Perspektiven, die sich von denen der Risikokapitalgeber,
der Mitarbeiter in risikokapitalfinanzierten Unternehmen, aber
auch von den an Praxisrezepten orientierten Betriebswirtschaftlern
unterscheiden. Ich interessiere mich hier nicht nur für die offen proklamierten Strukturen im Risikokapitalgeschäft, sondern besonders
auch für die latenten Funktionen, die ungewollten Nebenfolgen und
Widersprüchlichkeiten in diesem Geschäft.

Diese Fokus-Verschiebung von den offensiv nach außen vertre-
tenen Zielen und den zur Zielerreichung eingesetzten Mitteln hin zu
den versteckten Funktionen schafft erst einmal ein Verständigungs-
problem gegenüber den Akteuren im Risikokapitalgeschäft. Ein
Betriebswirt, Ingenieur, Soziologe oder Psychologe, der sich in seinen Analysen an den in den Unternehmen offensiv proklamierten
Zwecken und Mitteln orientiert, kommt den Selbstbeschreibungen
in den Inkubatoren, Risikokapitalgesellschaften und Wachstumsunternehmen sehr nahe.

Eine auf latente Funktionen, ungewollten Nebenfolgen und
Dilemmata konzentrierte Organisationsforschung hat hingegen
eine viel größere Distanz zu den in der Organisation formulierten
Zielen. Sie muss erst mühsam für ihre Perspektive werben. Unter
Verständigungsgesichtspunkten besteht ein Nachteil darin, dass man
nicht die gleiche Sprache spricht wie die Akteure in der Risikokapi-

talbranche und deswegen nicht auf die instinktive Werteüberein-stimmung zählen kann, die sich im Gespräch zwischen den praxis-orientierten Betriebswirten und Unternehmensvertretern beobach-ten lässt. Der Vorteil dieser Beobachtungsweise ist jedoch, dass eine Fremdbeschreibungen eine andere Sicht auf die Tatbestände ermög-lichen und so die Diskussion über Risikokapital um neue Perspekti-ven bereichern kann.

Eine kleine, informelle Forschungsgruppe an der Universität München hat es mir ermöglicht, die eigenen Thesen immer wieder mit Kolleginnen und Kollegen mit einem ähnlichen organisations-theoretischen Hintergrund abzugleichen. Unsere Forschungen wur-de dabei teilweise von der Hans-Böckler-Stiftung unterstützt, bei der ich mich für die beeindruckend unbürokratischen Finanzierung bedanke. Ich bedanke mich besonders bei Alexander Schulze-Fie-litz, Norbert Huchler und Marianne Schröder, nicht nur für die inte-ressanten Diskussionen im Laufe der letzten Jahre, sondern auch für das häufig mehrmalige kritische Gegenlesen verschiedener Kapitel des Manuskripts. In Seminaren haben mir besonders die Bemerkun-gen von Bernhard Gill, Boris Holzer, Elmar Könen und Shalini Randheria geholfen, meine Gedanken zum Exit-Kapitalismus wei-ter zuzuspitzen.

Für Kommentare zu einzelnen Kapiteln beziehungsweise zum ganzen Manuskript bedanke ich mich bei Ann-Kristin Achleitner, Markus Füller, Marko Ibscher, Hermann Iding, André Kieserling, Otto Kühl, Stephan Meyer, Manfred Moldaschl, Ursula Mühle, Jörg Müller-Lietzkow, Wolfgang Schnelle, Peter Walgenbach und Thomas von Wittern. Für die Fokussierung und den Feinschliff des Manuskripts waren besonders die Verbesserungsvorschläge, die Kürzungshinweise und stilistischen Tipps von Christoph von Lowtzow außerordentlich hilfreich. Gewohnt perfekt hat Tina Kleine die Korrektur der verschiedenen Manuskriptfassungen über-nommen.

Dafür, dass Rainer Linnemann, mein Lektor bei Campus, das Manuskript mehrmals durcharbeitete und »nebenbei« auch noch das Buchprojekt souverän an allen Schwierigkeiten eines zunehmend funktional ausdifferenzierten Verlags vorbeigeführt hat, bedanke ich mich herzlich.

Anmerkungen

Bei Zitaten, die nicht durch Literaturangaben belegt werden, handelt es sich ausnahmslos um Sequenzen aus den Experteninterviews mit Mitarbeitern von Risikokapitalgesellschaften (Goal Venture, Ad Venture, Venture World, Grquick.com und MACV) oder mit Mitarbeitern risikokapitalfinanzierter Unternehmen (Foodstep, Informationhighway, E-Yello, Netdollar, SuperWeb-Office und Natha.com). Die Angaben über Gesprächspartner und Unternehmen wurden anonymisiert.

Die Konturen des Exit-Kapitalismus

1 Die Informationen stammen von Wilson 1985: 189 ff. Das Zitat von Rosen ist aus Schilit 1991: 127.

I.

Der Exit-Gedanke:
Die Logik der Risikokapitalfinanzierung

1 Vgl. Zider 1998: 131 f. Siehe zu den Assoziationen mit den Adventures auch Wilson 1985: 18 ff. Für den Begriff des Venture-Capital gibt es im Deutschen, Französischen oder Spanischen kein Äquivalent, weswegen entweder der englische Begriff genutzt wird oder die etwas ungenaueren Begriffe Risiko- bzw. Wagniskapital, capital de risque oder capital de riesgo.

2 Vgl. McSummit/Martin 1990: 429; siehe auch Southwick 2001: 21; Kenney 2001: 1.

3 Die Eigenkapitalmangelhypothese findet sich bei Albach/Hunsdiek/Kokalj 1986.

4 Vgl. Wilson 1985: 36ff und 69; Kaplan 1999: 198.

5 Vgl. Bygrave/Timmons 1992: 20ff und 153ff; siehe auch Sahlman 1990: 483; Barry 1994: 6; Bhidé 2000: 162. Zu Renditen der Risikokapitalfonds in Europa siehe OECD 1996: 32. Die Renditeerwartungen variieren nach der Phase, in der Risikokapital investiert wird.

6 Vgl. zum Harvest-Gedanken Littmann/Jansen 2000: 107. Zum deutschen »Sonderweg« der Kapitalbeteiligungsgesellschaft siehe Schulze-Fielitz 2002: 48; Becker/Hellmann 2000: 7ff.

7 Zum Einfluss der Risikokapitalgeber auf den Exit siehe Lerner 1994; Gompers 1995; siehe Hellmann 2000: 280 zum Bild der Ehe in der Risikokapitalfinanzierung.

8 Zu Atari siehe Wilson 1985: 63; zu Hotmail siehe Harmon 1999: 27. Bauer ist ein anonymisierter Interviewpartner.

9 Vgl. Gompers/Lerner 1999: 19; Bhidé 2000: 145; Tykvová 2001a: 25; zur Zeitspanne zwischen Einstieg und Exit siehe Fried/Hisrich 1994: 31.

10 Rosenstein ist ein anonymisierter Gesprächspartner; siehe zu Frühphase z.B. Wilson 1985: 26f; Clark 1987: 9. Eine Studie von 1988 zeigt beispielsweise, dass von 383 Investitionen, die von 13 Risikokapitalgebern von 1969 bis 1985 eingegangen wurden, über 33 Prozent mit einem Totalverlust der Investition endeten. Die 6,8 Prozent »10-Baggers« im Portfolio brachten den Risikokapitalgebern nahezu 50 Prozent des Gesamtwertes aller Unternehmen. Siehe dazu Sahlmann 1990: 483.

11 Zu Venrock siehe Malone 1985: 290 und Kunze 1990: 71; zu Kleiner Perkins siehe Wilson 1985: 10; zu Sequoia Capital siehe Ferris 2000: 63 und Kaplan 1999: 312.

12 Vgl. Kozmetsky/Gill/Smilor 1985: 7; Hellmann 2000: 277.

13 Vgl. Leopold/Frommann 1998: 208.

14 Vgl. Milton 1999: 120; 141. Zur Entstehung des Risikobegriffs siehe Beck 1986; Bernstein 1996.

15 Vgl. Chandler 1954; Porter/Livesay 1971.

16 Zur Vater-Metapher siehe Schilit 1991: 28; Gompers 1992: 4. Zur Geschichte von ARD siehe Pfirrmann/Wupperfeld/Lerner 1997: 22; Ferris 2000: 85; Southwick 2001: 45.

17 Zur Bedeutung Arthur Rocks siehe Cringely 1992: 37; Gompers 1992: 6; Kaplan 1999: 50f.

18 Vgl. ausführlich Florida/Kenney 1990: 63ff; Bygrave/Timmons 1992: 1ff; Fenn/Liang/Prowse 1995: 7. Zur Rolle von reichen Privatpersonen, die ab dem Zweiten Weltkrieg ihre Risikokapitalinvestitionen in eigenen kleinen Gesellschaften konzentrierten, siehe Perez 1986: 40. Das Modell der Limited Partnerships setzte sich immer mehr durch. Während in den USA 1980 40 Prozent des Venture-Capital-Pools in Limited Partnerships organisiert war, waren dies 1998 bereits 80 Prozent (vgl. Gompers/Lerner 2000: 285; siehe auch OECD 1986: 25). Die Investoren sind die Limited Partners, die Risikokapitalgesellschaften die General Partners. Siehe generell auch Bhidé 2000: 144f.

19 Vgl. zur Entwicklung in den USA besonders die Informationen vom PricewaterhouseCoopers/Venture Economics/National Venture Capital Association Money Tree Survey 2002; siehe auch Gompers/Lener 1999: 7; Mandel 2000: 46; Southwick 2001: 24. Zur Entwicklung in Europa siehe Baker 2001: 60; zur Entwicklung besonders in Großbritannien siehe Denny 2000; für Deutschland siehe Leopold/Frommann 1998: 80. Für den Rückgang der Investitionen nach dem Internetboom siehe Hagen 2001: 52f.; Mandel 2001: 121; Feng et al. 2001: 16. Die Kalkulationen beziehen sich ausschließlich auf Risikokapital, das von Risikokapitalgesellschaften eingesammelt und verteilt wurde. Die Risikokapitalfinanzierungen durch Business Angels, Risikokapitalfonds von Unternehmen oder durch Börsengänge sind nicht dabei.

20 Vgl. Mandel 2000: 46; Feng et al. 2001: 27. Die Finanzierung von Forschung und Entwicklung über Börsengänge von Wachstumsunternehmen ist nicht eingerechnet. Die Zahlen basieren auf dem Statistical Abstract of the United States von 1999, US Census Bureau, Washington DC.

21 Vgl. Pfirrmann/Wupperfeld/Lerner 1997: 63ff; Gompers/Lerner 1998: 149; Jeng/Wells 2000. Zum Anteil risikokapitalfinanzierter Unternehmen an der Nasdaq siehe Weitnauer 2000: 18.

22 Zu Nasdaq Europe vgl. Kay 2001; zu Nasdaq Japan vgl. Bremmer/Kunii 2001: EB 28. Einige dieser Börsen (Nasdaq Japan, Neuer Markt etc.) stellten im Abschwungzyklus nach dem Internetboom ihr Geschäft wieder ein.

23 Zu Microsoft siehe Cringely 1992: 268.

24 Vgl. Bygrave/Timmons 1992 für eine Argumentation in Bezug auf die Nasdaq.

25 Verschiedene Studien zeigen den großen Einfluss, den die Möglichkeiten zu einem Börsengang auf die Zurverfügungstellung von Risikokapital ausüben (vgl. beispielsweise Jeng/Wells 2000; Gompers 1998).

26 Vgl. Kozmetsky/Gill/Smilor 1985: 61; Schilit 1991: 75.

27 Die Risikokapitalgesellschaften lassen sich noch weiter nach Phasen ihres Einstiegs (z.B. Early Stage, Second Round, Third Round, Turn Around etc.) differenzieren. Allen ist jedoch eine Exit-Orientierung gemein. Zu Corporate Venture Capitalists siehe Kapitel VII.

28 Vgl. Clifford 2000; Deibert/Schiffmacher 2002.

29 Vgl. Gompers/Lerner 1999: 6.

30 Schon ist ein anonymisierter Gesprächspartner.

31 Vgl. zu Haltezeiten auf dem Höhepunkt des Internetbooms z.B. Keul/Knasmüller 2002: 24. Natürlich ist es auch das Kalkül von Besitzern von Standardwerten, Exit-Profite zu erzielen. Bei ihnen kommt aber noch die Dividenden-Fokussierung dazu.

II.
Gründer, Manager und Mitarbeiter als Risikokapitalgeber

1 Vgl. Leopold/Frommann 1998: 190.

2 Vgl. *The Economist* 30.10.1999: 86.

3 Kirsch, Andersen und Steinberg sind anonymisierte Gesprächspartner.

4 Vgl. Lewis 1999.

5 Vgl. Bovensiepen 2000: 29. Das dritte Unternehmen war ein Jahr zu spät gegründet worden. Rudin gelang es wegen der schlechten Kapitalmarktbedingungen nicht, UPAQ wie geplant an die Börse zu bringen. Das vierte Unternehmen wurde nicht gegründet.

6 Zu Osborne siehe Perez 1986: 4; zu Kaplan siehe Kaplan 1995; Harmon 1999: 38; zu Malmsten siehe Malmsten/Portanger/Drazin 2001: 19; Malmsten 2002.

7 Vgl. Schmitz 2001.

8 Vgl. Hellmann/Puri 2001; siehe auch Gorman/Sahlman 1989: 241; zu von Einem siehe Jung 2001: 36.

9 Vgl. Mandel 2000: 31.

10 Vgl. grundsätzlich Sahlman 1990: 505 ff.

11 Zu Jaunich vgl. Malone 1985: 302; zu Whitman vgl. Byrnes/Judge 1999: 57 und Stross 2000: 216.

12 Vgl. Southwick 1999: 16; 175.

13 Vgl. Carberry/Weeden 1999: 249.

14 Vgl. Harmon 1999: 85; 116.

15 Vgl. Pfeffer 2001; siehe auch *The Economist* 30. 1. 1999: 22; zu den Schätzungen während des PC-Booms siehe Rogers/Larsen 1984: 87; während des Internetbooms siehe Evans/Wurster 2000: 209.

16 Vgl. U.S. Congress Joint Economic Committee 1984: 80; siehe auch Saxenian 1994: x; Kaplan 1999: 62.

17 Vgl. McSummit/Martin 1990: 405 f.

18 Vgl. Kerstetter 2000: 45.

19 Vgl. McSummit/Martin 1990: 406; eine detaillierte Analyse der Ausgründungen in der Festplattenindustrie findet sich bei Sahlman/Stevenson 1985: 18 f.

20 Zur Service-Industrie im Exit-Kapitalismus siehe Kühl 2002b: 213.

21 Vgl. Nadler 1999; siehe auch U.S. Congress Joint Economic Committee 2000: 2; vgl. Beck 1986: 121 ff; vgl. Horx 2001: 60 ff.

22 Vgl. Voß 2002: 32. Dabei wird die Entwicklung durch die Begriffe entweder eher positiv (Intrapreneur, Ein-Mann-Unternehmen, Selbst-GmbH) oder eher negativ (Arbeitskraftunternehmer) ausgedrückt.

23 Vgl. Kellaway 2002: 29.

24 Vgl. Deutschmann 2002: 68, in Auseinandersetzung mit Voß/Pongratz 1998.

25 Vgl. Schumpeter 1926: 111; die »Unternehmer ihrer Arbeitsleistung« finden sich bei Brentano 1907: 26 f.; siehe auch Jaeger 1990: 722 f.; Pongratz/Voß 2002.

26 Vgl. Jensen/Murphy 1990: 138.

27 Zu Verhandlungsstrukturen im Silicon Valley siehe beispielsweise Saxenian 1994: 34.

28 Zu den USA vgl. Ritter 2001a; 2001b; zu Europa vgl. Arosio/Giudici/Paleari 2000.

29 Vgl. Southwick 2001: 63.

30 Vgl. Zider 1998: 138. Verschiedene empirische Untersuchungen stützen die These; vgl. MacMillan/Siegel/Narasimha 1985; Fried/Hisrich 1994; Murray 1996; Schefczyk/Gerpott 1998; siehe auch Weber/Dierkes 2002 für einen Überblick. Fritsch ist ein anonymisierter Gesprächspartner.

31 John Hoel ist ein anonymisierter Gesprächspartner.

32 Vgl. Davis/Meyer 1998; siehe auch Grose 1998: 45.

33 Vgl. *The Economist* 20.1.2001: 63; siehe auch Röttgers 2001.

34 Vgl. Luhmann 1988.

35 Vgl. Schilit 1991: 100.

36 Vgl. Doerflinger/Rivkin 1987: 21; MacMillan/Siegel/Narasimha 1985: 128 haben festgestellt, dass sich von den fünf wichtigsten Kriterien, die Risiko-kapitalgeber zur Evaluierung von Unternehmensgründungen nutzen, allein vier auf den »Track Record« und die Persönlichkeitsmerkmale des Gründers beziehen.

37 Vgl. Perez 1986: 104.

38 Marc Hicken ist ein anonymisierter Gesprächspartner.

III.
Die Ausrichtung am Kapitalmarkt

1 Vgl. Modigliani/Miller 1958. Weitere Prämissen des Modigliani-Miller-The-orems sind, dass es keine Transaktionskosten gibt, die Betriebe mit gleichem Risiko in homogene Risikoklassen aufgeteilt werden können und kein Insolvenzrisiko besteht.

2 Vgl. Marx 1970: 484ff. Aus der marxschen Perspektive erscheint die Exis-tenz des Kapitals zwar doppelt, ist aber nicht doppelt. Kapital im engeren Sinne existiert für Marx nur in der Form des in Unternehmungen wirklich angelegten oder anzulegenden Kapitals. Auch die Möglichkeit, die Eigen-tumstitel zu handeln, ändert nichts »an der Natur der Sache«. Siehe beson-ders auch Sablowski/Rupp 2001: 48.

3 Vgl. dazu Foust 1999: 58; Cassidy 2002: 3ff.; Pauly/Reuter 2002: 92. Siehe zur Zyklenhaftigkeit bei den Kapital-Produktmarktbeziehungen die Ent-wicklung von Kurs-Gewinn-Verhältnissen in Boom- und Bust-Phasen.

4 Vgl. Hof 2000: 50; siehe auch *The Economist* 19.9.1998: 78.

5 Vgl. Soros 1987: 12ff.; Soros 1998: 47ff.

6 Vgl. Gompers 1992; Jeng/Wells 2000; Black/Gilson 1998; siehe auch die aus-führliche Diskussion bei Gompers/Lerner 1999: 22f.

7 Vgl. Gompers/Lerner 2000.

8 Vgl. die Ähnlichkeit von »Reagans imperiale Spirale von 1980 bis 1985« und

der »Wiedervereinigungs-Spirale ab 1990«, die von Soros 1998: 105 ff. beschrieben wurden.

9 Vgl. zu Ponzi Kindleberger 1978: 85 f.; Bulgatz 1992: 13 ff.

10 Vgl. Cringely 1992: 234; siehe auch Wilson 1985: 177; Clark 1987: 11.

11 Vgl. beispielsweise Wilson 1985: 182 für eine differenziertere Kalkulation.

12 Vgl. Spence 1974: 3 ff.

13 Vgl. z. B. Weiss 1991: 68 f.

14 Vgl. Kunze 1990: 31. Ein ausführliche Darstellung der Kapitalmarktorientierung findet sich bei Schulze-Fielitz 2002.

15 Zu Osborne vgl. Malone 1985: 302.

16 Siehe *Business Week Ebiz* 27. 9. 1999: EB 13 f.

17 Zu Schambach vgl. Echikson 2000: 19; zu Haffa vgl. *The Economist*
11. 3. 2000: 89.

18 Vgl. Capellas 2001; siehe auch Heuer 2000, auf dessen hervorragenden Artikel viele Informationen basieren.

19 Vgl. die grundlegenden Arbeiten zum Begriff der New Economy von
Madrick 1999; 2001. Zu den sechziger Jahren siehe Ammer 1967; zu den
achtziger Jahren siehe Albrecht/Zemke 1985 und VanCaspel 1986; zu den
neunziger Jahren siehe Froitzheim 2001: 23.

20 Zu frühen Perioden vgl. Rogers/Larsen 1984: 14; Malone 1985: 305 f.; zum
Land des e-everything siehe Rebello 1999: EB 8; zum Vorteil eines New-
Economy-Namens beim Börsengang siehe *The Economist* 5. 9. 1998: 59.

21 Vgl. Malone 1985: 279 zu frühen Perioden; zu der Kleiderordnung während
des Internetbooms siehe auch Buchhorn/Müller/Rickens 2001: 156.

22 Summers in einer Rede vor dem New York Economic Club, 8. 9. 1999, zitiert
nach Mandel 2000: 13; Dohmen et al. 2001: 80. Interessanterweise variieren
die Angaben, ob jetzt vor dem ersten Anzug die »erste Million« oder die
»ersten 100 Millionen« verdient werden. Zur Geschichte des Bildes vom »T-
Shirt Tycoon« siehe Malone 1985: 7.

23 Zu Razorfish vgl. Boing 2001: 1; zu E*Trade vgl. Lee 2000: EB 36. Mayer ist
ein anonymisierter Gesprächspartner.

24 Vgl. Merton 1957; das Bild über die Schreibkräfte findet sich bei Kieserling
1994.

25 Vgl. Cyert/March 1963: 36 ff.

26 Vgl. Hellmann/Puri 2000: 981.

IV.
Die doppelte Wirklichkeit in kapitalmarktorientierten
Unternehmen

1 Zitiert nach der deutschen Ausgabe Foster/Kaplan 2002: 186, in der Enron noch Monate nach Bekanntwerden der Buchführungstricks des Enron-Vorstands und ehemaligen McKinsey-Beraters Jeff Skilling wegen dessen »schöpferischer Zerstörung« gelobt wurde.

2 Zu den Lobpreisungen vgl. Baghai/Coley/White 1999: 86 ff.; 204 f.; Scherreik 2000: 60. Die Harvard Business School brachte eine Fallstudie heraus, in der das Geschäftsmodell Enrons gepriesen wurde.

3 Vgl. Boyd 2001b; Sloan 2002; Kadlec 2002. Zur New-Economy-Orientierung Enrons siehe z. B. Boyd 2001a.

4 Vgl. Heusinger 2002: 17.

5 Vgl. Wilson 1985: 141; siehe auch Murray 1996: 47.

6 Vgl. Yang 2000: 70; siehe auch Bott/Schiessl/Steingart 2000: 123.

7 Vgl. Student 2002: 30; Heuer 2002: 27.

8 Vgl. Elstrom 2000: EB 68.

9 Zu Priceline vgl. Yang 2000: 70; Bott/Schiessl/Steingart 2000: 118 ff.; zu Trius vgl. Mattauch 2002: 41.

10 Bei Enron wurden Verluste in den beiden »special purpose entities« (SPES) LJM und Chewco versteckt (vgl. *The Economist* 9. 2. 2002: 67).

11 Zu Oracle vgl. Kaplan 1999: 144 f.; zu Microstrategy vgl. Bott/Schiessl/Steingart 2000: 123.

12 Zu EMTV vgl. Pauly 2000: 141.

13 Vgl. Kleine-Brockhoff 2002: 20.

14 Vgl. Weltz 1988.

15 Einschlägig Meyer/Rowan 1977; zur Funktion von Scheinheiligkeit siehe Brunsson 1989; ausführlich siehe Kühl 2003.

16 Zu Tandem vgl. Malone 1985: 288; zu Oracle vgl. Kaplan 1999: 144 f.; zu Microstrategy vgl. Yang 2000: 70.

V.
Wachstumsschmerzen: Organisationsprobleme
risikokapitalfinanzierter Unternehmen

1 Vgl. Malone 1985: 418.

2 Vgl. Malone 1985: 97; Cringley 1992: 40; Saxenian 1994: 29 und 50; Kaplan 1999: 51 f.

3 Vgl. Danner 2000: 807.

4 Vgl. Malmsten/Portanger/Drazin 2001: 203; Göttsche 2001: 34.

5 Vgl. Buchhorn/Müller/Rickens 2001: 156.

6 Zu James vgl. Southwick 1999: 25; grundsätzlich siehe The Cluetrain Manifesto 2000; siehe auch Locke 2000; Weinberger 2000a; 2000b; Levine 2000.

7 Vgl Malone 1985: 146 ff.

8 Vgl. Wildemann 2000.

9 Vgl. Brunowsky 2000: 3.

10 Zu Amazon vgl. Koch 2001: 67; zu Intershop vgl. Hapke/Müller 2001: 34; zu Pixelpark vgl. Neef 2000: 28; Asch 2001. Für die Haltung in der Frühphase des Exit-Kapitalismus siehe Rogers/Larsen 1984: 191.

11 Vgl. Jansen 2002: 6.

12 Vgl. Schönert 2002: 88; List in ein anonymisierter Interviewpartner.

13 Vgl. Tyrell 1983: 79; zur Face-to-Face-Organisation siehe Kühl 2002a.

14 Vgl. die Standardwerke Roethlisberger/Dickson 1939 und Trist/Bamforth 1951.

15 Vgl. Perez 1986: 89.

16 Vgl. Simon 1978: 96.

17 Vgl. Künne 2001: 159.

18 Vgl. Leadbeater 2000: 62; siehe auch Evans/Wurster 2000: 218.

19 Vgl. Simon 1957.

20 Vgl. Friedberg 1993: 64. Der definitive Film zum Thema Wachstumsschmerzen: Startup.com von Hegedus und Noujaim (2001) (als Video bei Amazon).

21 Vgl. z. B. Malone 1985: 386; Cringely 1992: 196 f.. Zur Zentralisierung durch Dezentralisierung Kühl 2002c.

VI.
Profit als Mythos: Die Bedrohung einbrechender Kapitalmärkte

1 Vgl. Jansen 2002: 6.

2 Vgl. *Gegenstandpunkt* 1/2001: 125.

3 Vgl. *The Economist* 18.11.2000: 85.

4 Vgl. Baker 2000: 20.

5 Vgl. Brankamp/Tobias 2000: 3.

6 Vgl. *Business Week* 8.1.2001: 59.

7 Lecomte ist ein anonymisierter Gesprächspartner.

8 Zu Jain vgl. Harmon 1999: 184; zu Whitman vgl. Whitman 2001: 50.

9 Zu Amazon vgl. Hof 2001: 41.

10 Vgl. Carmann 2001: 21; zu Bezos vgl. Lütge 2000: 39; zu Neef vgl. Neef 2001: 70.

11 Zu Krüger vgl. Hörmannsdorfer 2001: 96; zu Brokat vgl. Schmalholz/Schmitt/Werres 2002: 49 ; zu Kabel vgl. Geyer 2002: 110.

12 Zu Sinner vgl. Dohmen 2001: 81; zu Whitman vgl. Whitman 2001: 50.

13 Zu Delticom vgl. Boekhoff 2002; zu Yazam vgl. Bashan 2001.

14 Zu Noelle vgl. *The Economist* 2.6.2001: 21; zu Whitman vgl. *Business Week* 8.1.2001: 41.

15 Vgl. besonders Mattauch 2001a; 2001b.

VII.
Von den Stärken und Schwächen kapitalmarktorientierter Unternehmen

1 Vgl. Rappaport 1986; siehe auch Aglietta 2000.

2 Vgl. Meyer/Zucker 1989: 31 ff.; vgl. zum Gewinn ausführlich Schnelle/Kühl 2002; zu Shugart siehe Schilit 1991: 20.

3 Vgl. Bhidé 2000: 147 f.; Bhidé 1992: 113.

4 Vgl. Cassidy 2002: 3; Kaplan 2002: 81; Reppesgaard 2000: 29.

5 Vgl. Modahl 2000: xii.

6 Zu Compaq vgl. Bhide 1992: 113; zu GO vgl. Kaplan 1995: 22 ff.

7 Allgemein vgl. Wilson 1985: 194; zu Moore siehe Malone 1985: 293.

8 Vgl. Arndt 2001: 17; Fischermann 2002: 30; Heuer 2002: 26 ff.

9 Vgl. Slodczyk 2000: 27.

10 Vgl. Siklos/Yang 2000: 33; zur »Botschaft« vgl. Vickers/Coy 2000: 52.

11 Vgl. Kunze 1990: 80.

12 Vgl. Hamel 2000.

13 Vgl. Wilson 1985: 149.

14 Vgl. Wacker-Hadj Ammar 2002: 20 f.; Siklos 1999: 72.

15 Vgl. Matlack 1999: 18 f.

16 Zu Siemens siehe Ewing/Echikson/Baker 1999: 68; zu Disney siehe Siklos 1999: 73.

17 Zu Amazon vgl. Feng et al. 2001: 17; zu AOL vgl. Hof 2000: EB 50. Ob das Modell langfristig aufgeht und Amazon und AOL die nächsten Jahre überstehen werden, sei dahingestellt.

18 Zu Osborne Computer vgl. Mandel 2000: 73; zu GO vgl. Kaplan 1995; zu Pets.com vgl. Southwick 2001: 199.

VIII.
Die »größte Geldverbrennung der Geschichte« – oder: Die Normalität des Exitkapitalismus

1 Schambach 2001: 53.

2 Vgl. Levy 2002: 58.

3 Zu Krafft vgl. Littger 2001: 2; zu eToys und Letsbuyit.com vgl. Hochstätter 2001: 42.

4 Vgl. Dohmen 2001: 80 f.; zu Managern im Größenwahn vgl. Scheuch/Scheuch 2001; zum Börsenschwindel vgl. Ogger 2001.

5 Vgl. Hertz-Eichenrode 2002. Dorn ist ein anonymisierter Gesprächspartner.

6 Zur Frühphase des Drogenkonsums vgl. Malone 1985: 398 ff; zu den drei Cs vgl. Doward 2001.

7 Vgl. Schilit 1991: 127.

8 Vgl. Dohmen 2001: 80 f.; siehe auch Leopold/Frommann 1998: 279.

9 Vgl. *Gegenstandpunkt* 2/2000: 91.

10 Vgl. z. B. Haug 2000; Ogger 2001; Henwood 2001; Dohmen 2001.

11 Zu Apple vgl. Schilit 1991: 126; zu Genentech vgl. Wilson 1985: 8; siehe auch Robbins-Roth 2000: 13 ff.

12 Vgl. Southwick 2001: 59.

13 Vgl. Gompers 1992: 14.

14 Vgl. Zider 1998: 133; siehe auch Schilit 1991: 96; zu Middlemas vgl. Perez 1986: 116.

15 Zu Kramlich vgl. Southwick 2001: 54; zu Grove vgl. Dignan 2001; zum PC-Boom siehe Cook 2001; siehe auch Schröder 2002 a; zu Festplatten-Unternehmen siehe Sahlman/Stevenson 1985; zum Softwareboom siehe Ullman 1994.

16 Vgl. Jung/Mahler 2001; zu Rafield vgl. Abate 2001; zu Scheidt vgl. Kosche 2001: 105.

17 Vgl. Saffo 2002.

18 Vgl. Schilit 1991: 196; Pfirrmann/Wupperfeld/Lerner 1997: 40.

19 Vgl. Yu 2002: 30; Khosla 2002: 10ff; siehe auch NVCA 2002; siehe grundlegend Doerflinger/Rivkin 1987: 46.

20 Zur Zeit nach 1987 vgl. Schilit 1991: 53; zur Zeit nach 2000 vgl. Yu 2002: 30.

21 Vgl. Malone 1985: 350.

22 Vgl. Southwick 2001: 28.

23 Vgl. Leopold/Frommann 1998: 210.

24 Vgl. für das Argument einer ökonomischen Rationalität der Anlegerentscheidungen Garber 2000.

Literatur

Abate, Tom (2001): Stream of Venture Capital for Health Care Becoming a Torrent. Glut Means Funds Don't Get as Much Equity in Startups. In: www.nasvf.org.

Aglietta, Michel (2000): Shareholder Value and Corporate Governance. Some Tricky Questions. In: Economy and Society, Jg. 29, S. 146–159.

Albach, Horst; Detlef Hunsdiek; Ljuba Kokalj (1986): Finanzierung mit Risikokapital. Stuttgart: Schäffer-Poeschel.

Albrecht, Karl; Ron Zemke (1985): Service America. Doing Business in the New Economy. New York: Warner Books.

Ammer, Dean S. (1967): Entering the New Economy. In: Harvard Business Review, September–October, 1967, S. 3–4.

Arndt, Heinz-Peter (2001): 4000 Milliarden Dollar gaben Firmen in 2000 für Übernahmen aus. In: Bizz, H. 1/2001, S. 16–17.

Arosio, Roberto; Giancarlo Giudici; Stefano Paleari (2000): Why Do (or Did?) Internet-Stock IPOs Leave So Much »Money on The Table«? Sidney: Australasian Finance and Banking Conference, 18th–20th. December 2000.

Asch, Felix (2001): Dot-coms, hört die Signale. In: Spiegel Online, 25.5.2001.

Baghai, Mehrdad; Stephen Coley; David White (1999): The Alchemy of Growth. London: Orion Publishing Group.

Baker, Stephen (2000): The Fall of Baan. In: Business Week, 14.8.2000, S. 16–20.

Baker, Stephen (2001): Well, That Didn't Last Long. In: Business Week, 5.2.2001, S. 60–61.

Barry, Christopher B. (1994): New Directions in Research on Venture Capital Finance. In: Financial Management, H. 3/1994, S. 3–15.

Bashan, Tsafrir (2001): Dot.com Cemetery. Yazam.com's Big Mistake was Focusing on Dot.coms at the Worst Possible Time. In: Israel's Business Arena, 15.2.2001.

Beck, Ulrich (1986): Risikogesellschaft. Suhrkamp: Frankfurt a.M.

Becker, Ralf; Thomas Hellmann (2000): The Genesis of Venture Capital – Lessons from the German Experience. Standford: unveröff. Ms.

Bernstein, Peter L. (1996): Against the Gods. New York: John Wiley & Sons.

Bhidé, Amar (1992): Bootstrap Finance. The Art of Start-Ups. In: Harvard Business Review, H. 6/1992, S. 109–117.

Bhidé, Amar (2000): The Origin and Evolution of New Businesses. Oxford; New York: Oxford University Press.

Black, Bernard S.; Ronald J. Gilson (1998): Venture Capital and the Structure of Capital Markets: Banks versus Stock Market. In: Journal of Financial Economics, Jg. 47, S. 243–277.

Boing, Niels (2001): Phönix Internet. In: Die Woche, 8.6.2001.

Boekhoff, Hannes (2002): Internet-Reifenhändler verzichtet auf den Punkt. In: Die Welt, 3.1.2002.

Bott, Hermann; Michaela Schiessl; Babor Steingart (2000): »Raff und renn«. Absturz aus dem Paradies. In: Der Spiegel, H. 42/2000, S. 118–128.

Bovensiepen, Nina (2000): Die größte Geldwanderung der Geschichte treibt die New Economy. In: Süddeutsche Zeitung, 12.2.2000.

Boyd, Jade (2001a): Trader Reaps Benefits of E-Market Leadership. In: Internetweek, 11.6.2001.

Boyd, Jade (2001b): Enron Files for Bankruptcy Protection. In: Internetweek, 3.12.2001.

Brankamp, Tom; Michael Tobias (2001): Neue Wirtschaft, alter Neid. In: Brandeins, H. 10/2001, S. 24–28.

Bremmer, Brian; Irene Kunii (2001): The Last True Believer. In: Business Week, 22.1.2001, S. EB 25–30.

Brentano, Lujo (1907): Der Unternehmer. Berlin: Simion.

Brunowsky, Ralf-Dieter (2000): Gewerkschaften und die New Economy. In: Capital 15/2000, S. 3.

Brunsson, Nils (1989): The Organization of Hypocrisy: Talk, Decisions and Actions in Organizations. Chichester: John Wiley and Sons.

Buchhorn, Eva; Henrik Müller; Christian Rickens (2001): Die Internet-Lüge. In: manager magazin, H. 1/2001, S. 155–168.

Bulgatz, Joseph (1992): Ponzi Schmes, Invaders from Mars, and Other Extraordinary Popular Delusions, and the Madness of Crowds. New York: Harmony.

Bygrave, William D.; Jeffry A. Timmons (1992): Venture Capital at the Crossroads. Boston: Harvard Business School Press.

Byrnes, Nanette; Paul C. Judge (1999): Internet Anxiety. In: Business Week, 28.6.1999, S. 56–61.

Capellas, Michael (2001): Ich bin der Cheerleader. In: Der Spiegel, 12.2.2001, S. 118–119.

Carberry, Ed; Ryan Weeden (1999): A Primer on Stock Options for Employees. In: Rodrick, Scott S. (1999): The Stock Options Book. Oakland: The National Center for Employee Ownership, S. 249–259.

Carmann, Martin (2001): »Was tun?«, sprach Zeus. Neue Wege der Personalpolitik mit Blick auf die New Economy. In: Hernsteiner, H. 1/2001, S. 21–24.

Cassidy, John (2002): Dot.com. The Greatest Story Ever Sold. London: Penguin.

Chandler, Alfred D. (1954): Patterns of American Railroad Finance, 1830–1850. In: Business History Review, Jg. 28, S. 248–263.

Clark, Rodney (1987): Venture Capital in Britain, America and Japan. New York: St. Martin's Press.

Clifford, Lee (2000): I Want my meVC. In: Business 2.0, Juni 2000.

Cook, John (2001): Venture Capital Notebook. Karlgaard of Forbes Sees Tech Rebound. In: www.seattlepi.nwsource.com.

Cringely, Robert X. (1992): Accidental Empires. How the Boys of Silicon Valley Make Their Millions, Battle Foreign Competition, and Still Can't Get a Date. London: Pinguin

Cyert, Richard M.; James G. March (1963): A Behavioral Theory of the Firm. Englewood Cliffs, NJ: Prentice-Hall.

Danner, Marc (2000): Was ist neu an der New Economy? In: Das Wirtschaftsstudium, H. 6/2000, S. 806–808.

Davis, Stan; Christopher Meyer (1998): Blur. The Speed of Change in the Connected Economy. Reading, Massachusetts: Addison- Wesley.

Deibert, Volker; Christian Schiffmacher (2002): VCH Best-of-VC GmbH & Co. KgaG. In: Going Public, H. 6/2002, S. 30–32.

Denny, Michael (2000): The UK Venture Capital Industry and Investment in Smaller Companies and Technology Start Ups. In: Venture Capital, Jg. 2, S. 155–164.

Deutschmann, Christoph (2002): Postindustrielle Industriesoziologie. Theoretische Grundlagen, Arbeitsverhältnisse und soziale Identitäten. Weinheim; München: Juventa.

Dignan, Larry (2001): Tech Sector Could Learn From the '80s. In: Cnet News.com, 7.8.2001.

Doerflinger, Thomas M.; Jack L. Rivkin (1987): Risk and Reward. Venture Capital and the Making of America's Great Industries. New York: Random House.

Dohmen, Frank et al. (2001): Die Angst-Krise. In: Der Spiegel, H. 44/2001, S. 76–88.

Doward, Jamie (2001): From Boo to Bust and Back Again. In: The Observer, 26.8.2001.

Echikson, William (2000): Germany's Hot Star. In: Business Week E.Biz, 7.2.2000: EB 19.

Elstrom, Peter (2000): The End of Fuzzy Math? In: Business Week E.Biz, 11.12.2000, S. EB 68–69.

Evans, Philip; Thomas S. Wurster (2000): Blown to Bits: How the New Economics of Information Transforms Strategy. Boston: Harvard Business School Press.

Ewing, Jack; William Echikson; Stephen Baker (1999): Enough Spin-Offs to Make you Dizzy. In: Business Week, 10.5.1999, S. 68.

Feng, Hengyi et al.: (2001): A New Business Model? Berlin: Discussion Papers WZB FS II 01–202.

Fenn, George W.; Nellie Liang; Stephen Prowse (1995): The Economics of the Private Equity Market. Washington, D.C.: Board of Government of the Federal Reserve System.

Ferris, Bill (2000): Nothing Ventured, Nothing Gained. Thrills and Spills in Venture Capital. Sydney: Allen & Unwin.

Fischermann, Thomas (2002): Pech: Der Kunde tut, was er will. In: Die Zeit, 2.5.2002.

Florida, Richard L.; Martin Kenney (1990): The Breakthrough Illusion. Corporate America's Failure to Move from Innovation to Mass Production. New York: Basic Books.

Foust, Dean (1999): Time to Buy Net Stocks? No... In: Business Week, 17.5.1999, S. 58–59.

Foster, Richard; Sarah Kaplan (2002): Schröpfen und Zerstören. Wie Unternehmen langfristig überleben. Frankfurt; Wien: Ueberreuter.

Fried, Vance H.; Robert D. Hisrich (1994): Toward a Model of Venture Capital Investment Decision Making. In: Financial Management, Jg. 23, S. 28–37.

Friedberg, Erhard (1993): Le pouvoir et la règle. Dynamiques de l'action organisée. Paris: Seuil.

Froitzheim, Ulf (2001): New Economy von A bis Z. In: Bizz, H. 1/2001, Sonderbeilage Bizz-Guide, S. 3–30.

Garber, Peter (2000): Famous First Bubbles. The Fundamentals of Early Manias. Cambridge, Mass: MIT Press.

Geyer, Mattias (2002): Revolution unterm Hammer. In: Der Spiegel, 18.2.2002, S. 104–114.

Gompers, Paul A. (1992): The Rise and Fall of Venture Capital. In: Business and Economic History, H. 2/1992, S. 1–26.

Gompers, Paul A. (1995): Optimal Investment, Monitoring, and the Staging of Venture Capital. In: Journal of Finance, Jg. 50, S. 1461–1489.

Gompers, Paul A. (1998): Venture Capital Growing Pains: Should the Market Diet? In: Journal of Banking and Finance 22, 1089–1104.

Gompers; Paul A.; Josh Lerner (1998): What Drives Venture Capital Fundraising? Brookings Papers on Economic Activity. In: Microeconomics, S. 149–192.

Gompers, Paul A.; Josh Lerner (1999): The Venture Capital Cycle. Boston; London: The MIT Press.

Gompers, Paul A.; Josh Lerner (2000): Money Chasing Deals? The Impact of Fund Inflows on Private Equity Valuations. In: Journal of Financial Economics, Jg. 55, S. 281–325.

Gorman, Michael; William A. Sahlman (1989): What Do Venture Capitalist Do? In: Journal of Business Venturing, Jg. 4, S. 231–247.

Göttsche, Volker (2001): Durchblick statt Illusionen. In: DM, H. 3/2001, S. 30–34.

Grose, Thomas K. (1998): A New Kind of Marketplace. In: Time, 10.8.1998, S. 45.

Hagen, Jens (2001): Drum prüfe, wer sich ewig bindet. In: Bizz, H. 4/2001, S. 52–53.

Hamel, Gary (2000): Leading the Revolution. Boston, Mass.: Harvard Business School Press.

Hapke, Jens; Mathias Müller (2001): Das Ende der Selbstausbeutung. In: Bizz, H. 3/2001, S. 32–38.

Harmon, Steve (1999): Zero Gravity. Riding Venture Capital from Hightech Start-up to Breakout IPO. Princeton, NJ: Bloomberg.

Haug, Wolfgang Fritz (2000): Prolegomena zu einer Kritik der Neuen Ökonomie. In: Das Argument, H. 238/2000, S. 619–645.

Hegedus, Chris; Jehane Noujaim (2001): Startup.com. Film produziert von D.A. Pennebaker.

Hellmann, Thomas F. (2000): Venture Capitalists. The Coaches of Silicon Valley. In: Lee, Chong-Moon et al. (Hg.): The Silicon Valley Edge. A Habitat for Innovation and Entrepreneurship. Stanford: Stanford University Press, S. 276–294.

Hellmann, Thomas F.; Manju Puri (2000): The Interaction Between Product Market and Financing Strategy: The Role of Venture Capital. In: The Review of Financial Studies, Jg. 13, S. 959–984.

Hellmann, Thomas; Manju Puri (2001): Venture Capital and the Professionalization of Start-up Firms. Empirical Evidence. In: Journal of Finance, Jg. 57,

S. 169–197.

Henwood, Doug (2001): The »New Economy« and the Speculative Bubble: An Interview with Doug Henwood. In: The Monthly Review, Jg. 52; H. 11; S. 72–80.

Hertz-Eichenrode, Albrecht (2002): Unternehmerisches Feuer ohne Bodenhaftung verbrennt das Gehirn. Frankfurt a. M.: Eingangsstatement für Round-Table-Gespräch Financial Times Deutschland.

Heuer, Steffan (2000): Wenn Vorstände Popstars sind. In: Brandeins, H. 1/2000, S. 26–32.

Heuer, Steffan (2002): Falsch verbunden. In: Brandeins, H. 5/2002, S. 24–31.

Heusinger, Robert von (2002) Aufgerundet, abgezockt. In: Die Zeit, 30.1.2002.

Hochstätter, Matthias (2001): Sing mir den Dotcom-Blues. In: Business 2.0, S. 42–45.

Hof, Robert D. (2000): The Chase for Losing Money. In: Business Week E.Biz, 7.2.2000, S. 50.

Hof, Robert D. (2001): Amazon's GO-GO Growth? Gone. In: Business Week, 12.2.2001, S. 41.

Horx, Matthias (2001): Smart Capitalism. Das Ende der Ausbeutung. Frankfurt a. M.: Eichborn.

Hörmannsdorfer, Engelbert (2001): Aussichten: bewölkt bis durchwachsen. In: Net Investor, H. 5/2001, S. 96.

Jaeger, Hans (1990): Unternehmer. In: Brunner, Otto; Werner Conze; Reinhart Koselleck (Hg.): Geschichtliche Grundbegriffe. Band 6. Stuttgart: Klett-Cotta, S. 707–732.

Jansen, Stephan A. (2002): Unternehmen überleben. Tübingen: Vortragsmanu-skript der Tagung »Die Werte des Unternehmens« der Eberhard-von-Kuenheim-Stiftung und Evangelischen Akademie Tutzing.

Jeng, Leslie A.; Philippe C. Wells (2000): The Determinants of Venture Capital Funding: Evidence Across Countries. In: Journal of Corporate Finance, Jg. 6, S. 241–289.

Jensen, Michael C.; Kevin J. Murphy (1990): CEO Incentives. It's Not How Much You Pay, but How. In: Harvard Business Review, H. 3/1990, S. 138–153.

Jung, Andreas (2001): Advokat der Gründerszene. Christoph von Einem. In: Financial Times Deutschland, 12.2.2001.

Jung, Alexander; Armin Mahler (2001): Prügelknaben der Nation. In: Der Spiegel 2. 7. 2001, S. 88–90.

Kadlec, Daniel (2002): Who's Accountable? Inside the Growing Enron Scandal. In: Time, 21. 1. 2002, S. 28–34.

Kaplan, David A. (1999): The Silicon Boys and Their Valley of Dreams. New York: William Morrow.

Kaplan, Jerry (1995): Startup. A Silicon Valley Adventure. Boston; New York: Houghton Mifflin.

Kaplan, Philip J. (2002): F'd Companies. Spectacular Dot-com Flameouts. New York et al.: Simon & Schuster.

Kay, William (2001): Apax Seeing Opportunities for VCs as Flotation Markets Stall. In: Financial News, 16. 7. 2001.

Kellaway, Lucy (2002): Ego AG? Ohne mich! In: Financial Times Deutschland, 25. 3. 2002.

Kenney, Martin (2001): Venture Capital. In: International Encyclopedia of the Social and Behavioral Sciences. www.hcd.ucdavis.edu.

Kerstetter, Jim (2000): The Dark Side of the Valley. In: Business Week, 17. 7. 2000, S. 44–45.

Keul, Thomas; Robert Knasmüller (2002): Real New Economy. München et al.: Financial Times Prentice Hall.

Khosla, Vinod (2002): Ahead to the Past! Next-Gen, Old-Fashioned Venture. Menlo Park: Kleiner Perkins Caufield & Byers.

Kieserling, André (1994): Organisationssoziologie und Unternehmensberatung. 6 Lehrvorträge. Bielefeld: unveröff. Ms.

Kindleberger, Charles (1978): Manias, Panics, and Crashes. A History of Financial Crises. London; Basingstoke: Macmillan.

Kleine-Brockhoff, Thomas (2002): Der grauwertige Präsident. Als Moralapostel macht sich George Bush lächerlich. In: Die Zeit, 18. 7. 2002.

Koch, Hannes (2001): New Economy. Hamburg: Rotbuch.

Kosche, Gudrun (2001): Ende der Boy-Groups. In: E-Business, H. 5/2001, S. 104–106.

Kostolany, André (2001): Der große Kostolany. München: Econ.

Kozmetsky, George; Michael D. Gill; Raymond W. Smilor (1985): Financing and Managing Fast-Growth Companies. The Venture Capital Process. Lexington, Mass.; Toronto: D.C. Heath.

Kunze, Robert J. (1990): Nothing Ventured. The Perils and Payoffs of the Great American Venture Capital Game. New York: HarperBusiness.

Kühl, Stefan (2002a): Jenseits der Face-to-Face-Organisation. Wachstumsprozesse in kapitalmarktorientierten Unternehmen. In: Zeitschrift für Soziologie, 31 Jg., S. 186–210.

Kühl, Stefan (2002b): Konturen des Exit-Kapitalismus. Wie Risikokapital die Art des Wirtschaftens verändert. In: Leviathan, Jg. 30, S. 195–219.

Kühl, Stefan (2002c): Sisyphus im Management. Die vergebliche Suche nach der perfekten Organisationsstruktur. Weinheim et al: Wiley.

Kühl, Stefan (2003): New Economy, Risikokapital und Mythen des Internets. In: Berliner Journal für Soziologie, H. 1/1993.

Künne, Daniela (2001): Werde euch echt vermissen. In: Brandeins, H. 3/2001, S. 158–159.

Leadbeater, Charles (2000): The Weightless Society. Living in the New Economy Bubble. New York; London: Texere.

Lee, Louise (2000): Tricks of E*Trade. In: Business Week, 7.2.2000, S. EB 36–45.

Leopold, Günter; Holger Frommann (1998): Eigenkapital für den Mittelstand. Venture Capital im In- und Ausland. München: Beck.

Lerner, Josh (1994): Venture Capitalists and the Decision to GO Public. In: Journal of Financial Economics, Jg. 35, S. 293–316.

Levine, Rick (2000): Talk is Cheap. In: Levine, Rick et al. (Hg.): The Cluetrain Manifesto. Cambridge: Perseus, S. 47–74.

Levy, Steven (2002): Silicon Valley Reboots. In: Newsweek 25.3.2002, S. 56–60.

Lewis, Michael (1999): The New New Thing. London: Hodder and Stoughton

Littger, Heike (2001): Das neue Paradigma heißt Digitiale Ökonomie. In: www.changeX.de.

Littmann, Peter; Stephan A. Jansen (2000): Oszillodox. Virtualisierung – die permanente Neuerfindung der Organisation. Stuttgart: Klett-Cotta.

Locke, Christophe (2000): Internet Apocalypso. In: Levine, Rick et al. (Hg.): The Cluetrain Manifesto. Cambridge: Perseus, S. 1–38.

Luhmann, Niklas (1988): Organisation. In: Küppers, Willi; Günther Ortmann (Hg.): Mikropolitik. Rationalität, Macht und Spiele in Organisationen. Opladen: WDV, S. 165–186.

Lütge, Gunhild (2000): Klick – und weg. In: Die Zeit, 9.11.2000.

MacMillan; Ian C.; Robin Siegel; P.N. Subba Narasimha (1985): Criteria Used by Venture Capitalists in Their Investments: Extent and Performance. In: Journal of Business Venturing, Jg. 1, S. 119–128.

Madrick, Jeff (1999): How New is the New Economy? In: The New York Times Review of Books, 23.9.1999.

Madrick, Jeff (2001): The Business Media and the New Economy. Cambridge, Mass.: Joan Shorenstein Center, John F. Kennedy School of Government, Research Paper R-24.

Malmsten, Ernst (2002): BooHoo. Interview mit Boo-Gründer Ernst Malmsten (Teil 1). In: www.golem.de.

Malmsten, Ernst; Erik Portanger; Charles Drazin (2001): Boohoo. A Dot.com Story from Concept to Catastrophe. London: Random House.

Malone, Michael S. (1985): The Big Score. The Billion Dollar Story of Silicon Valley. New York: Doubleday.

Mandel, Michael (2000): Crash.com. München et al.: Financial Times Prentice Hall.

Marx, Karl (1970): Das Kapital. Kritik der politischen Ökonomie. Dritter Band. Der Gesamtprozess der kapitalistischen Produktion. Berlin: Dietz Verlag.

Matlack, Carol (1999): Cashing in on the Net. In: Business Week, 13.12.1999, S. 18–19.

Mattauch, Christine (2001a): Die New Economy ist tot. Lang lebe die New Economy. In: Bizz, H. 4/2001, S. 33–38.

Mattauch, Christine (2001b): Die jungen Trendverderber. In: Die Zeit, 4.10.2001.

Mattauch, Christine (2002): Was ist da passiert? In: Brandeins, H. 3/2002, S. 36–44.

McSummit, Bob; Jo Martin (1990): Die Silicon Valley Story. München: Systhema Verlag.

Merton, Robert K. (1957): Social Theory and Social Structure. 2. Aufl. Grencoe: Free Press.

Meyer, John W.; Brian Rowan (1977): Institutionalized Organizations. Formal Structure as Myth and Ceremony. In: American Journal of Sociology, Jg. 83, S. 340–363.

Meyer, Marshall W.; Lynne Zucker (1989): Permanently Failing Organiziations. London: Sage.

Milton, Giles (1999): Nathaniel's Nutmeg or the True and Incredible Adventures of the Spice Trader Who Changed the Course of History. New York: Farrar, Straus and Giroux.

Modahl, Mary (2000): Now or Never. How Companies Must Change Today to Win the Battle for Internet Consumers. New York: HarperBusiness.

Modigliani, Franco; Merton H. Miller (1958): The Cost of Capital, Corporation Finance and the Theory of Investment. In: American Economic Review, Jg. 48, S. 262–297.

Murray, Gordon (1996): A Synthesis of Six Exploratory, European Case Studies of Successfully Exited, Venture Capital-Financed, New Technology-Based Firms. In: Entrepreneurship Theory and Practice, H. 4/1996, S. 41–60.

Nadler, Richard (1999): The Rise of Worker Capitalism. Washington, D.C.: Cato Policy Analysis No. 359.

Neef, Paulus (2000): Wir wollen die besten Köpfe der Welt haben, klar. In: Spiegelreporter, H. 8/2000, S. 29–40.

Neef, Paulus (2001): Gerades Rückgrat, Blick nach vorn. In: Brandeins, H. 8/2001, S. 67–70.

NVCA (2002): Record Amounts of Uninvested Capital Result in Lower Fundraising by Venture Capitalists. In: www.nvca.org.

OECD (1996): Venture Capital in OECD Countries. In: Financial Market Trends, H. 63 (Organisation for Economic Cooperation and Development), S. 15–39.

Ogger, Günter (2001): Der Börsenschwindel. Wie Aktionäre und Anleger für dumm verkauft werden. München: C. Bertelsmann Verlag.

Pauly, Christoph (2000): Der Guru des Neuen Marktes. In: Der Spiegel, H. 42/2000, S. 130–136.

Pauly, Christoph; Wolfgang Reuter (2002): Trauern statt feiern. In: Der Spiegel, H. 10/2002, S. 86–92.

Perez, Robert C. (1986): Inside Venture Capital. Past, Present and Future. New York et al.: Praeger.

Pfeffer, Jeffrey (2001): What's Wrong With Management Practice in Silicon Valley? A Lot. In: MIT Sloan Management Review, Jg. 42, S. 101–103.

Pfirrmann, Oliver; Udo Wupperfeld; Josh Lerner (1997): Venture Capital and New Technology Based Firms. A US-German Comparison. Heidelberg: Physica.

Pongratz, Hans J.; G. Günter Voß (2002): ArbeiterInnen und Angestellte als Arbeitskraftunternehmer? Erwerbsorientierungen in entgrenzten Arbeitsformen. München; Chemnitz: Forschungsbericht an die Hans-Böckler-Stiftung.

Porter, Glen; Harold Livesay (1971): Merchants and Manufacturers. Baltimore: Johns Hopkins University Press.

Rappaport, Alfred (1986): Creating Shareholder-Value. New York; London: Free Press.

Rebello, Kathy (1999): The Land of e-everything. In: Business Week, 22.3.1999, S. EB 8.

Reppesgaard, Lars (2000): So kommt die New Economy in die schwarzen Zahlen. In: Financial Times Deutschland, 12.12.2000.

Ritter, Jay (2001a): Big IPO Runups of 1975–2000. Gainswill: University of Florida Working Papers.

Ritter, Jay (2001b): Some Factoids About the 2000 IPO Market. A Brief History of the Internet Bubble. Gainswill: University of Florida Working Papers.

Robbins-Roth, Cynthia (2000): From Alchemy to IPO. The Business of Biotechnology. Cambridge, Mass: Perseus Publishing.

Roethlisberger, Fritz Jules; William J. Dickson (1939): Management and the Worker. An Account of a Research Program Conducted by the Western Electric Company, Hawthorne Works, Chicago. Cambridge, Mass.: Harvard University Press.

Rogers, Everett M.; Judith K. Larsen (1984): Silicon Valley Fever. Growth of Hightechnology Culture. New York: Basic Books.

Röttgers, Janko (2001): Es ist da. In: www.heise.de, 5.12.2001.

Sablowski, Thomas; Joachim Rupp (2001): Die neue Ökonomie des Shareholder-Value. Corporate Governance im Wandel. In: Prokla, Jg. 30, Heft 122, S. 47–78.

Saffo, Paul (2002): Failure Is the Best Medicine. In: Newsweek, 25.3.2002, S. 64.

Sahlman, William A. (1990): The Structure and Governance of Venture-Capital Organizations. In: Journal of Financial Economics, Jg. 27, S. 473–525.

Sahlman, William A.; Howard H. Stevenson (1985): Capital Market Myopia. In: Journal of Business Venturing, Jg. 1, S. 7–30.

Saxenian, AnnaLee (1994): Regional Advantage. Culture and Competition in

Silicon Valley and Route 128. Cambridge, Mass.; London: Harvard University Press.

Schambach, Stephan (2001): Die New Economy setzt enorme Energie frei. In: Wippermann, Peter (Hg): Wörterbuch der New Economy. Mannheim et al.: Dudenverlag, S, 53.

Schefczyk, Michael; Torsten J. Gerpott (1998): Managerqualifikation und -fluktuation in Venture-Capital-Unternehmen. In: Die Betriebswirtschaft, Jg. 58, S. 573–590.

Scherreik, Susan (2000): These Oldies are Goodies. In: Business Week, 25. 12. 2000, S. 60–61.

Scheuch, Erwin K.; Ute Scheuch (2001): Deutsche Pleiten. Manager im Größen-Wahn oder Der irrationale Faktor. Berlin: Rowohlt.

Schilit, Keith W. (1991): Dream Makers and Deal Breakers. Inside the Venture Capital Industry. Englewood Cliffs, NJ: Prentice Hall.

Schmalholz, Claus G.; Jörg Schmitt; Thomas Werres (2002): Ein Mann im Web-Wahn. Brokat. In: Managermagazin, H. 2/2002, S. 40–49.

Schmitz, Olaf (2001): Start-ups in der New Economy: Das Erfolgsmodell für Führung und Organisation. In: Organisationsentwicklung, H. 3/2001, S. 54–65 und H. 4/2001, S. 54–56.

Schnelle, Wolfgang; Stefan Kühl (2002): Die Gewinn-Fessel. Von Notwendigkeiten und Möglichkeiten der Überlebenssicherung. In: GDI-Impuls, H. 4/2001, S. 24–30.

Schönert, Ulf (2002): Netzpilot unsanft gelandet. In: Stern, H. 11/2002, S. 88–90.

Schröder, Marianne (2002a): Die Zyklen der Risikokapitalfinanzierung. München: www.dotcom-reserch.de.

Schröder Marianne (2002b): Vor und nach dem großen Fressen. In: Brandeins, H. 9/2002, S. 116–117.

Schulze-Fielitz, Alexander (2002): Wie beeinflusst Venture Capital die Organisationsstrukturen von Unternehmen in Deutschland? Eine neo-institutionalistische Perspektive. München: www.dotcom-research.de.

Schumpeter, Joseph (1926): Theorie der wirtschaftlichen Entwicklung. Eine Untersuchung über Unternehmensgewinn, Kapital, Kredit, Zins und den Konjunkturzyklus. 2. neu bearb. Aufl. München: Duncker & Humblot.

Siklos, Richard (1999): Dot.com or Bust. In: Business Week, 13.9.1999, S. 70–73.

Siklos, Richard; Catherine Yang (2000): Welcome to the 21st Century. In: Business Week, 24.1.2000, S. 32–38.

Simon, Herbert A. (1957): Models of Man. Social and Rational. New York: John Wiley & Sons.

Simon, Herbert A. (1978): Die Architektur der Komplexität. In: Türk, Klaus (Hg.): Handlungssysteme. Opladen: WDV, S. 94–112.

Sloan, Allan (2002): Enron's Failed Power Play. In: Newsweek, 21.1.2002, S. 32–37.

Slodczyk, Katharina (2000): Aktien am Sixpack. In: Die Zeit, 23.3.2000.

Soros, George (1987): The Alchemy of Finance. New York: Simon & Schuster.

Soros, George (1998): The Crisis of Global Capitalism. New York: Public Affairs.

Southwick, Karen (1999): Silicon Gold Rush. The Next Generation of Hightech Stars Rewrites the Rules of Business. New York et al.: Wiley.

Southwick, Karen (2001): The Kingmakers. Venture Capital and the Money behind the Net. New York et al.: John Wiley & Sons.

Spence, A. Michael (1974): Market Signaling. Informational Transfer in Hiring and Related Screening Processes. Cambridge: Harvard University Press.

Stross, Randall E. (2000): eBoys. The First Inside Account of Venture Capitalists at Work. New York et al.: Random House.

Student, Dietmar (2002): Versteckspiel. Bilanztricks von US-Unternehmen. In: Managermagazin, H. 3/2002, S. 30.

Trist, Eric L.; Ken W. Bamforth (1951): Some Social and Psychological Consequences of the Longwall Method of Coal-getting. In: Human Relations, Jg. 4, S. 3–38.

The Cluetrain Manifesto (2000). In: Levine, Rick et al. (Hg.): The Cluetrain Manifesto. Cambridge: Perseus, S. xi-xix.

Tykvová, Tereza (2001a): What Do Economists Tell Us about Venture Capital Contracts? Mannheim: unveröff. Ms.

Tykvová, Tereza (2001b): The Timing of Venture Backed IPOs and the Lock-up. Mannheim: unveröff. paper.

Tyrell, Hartmann (1983): Zwischen Interaktion und Organisation I: Gruppe als Systemtyp. In: Neidhard, Friedrich (Hg.): Gruppensoziologie – Perspektiven und Materialien. Opladen: WDV, S. 75–87.

Ullman, Ellen (1994): Fun and Games. In: www.redherring.com.

U.S. Congress Joint Economic Committee (1984): Climate for Entrepreneurship and Innovation in the U.S. Hearings. Washington D.C. August 27–28. Washington: U.S. Congress.

U.S. Congress Joint Economic Committee (2000): The Roots of Broadened Stock Ownership. April 2000. Washington: U.S. Congress.

VanCaspel, Ventia (1986): Money Dynamics in the New Economy. New York: Simon & Schuster.

Vickers, Marcia; Peter Coy (2000): A New Net Equation. In: Business Week, 31. 1. 2000, S. 50–52.

Voß, G. Günter (2002): Aus Arbeitnehmern werden »Unternehmen ihrer selbst«. In: Journal Arbeit, Jg. 2, S. 32–33.

Voß, G. Günter; Hans J. Pongratz (1998): Der Arbeitskraftunternehmer. Eine neue Grundform der Ware Arbeitskraft? In: Kölner Zeitschrift für Soziologie und Sozialpsychologie, Jg. 50, S. 131–158.

Wacker-Hadj Ammar, Birgit (2002): Ein ewiges Auf und Ab? Die Historie von Corporate Venture Capital. In: Venture Capital, H. 4/2002, S. 20–21.

Weber, Christiana; Meinolf Dierkes (2002): Risikokapitalgeber in Deutschland. Strukturmerkmale, Entscheidungskriterien, Selbstverständnis. Berlin: Edition Sigma.

Weinberger, David (2000a): The Longing. In: Levine, Rick et al. (Hg.): The Cluetrain Manifesto. Cambridge: Perseus, S. 39–46.

Weinberger, David (2000b): The Hyperlinked Organization. In: Levine, Rick et al. (Hg.): The Cluetrain Manifesto. Cambridge: Perseus, S. 115–160.

Weiss, Branco (1991): Keine Chance ohne sorgfältige Planung. Der Businessplan in Theorie und Praxis. In: Weiss, Branco (Hg.): Praxis des Venture Capital. Zürich: Moderne Industrie, S. 68–74.

Weitnauer, Wolfgang (2000): Handbuch Venture Capital. Von der Innovation zum Börsengang. München: C.H. Beck.

Weltz, Friedrich (1988): Die doppelte Wirklichkeit der Unternehmen und ihre Konsequenzen für die Industriesoziologie. In: Soziale Welt, Jg. 39, S. 97–103.

Whitman, Meg (2001): Der Job ist keine Dauerparty. In: Netmanager, H. 4/2001, S. 48–51.

Wildemann, Horst (2000): In der Neuen Ökonomie wird sich die Hierarchie der Waren verschieben. In: FAZ, 2. 10. 2000, S. 29.

Wilson, John W. (1985): The New Venturers. Inside the High-Stakes World of Venture Capital. Reading, MA: Addison-Wesley.

Yang, Catherine (2000): Earth to Dot-Com Accountants. In: Business Week, 3. 4. 2000, S. 70.

Yu, Hui-yong (2002): Im US-Markt für Wagniskapital kriselt es weiter. In: Financial Times Deutschland, 16. 5. 2002.

Zider, Bob (1998): How Venture Capital Works. In: Harvard Business Review, November/Dezember 1998, S. 131 – 139.